그래도 나는 하나님의 사람

그래도 나는 하나님의 사람

하나님을 아는 자로 살게 하는 은혜의 힘

김은호 지음

차례

서문　　　　　　　　　　　　　　　　　　　　　　6

1부 하나님을 아는 사람의 시간

1. 우리가 힘써 여호와를 알자　　　　　　　　　　10
2. 은혜의 보좌로 부르시는 하나님　　　　　　　　25
3. 찬송 중에 거하시는 하나님　　　　　　　　　　41
4. 우리의 아픔에 공감하시는 하나님　　　　　　　60
5. 기억하시는 하나님　　　　　　　　　　　　　　74
6. 내 인생을 책임지시는 하나님　　　　　　　　　92
7. 한 므나를 맡기시는 하나님　　　　　　　　　　109
8. 그럼에도 불구하고 은혜 베푸시는 하나님　　　125
9. 원수를 잠잠하게 하시는 하나님　　　　　　　　143
10. 영광스러운 비밀을 계시하시는 하나님　　　　157

2부 하나님으로 사는 사람의 자리

11. 영광스러운 비밀을 아는 사람	182
12. 여호와를 기뻐하는 사람	200
13. 생각을 지키는 사람	218
14. 현미경이 아닌 망원경으로 인생을 보는 사람	232
15. 믿음의 명문 가정을 이루는 사람	250
16. 주님을 속히 영접하는 사람	264
17. 하나님이 자랑하고 싶은 사람	279
18. 울어야 할 때를 아는 사람	295
19. 진리 안에서 자신을 아는 사람	310
20. 까닭 없이 하나님을 경외하는 사람	325

서문

하나님을 역동적으로 기뻐하는 삶은 단 한 순간도 멈출 수 없는 우리의 걸음, 성도의 걸음입니다. 이렇듯 하나님의 대사로서, 하나님의 자존심으로서 살아가는 우리 성도의 걸음은 어떻게 더욱 위풍당당할 수 있을까요?

그것은 힘써 여호와를 알며 누리는 하나님을 아는 지식에서부터 시작됩니다. 이 말을 잘 이해하길 원합니다. 하나님을 아는 지식은 단순히 어떤 이론이나 주장이 아닙니다. 그렇기에 하나님을 아는 지식이 있다는 말은 어떠한 지식의 내용을 머리로만 알고 있다는 말이 아닙니다.

하나님을 아는 지식은 그 자체로 능력입니다. 하나님을 아는 지식은 그 지식을 계시하신 하나님께로부터 말미암습니다. 하나님이 계시하신 하나님의 지식이기에 있는 그대로 능력입니다. 하나님으로부터 시작된 그 능력이 하나님의 사람에게 있습니다. 성도는 하나님의 사람으로서 전능자이신 하나님께 붙들려 살아갈 수 있습니다. 그래서 하나님을 아는 지식은 정말로 능력입니다.

사람의 인생에는 늘 어려운 일이 있다지만 이번 한 해도 너무나 많은 고통의 소식을 들으며 지나왔습니다. 많은 성도의 삶에 이해할 수 없는 슬픔과 아픔이 찾아왔습니다. 그 고난의 자리를 함께해야 하는 목회자로서 동시에 강단의 설교자로서 말로 헤아릴 수 없는 슬픔 가운데 있는 우리 성도들과 함께 듣고 나눠야 할 말씀은 '하나님을 아는 지식'과 '하나님의 사람'에 관한 것임을 확신합니다. 담대히 도전합니다. "하나님의 사람이여, 하나님을 아는 지식을 말씀을 통해 공급받으십시오. 그리고 그 말씀에 반응하는, 하나님의 사람으로 살아가십시오."

이러한 도전과 위로의 마음을 담아 사랑하는 교회의 성도들을 향해 책을 전합니다. 우리 사랑하는 교회의 성도들이 힘써 하나님을 알고 누림으로 '하나님의 사람'이라는 평범해 보이는 표현 아래 놓인 가장 탁월한 정체성을 마주하길 진심으로 축복합니다.

유난히 따뜻하게 비추인 가을 햇살 어느 날
오륜교회 DNA MINISTRY 사무실에서

하나님의 사람은
하나님을 아는 데서부터
시작됩니다.

1부

하나님을 아는 사람의 시간

1

우리가 힘써 여호와를 알자

호세아 6장 3-6절

³ 그러므로 우리가 여호와를 알자 힘써 여호와를 알자 그의 나타나심은 새벽 빛 같이 어김없나니 비와 같이, 땅을 적시는 늦은 비와 같이 우리에게 임하시리라 하니라 ⁴ 에브라임아 내가 네게 어떻게 하랴 유다야 내가 네게 어떻게 하랴 너희의 인애가 아침 구름이나 쉬 없어지는 이슬 같도다 ⁵ 그러므로 내가 선지자들로 그들을 치고 내 입의 말로 그들을 죽였노니 내 심판은 빛처럼 나오느니라 ⁶ 나는 인애를 원하고 제사를 원하지 아니하며 번제보다 하나님을 아는 것을 원하노라

많은 사람이 구약과 신약의 하나님을 서로 다른 속성을 지니신 분으로 오해합니다. 구약의 하나님은 공의의 하나님, 심판의 하나님이시고 신약의 하나님은 사랑의 하나님이시라는 것입니다. 하지만 구약의 호세아서는 이러한 우리의 생각이 잘못된 것임을 가르쳐 줍니다.

구약의 소선지서인 호세아서를 이해하려면 두 가지 키워드를 알아야 합니다. 하나는 '헤세드', 즉 인애라는 단어이고 다른 하나는 '하나님을 아는 지식'입니다.

죄인을 향한 하나님의 사랑

헤세드란 언약 관계에서의 끊을 수 없는 하나님의 사랑을 말합니다. 헤세드는 인간의 행위에 기초한 사랑이 아니라 언약에 근거한 하나님의 사랑인 것입니다. 그런데 조건적인 사랑, 상대적인 사랑에 익숙한 우리는 그 언약 관계 때문에 우리를 사랑하시는 하나님의 사랑을 이해하기가 쉽지 않습니다. 그래서 하나님은 이 헤세드의 사랑이 어떤 것인지 깨닫게 하시기 위해 호세아 선지자를 부르십니다. 그리고 당대의 유명한 창녀인 고멜에게 찾아가 그녀와 결혼을 하라고 말씀하십니다.

"너는 가서 음란한 여자를 맞이하여 음란한 자식들을 낳으라"

_호 1:2b

만일 하나님께서 오늘 당신에게 이런 여자를 맞이하여 결혼하라고 하면 순종할 수 있겠습니까? 대부분의 사람은 사랑할 가치가 있는 존재를 사랑합니다. 그래서 예쁘고 잘생긴 사람, 몸이 좋은 사람, 똑똑하고 돈을 많이 버는 사람 등 나름대로 자기의 기준에 맞는 사람과 결혼하려고 합니다.

그런데 하나님은 창녀인 고멜과 결혼하여 음란한 자식을 낳으라고 말씀하십니다. 이해할 수도 없고 순종하기도 어려운 말씀이지요. 그리고 호세아는 순종합니다.

"이에 그가 가서 디블라임의 딸 고멜을 맞이하였더니 고멜이 임신하여 아들을 낳으매"_호 1:3

다른 누군가가 보기엔 너무나 어처구니없는 명령이었지만 호세아는 묵묵히 순종했습니다.

잘못된 과거와 여전히 이어져 있는 그 음란한 여인과의 결혼을 그 누가 원하겠습니까? 성경은 호세아 선지자가 결혼한 여인을 "디블라임의 딸 고멜"이라고 소개하고 있습니다. '디블라임'이라는 말은 '무화과 떡 두 개'라는 의미가 있습니다. 추측하건대 고멜은 바알 신전에 바쳐진 성전 창녀, 속된 말로 떡 두덩이로도 몸을 파는 정말 밑바닥에 놓인 창녀였다는 것을 알 수 있습니다. 왜 하나님은 이런 여자를 아내로 맞이하여 음란한 자식을 낳으라고 하실까요? 하나님은 그 이유를 이렇게 말씀하십니다.

"너는 가서 음란한 여자를 맞이하여 음란한 자식들을 낳으라 이 나라가 여호와를 떠나 크게 음란함이니라"_호 1:2b

지금 이스라엘이 여호와를 떠나 크게 음란하다는 것입니다. 여기서 말하는 음란은 우상숭배를 말합니다. 우상숭배는 영적인 간음입니다. 하나님과 그 백성의 관계 때문에 성경은 하나님과 그분의 백성을 한결같이 신랑과 신부의 관계로 표현합니다.

"내가 네게 장가 들어 영원히 살되 공의와 정의와 은총과 긍휼히 여김으로 네게 장가 들며 진실함으로 네게 장가 들리니 네가 여호와를 알리라"_호 2:19-20

그러므로 하나님께 속한 백성이 그분을 떠나 다른 존재를 더 사랑하거나 의지하면 그것은 간음입니다. 그런 의미에서 우상숭배는 분명 영적 간음인 것입니다.

그렇다면 하나님은 어째서 이렇게 음란한 여자를 아내로 맞이하여 아들을 낳으라고 하시는 걸까요? 그것은 우리를 향한, 죄인들을 향한 하나님의 사랑이 어떤 것인지 사실적으로 보여 주시기 위해서입니다. 호세아는 하나님의 사랑을 우리에게 계시하기 위해 세워진 선지자였습니다. 그래서 선지자로 하여금 먼저 하나님의 아픔을 체험하게 하신 것입니다. 그래야 죄인들을 향한 하나님의 아픈 마음과 그 사랑을 온전히 계시하실 수 있기 때문입니다. 그렇게 하나님은 구약의 호세아 선지자를 통해 하나님의 구속의 사랑을 절실히 드러내십니다.

따라서 우리는 호세아서를 읽을 때 하나님의 사랑을 느끼고 경험할 수 있어야 합니다. 호세아서에 나오는 음란한 여인은 우상숭배에 빠진 북왕국 이스라엘을 상징적으로 비유하고 있지만, 사실은 우리 역시 그와 같은 모습을 지닌, 고멜과 똑같은 죄인이기 때문입니다. 그리고 그런 고멜과 혼인한 호세아 선지자는 결코 사랑할 수 없는 죄인인 우리를 사랑하시는 하나님을 비유합니다. 고멜이라는 음란한 여자를 사랑하는 호세아의 모습을 통해서 저와 여러분을 그토록 사랑하시는 헤세드 하나님의 사랑을 볼 수 있어야 합니다. 범죄하고 패역한 우리지만 그럼에도 불구하고 독생자를 이 땅에 보내시고 십자가에 달려 죽게 하신 하나님 아버지의 마음을 읽을 줄 알아야 합니다. 사랑받을 수 없는 우리를 죽도록 사랑하신 하나님 아버지의 사랑을 느낄 수 있어야 합니다. 그러므로 구약의 하나님을 분노와 심판의 하나님으로만 생각하는 것은 하나님을 잘못 아는 것입니다.

여호와를 알자

호세아서를 이해하는 또 하나의 중요한 키워드는 바로 '하나님을 아는 지식'입니다.

"그러므로 우리가 여호와를 알자 힘써 여호와를 알자"_호 6:3a

이 말씀은 호세아서의 핵심 주제입니다. 하나님은 그분이 어떤 분이신지, 어떤 성품을 가지고 계신지를 우리가 알기 원하십니다.

하나님에 관해 아는 것과 하나님을 아는 것은 다릅니다. 예를 들면 하나님에 대해 '세상을 창조하신 분', '우리에게 율법을 주신 분', '예수님은 하나님의 아들' 정도로만 아는 것은 진정으로 하나님을 아는 것이 아닙니다.

본문의 "알자"는 히브리어로 '야다'(ידע)라는 동사인데, 이는 사물이나 사실을 피상적으로 아는 것, 외모나 신상을 아는 정도의 지식을 말하지 않습니다. 하나님에 관하여 피상적으로 알자는 말이 아닌 것입니다. '야다'는 상대방과 직접적인 관계를 통하여 본질을 속속들이 아는 것을 말합니다. 생명의 교감을 통하여 아는 것을 의미합니다. 그래서 성경에 나오는 '야다'라는 단어는 신부가 신랑을 받아들여 하나 되는 과정을 말할 때 사용됩니다.

"아담이 그의 아내 하와와 동침하매 하와가 임신하여 가인을 낳고 이르되 내가 여호와로 말미암아 득남하였다 하니라"_창 4:1

여기서 "동침하매"라는 말이 히브리어 원어로 '야다'입니다. 그래서 KJV 성경은 이 부분을 'Adam knew Eve'(아담이 이브를 알았다)로 번역했습니다. 그러니까 하나님을 안다는 것은 지식적으로 피상적으로 아는 것이 아니라 신부가 신랑을 받아들여 아는 것처럼 경험하여 아는 것을 말합니다. 긴밀한 영적 관계를 통해, 말씀에 순종함으로 아는 것입니다.

다윗은 어떻게 하나님을 알았습니까? 수많은 전쟁을 치르고 10년이 넘는 오랜 시간 피난을 다니면서 하나님을 만나고 교제했습니다. 하나님께 여쭤보았습니다. 하나님 말씀을 들었습니다. 그러한 삶 속에서 하나님이 선한 목자이심을, 나를 위해 싸우시는 용사이심을, 나의 방패와 병기가 되심을 알게 되었습니다. 또 다윗 자신이 지은 죄를 회개하면서 하나님의 자비와 긍휼을 전인격적으로 알게 됩니다.

하나님을 아는 것이 가장 중요합니다. 그래서 요한은 "영생은 곧 유일하신 참 하나님과 그가 보내신 자 예수 그리스도를 아는 것이니이다"(요 17:3)라고 말합니다. 하나님과 예수 그리스도를 야다(헬라어는 '기노스코', γινωσκω)로 아는 것은 하나님과 친밀한 관계를 맺으며 그분의 생명에 연결되는 것입니다. 하나님의 그 영원하신 생명과 관계를 맺고 연결되는 것이 바로 영생입니다. 따라서 영생은 죽음 이후 누리는 삶이 아닙니다. 지금 이 순간 영원한 생명이신 하나님과 관계를 맺고 살아가면 그것이 바로 영생을 누리는 것입니다.

하나님을 아는 것이 우리의 영생입니다. 이것은 하나님을 모르면 곧 멸망에 이른다는 의미도 됩니다. 아무리 교회를 오래 다녔어도 하나님과 그리스도를 알지 못하면 그 사람은 죽은 자입니다. 그러나 아무리 미천한 자라 할지라도 하나님을 알고 그리스도를 알면 그는 하나님의 생명을 가진 자요 하나님 나라를 상속받는 하나님 자녀입니다.

'하나님에 관해 아는 것'과 '하나님을 아는 것'은 다릅니다. 공부와 설교를 통해 얼마든지 '하나님에 관해' 알 수 있습니다. 심지어 귀신도 '하나님에 관해' 잘 알고 떠듭니다. 하지만 '하나님에 관해' 많이 아는 것이 곧 '하나님을 아는 것'은 아닙니다.

하나님은 살아 계시며 성도는 그 하나님과 인격적으로 교제해야 합니다. 아이들이 공부와 지식을 통해 부모를 알아 가지 않고, 관계를 통해 부모의 품에서 함께 동고동락하면서 아는 것처럼 우리는 하나님을 관계 안에서 알아야 합니다.

번제보다 하나님을 아는 것을 원하노라

"나는 인애를 원하고 제사를 원하지 아니하며 번제보다 하나님을 아는 것을 원하노라"_호 6:6

제사의 제도를 만드신 분이 하나님이십니다. 제사 드릴 수 있는 성전을 만드신 분도 하나님이십니다. 그리고 하나님은 예배하는 자를 찾으십니다. 그런데 하나님이 원하시고 찾으시는 예배를 드리려면 먼저 하나님을 바로 알아야 합니다. 하나님을 알지 못하는 자는 하나님이 기뻐하시는 예배를 드릴 수 없습니다. 우리 하나님은 형식적인 제사나 의식적, 종교적으로 드리는 예배를 원치 않으십니다. 그래서 하나님은 그런 제사보다 인애를 원하시며 그런 번제보다 하나님을 아는 것을 더 원하신다고 말씀하십니다.

여기서 인애란, 히브리어로 '헤세드'(חֶסֶד)입니다. 언약의 백성들에게 베풀어 주시는 하나님의 사랑을 말합니다. 죄인인 우리와 언약 관계를 맺으시고 사랑하시는 그 하나님의 사랑이 '헤세드' 입니다.

그런데 이스라엘 백성들은 '우리는 하나님이 선택하신 민족이니까 하나님이 지켜 주실 거야'라고 생각하며 하나님이 가증히 여기는 행동을 일삼았습니다. '성전에서 하나님께 번제를 드렸으니까 하나님이 복 주시겠지'라고 생각하면서 나그네와 가난한 자들을 학대했습니다. 온갖 탐욕을 채우기에 급급했습니다. 지도자는 권력을 이용해 뇌물을 받고 부당한 판결을 내렸습니다. 이에 하나님은 그들에게 나는 인애를 원하고 번제를 원치 않는다고 말씀하신 것입니다.

그러므로 오늘 우리에게 필요한 것은 바로 하나님을 아는 것입니다.

"그러므로 우리가 여호와를 알자 힘써 여호와를 알자"_호 6:3a

그냥 가만히 있으면 하나님을 제대로 알기가 어렵습니다. 그래서 힘써 여호와를 알아야 한다고 하는 것입니다. 시간을 정하고 하나님의 말씀을 묵상해야 합니다. 무릎을 꿇고 간절히 부르짖어 기도해야 합니다. 그래야 말씀대로 행하시는 신실하신 하나님을 만날 수 있습니다.

두려워하지 말고 치열한 영적 전쟁도 해야 합니다. 그래야 나를 지키시고 앞서 싸워주시는 주님을 경험할 수 있습니다. 죄를 짓고 넘어졌으면 회개하며 주께 돌아와야 합니다. 그래야 하나님의 인애와 용서를 경험할 수 있습니다. 이해가 되지 않아도 말씀을 붙들고 순종의 자리로 나아가야 합니다. 그래야 하나님의 일하심과 그분의 영광을 볼 수 있습니다.

호세아 선지자는 "하나님을 알자 힘써 여호와를 알자"라고 말한 다음, 회개하고 돌아와 힘써 여호와를 알고자 하는 자에게 하나님은 어떤 분이신지 일깨워 줍니다.

첫째, 하나님은 새벽빛같이 나타나십니다.

"그의 나타나심은 새벽 빛 같이 어김없나니"_호 6:3b

새벽은 24시간 가운데 가장 어두운 3, 4시경입니다. 그런데 새벽빛은 어김없이 나타나 칠흑 같은 어두움을 뚫고 밝은 빛을 비추어 줍니다. 그 새벽빛이 임하면 어두움은 물러가고 온 대지가 밝아집니다. 새벽빛이 비치지 않는, 아침 해가 뜨지 않는 날은 단 하루도 없습니다. 아무리 오랫동안 비가 오고 먹구름이 하늘을 가려도 새벽빛과 아침 해는 변함없이 나타납니다. 인간은 조석으로 변하고 변덕이 죽 끓듯 하지만 하나님은 새벽빛같이 언제나 변함이 없으시고 한결같은 분입니다. 그러므로 하나님의 사랑을 의심하지 말고 하나님의 신실하심을 믿어야 합니다.

둘째, 하나님은 비와 같이 임하십니다.

> "비와 같이, 땅을 적시는 늦은 비와 같이 우리에게 임하시리라 하니라"_호 6:3c

팔레스타인에서의 농사는 이른 비와 늦은 비가 필요합니다. 이른 비는 10월 초부터 내리는 겨울비를 가리키는데 이때 밭을 갈고 씨를 뿌립니다. 늦은 비는 추수하기 전 3-4월 중에 내리는 봄비로서 곡물의 수확에 가장 중요합니다. 적절한 때에 이른 비와 늦은 비가 내리지 않으면 농사를 지을 수가 없는 것입니다.

> "여호와께서 너희의 땅에 이른 비, 늦은 비를 적당한 때에 내리시리니 너희가 곡식과 포도주와 기름을 얻을 것이요"_신 11:14

여름 동안 메말랐던 땅은 이른 비가 내려야만 촉촉해지고 부드러워져 파종이 가능하게 됩니다. 또 때를 따라 늦은 비가 내려야만 겨울 우기 동안 자란 곡식들이 충실하게 열매를 맺습니다.
호세아 선지자는 하나님의 은혜가 "비와 같이, 땅을 적시는 늦은 비와 같이" 우리에게 임할 것이라 말했습니다. 하나님은 우리에게 은혜를 베푸시되 때를 따라 돕는 은혜를 베푸신다는 것입니다. 그렇습니다. 하나님은 가장 적당한 때에 가장 합당한 은혜를 주시는 분입니다.
그러므로 우리에게는 때를 따라 도우시는 하나님의 은혜가 필요합니다. 그래서 히브리서는 이렇게 말씀합니다.

"그러므로 우리는 긍휼하심을 받고 때를 따라 돕는 은혜를 얻기 위하여 은혜의 보좌 앞에 담대히 나아갈 것이니라"_히 4:16

"때를 따라"라는 말은 '적당한 시기'를 의미합니다. 중요한 것은 인간의 입장에서 적절한 때가 아니라 하나님의 기준으로 적당한 시기라는 것입니다.

하나님은 우리가 죄를 짓고 넘어졌을지라도 회개하고 돌아오면 새벽빛같이 찾아오사 그 영혼에 생명의 빛을 비춰주십니다. 이른 비와 같이 임하사 강퍅하고 메마른 심령을 촉촉하고 부드럽게 해주십니다. 늦은 비와 같이 때를 따라 풍성한 열매를 맺게 하십니다.

인생의 밤이 아무리 깊어도 결국 밝아오는 새벽을 막을 수 없듯이, 하나님이 빛으로 임하시면 흑암의 권세가 물러갑니다. 인생의 먹구름도 사라집니다. 오랫동안 메말랐던 심령에도 마른 땅에 이른 비처럼 놀라운 은혜가 임하게 됩니다. 주께 돌아와 하나님을 찾고 찾으면 늦은 비처럼 그 삶이 밝고 풍성해집니다.

그런데 사람들은 왜 돌아오지 못합니까? 왜 죄를 버리지 못하고 결단하지 못합니까? 하나님을 모르기 때문입니다. 변함없는 새벽빛 같이 나타나사 어둠을 몰아내시는 하나님, 마른 땅을 적시며 풍성한 열매를 맺게 하는 이른 비와 늦은 비처럼 때를 따라 도우시는 하나님을 모르기 때문입니다.

나는 누구인가

호세아 선지자는 하나님이 어떤 분이신지 언급한 다음, 이제 내가 누구인지 알려 줍니다.

> "에브라임아 내가 네게 어떻게 하랴 유다야 내가 네게 어떻게 하랴 너희의 인애가 아침 구름이나 쉬 없어지는 이슬 같도다"_호 6:4

나는 아침 구름, 이슬과 같다는 것입니다. 이는 너 자신을 알라는 뜻입니다.

아침 구름은 해가 뜰 무렵 이른 아침에 마치 비가 올 것처럼 하늘을 덮고 있는 구름을 말합니다. 하지만 그것은 해가 뜨면 흔적도 없이 사라져 버립니다. 이슬은 밤사이 내려 풀잎에 맺혀 있다가 해가 뜨는 즉시 다 증발해 버립니다.

우리가 아침 구름이나 쉬 없어지는 이슬과 같다는 말은, 영원하지 못하고 한순간 사라진다는 것을 의미합니다. 내가 가지고 있는 재물, 권세, 명예와 인기 이 모든 것들은 아침 구름 같습니다. 쉬 없어지는 이슬과 같습니다. 그런데 사람들은 이것을 붙잡고 살아갑니다. 영원하지 못한 이것이 자신의 인생을 책임질 것으로 오해합니다. 우리는 이런 오해를 피해야 합니다.

누가 여호와를 찾겠습니까? 누가 여호와를 힘써 알려고 하겠습니까?

아침 구름이나 쉬 없어지는 이슬을 의지하는 사람은 아닐 것입니다. 내가 누구인지 바르게 아는 사람이 하나님을 찾을 수 있습니다. 내가 아침 구름 같고 쉬 없어지는 이슬같은 존재임을 알아야 힘써 여호와를 찾으며 여호와를 알 수 있습니다.

오늘 이 시대에 필요한 것은 바로 하나님을 아는 것입니다. 하나님을 알아야 흔들리지 않는 삶을 살 수 있기 때문입니다. 하나님을 알기 위해서 우리가 결단해야 하는 영역이 있습니다. 바로 하나님의 마음을 알기 위해 힘을 써야 한다는 것입니다. 그래서 호세아 선지자는 호세아 6장 3절에 "우리가 여호와를 알자 힘써 여호와를 알자"라고 선포합니다. 우리는 이 말씀을 붙들고 하나님을 힘써 알기 위한 순종의 자리로 나아가야 합니다. 여호와께로 돌아와야 합니다. 잠시 있다 사라지는 세상에 안주하지 않고, 하나님을 알고 영원한 하나님 나라를 누리는 주님의 자녀 되기를 축복합니다.

2

은혜의 보좌로 부르시는 하나님

히브리서 4장 16절

그러므로 우리는 긍휼하심을 받고 때를 따라 돕는 은혜를 얻기 위하여 은혜의 보좌 앞에 담대히 나아갈 것이니라

우리가 즐겨 부르는 찬양 중에 "은혜 아니면 살아갈 수가 없네"라는 찬양이 있습니다. 이 찬양의 가사처럼 우리는 하나님의 은혜가 아니면 한순간도 살아갈 수가 없습니다.

오늘 본문은 '그러므로' 라는 접속부사로 시작합니다.

"그러므로 우리는 긍휼하심을 받고 때를 따라 돕는 은혜를 얻기 위하여 은혜의 보좌 앞에 담대히 나아갈 것이니라"_히 4:16

'그러므로'는 우리가 은혜의 보좌 앞에 담대히 나아갈 수 있는 근거와 이유에 대해 말해주고 있습니다. 앞서 히브리서 기자는 이렇게 진술합니다.

"우리에게 큰 대제사장이 계신다. 그분은 곧 하나님의 아들 예수시다. 예수님은 구약의 대제사장과는 비교될 수 없을 정도로 우월하시고 유일한 큰 대제사장이시다. 왜냐하면 대제사장이신 예수께서 십자가에 달려 죽으심으로 단번에 영원한 속죄를 이루시고, 부활 승천하심으로 하나님께로 나아갈 수 있는 새로운 살 길을 열어주셨기 때문이다."

그리고 오늘의 본문이 이어집니다. '그러므로' 우리는 은혜의 보좌 앞으로 담대히 나아갈 수 있다는 것입니다.

사실 구약 시대에는 누구도 하나님 앞으로 나아갈 수가 없었습니다. 하나님의 임재를 상징하는 언약궤를 들여다본 자도 죽었고 만진 자도 죽었습니다. 그러나 이제 예수를 믿음으로 죄 사함을 받고 하나님의 자녀가 된 자는 누구든지, 언제든지 은혜의 보좌 앞으로 나아갈 수 있게 되었습니다.

하나님의 보좌

성경에는 보좌라는 단어가 82번 나옵니다. 그중 요한계시록에만 무려 35번이 나옵니다. 보좌는 왕권을 상징하는 용어로서 '왕이 앉는 자리'를 말합니다. 하나님의 그 영광의 보좌를 본 사람들이 성경에 등장합니다.

이사야 6장을 보면 웃시야 왕이 죽던 해에 이사야 선지자가 하나님의 영광의 보좌를 보았습니다. 에스겔 선지자 역시 하나님의 보좌를 보았는데 "그 모양이 남보석 같고"(겔 1:26)라고 했습니다. 또 다니엘도 하나님의 영광의 보좌를 보았는데 "그의 보좌는 불꽃"(단 7:9)이라고 했습니다. 요한계시록 4장에서는 사도 요한이 하늘의 열린 문 안으로 하늘 보좌에 앉으신 예수님을 보았습니다. 사도 요한은 "무지개가 있어 보좌에 둘렸는데 그 모양이 녹보석 같더라"(계 4:3)고 했습니다. 그리고 "보좌에 둘려 이십사 보좌들이 있고 그 보좌들 위에 이십사 장로들이 흰 옷을 입고 머리에 금관을 쓰고 앉았더라"(계 4:4)라고 했습니다. "보좌 가운데와 보좌 주위에 네 생물이 있는데"(계 4:6)라고도 합니다. 여기 '이십사 장로들'은 신구약 시대의 '구원받은 백성'들을 말하고 '네 생물'은 '천사들'을 말합니다. 이 말씀을 바탕으로 표현된 그림들도 있지만, 사실 인간의 언어로는 하나님의 보좌를 완벽하게 설명할 수는 없을 것입니다.

이 영광스러운 보좌에 왕이신 우리 주님이 앉아 계십니다. 이 보좌에서 우리의 찬양과 경배를 받으시며 기도를 들으십니다. 역사를 주관하고 다스리시며 통치하십니다. 그래서 시편에서는 "여호와께서 그의 보좌를 하늘에 세우시고 그의 왕권으로 만유를 다스리시도다"(시 103:19)라고 말합니다. 또한 주님은 보좌에서 우리를 위해 중보하며 기도하십니다. 사도 바울은 보좌에 앉으신 주님을 "우리를 위하여 간구하시는 자"(롬 8:34)라고 했습니다. 그렇습니다. 주님은 지금도 우리를 위하여 간구하십니다.

우리를 위하여 간구하시는 대제사장이신 예수님은 어떤 분이십니까? 히브리서 4장 15절 말씀처럼 예수님은 우리의 연약함을 동정하시는 분입니다. 보좌에 앉으신 예수님이 우리를 긍휼히 여기시고 우리의 아픔에 공감하시며 우리를 위해 기도하시는 것입니다. 우리의 연약함, 아픔을 판단하거나 평가하시지 않고 친히 우리를 위해 간구하십니다. 우리가 눈물 흘릴 때 우리 주님 역시 더 많은 눈물을 흘리며 우리를 위해 간구하십니다. 그러므로 우리는 이 은혜의 보좌 앞으로 담대히 나아가야 합니다.

심판의 보좌

성경에는 은혜의 보좌뿐 아니라 심판의 보좌도 나옵니다. 시편에서도 여호와께서 심판을 위하여 보좌를 준비하셨다고 말씀하고 있습니다.

"여호와께서 영원히 앉으심이여 심판을 위하여 보좌를 준비하셨도다"_시 9:7

요한계시록에서는 하나님의 심판의 보좌를 "크고 흰 보좌"(계 20:11)라고 표현하고 있습니다. 이 심판의 보좌가 크다는 것은 하나님의 심판이 모든 피조물에게 미칠 것이라는 의미이고, 이 심판의 보좌가 희다는 것은 하나님의 심판이 그만큼 공의롭다는 뜻입니다.

그러면 누가 이 심판을 받습니까? 죽은 자들이 자기의 행위를 따라 심판을 받습니다.

"죽은 자들이 자기 행위를 따라 책들에 기록된 대로 심판을 받으니"_계 20:12b

이 죽은 자들은 하나님의 생명책에 기록되지 않은 자들입니다.

"누구든지 생명책에 기록되지 못한 자는 불못에 던져지더라"
_계 20:15

생명책에 기록되지 않은 사람들은 예수의 생명이 없는 자들입니다. 예수의 생명이 없는 자들은 죄와 죽음의 문제를 해결받지 못한 자들입니다. 그들은 영원히 꺼지지 않는 불 못에 던져지는 심판을 받게 됩니다. 이것이 바로 심판의 보좌입니다. 하지만 사람들은 이 사실을 믿지 않습니다.

그러나 기억하십시오. 죄와 죽음의 문제를 해결 받지 못한 자들은 한 사람도 예외 없이 이 심판의 보좌 앞에 서야 하고 공의로우신 하나님의 심판을 받아야 합니다.

은혜의 보좌 앞으로 담대히 나아가라

오늘 본문에서는 우리에게 심판의 보좌가 아닌 "은혜의 보좌 앞에 담대히 나아갈 것"(히 4:16b)이라고 말씀하십니다. 은혜의 보좌는 하나님께서 은혜를 베푸시는 곳입니다.

은혜란 아무런 조건 없이 값없이 베풀어 주시는 하나님의 호의와 사랑을 말합니다. 그러므로 은혜의 보좌는 자격이나 조건을 따지는 곳이 아닙니다. 은혜의 보좌는 하나님께서 우리의 죄를 지적하고 혼을 내는 곳이 아닙니다. 아무리 넘어졌어도 아무리 실패했어도 아무리 더럽혀졌어도 아무리 망가졌어도 용서해 주시고 깨닫게 하시고 긍휼을 베풀어 주시는 곳입니다.

그러므로 우리는 은혜의 보좌 앞으로 담대히 나아가야 합니다. 질병의 고통, 배신의 아픔, 재정의 어려움, 관계의 갈등이 너무나 커서 내 인생이 끝난 것처럼 보일지라도 우리는 은혜의 보좌 앞으로 나아가야 합니다. 받은 상처가 너무 커서 주저앉고 싶을지라도 우리는 은혜의 보좌 앞으로 나아가야 합니다. 사탄이 나의 죄를 까발리며 밤낮으로 참소해도 우리는 은혜의 보좌 앞으로 담대히 나아가야 합니다.

은혜의 보좌를 향하여 어떻게 나아가라고 말씀하십니까? 담대히 나아가라고 하십니다.

"은혜의 보좌 앞에 담대히 나아갈 것이니라"_히 4:16b

여기서 "담대히" 나아간다는 말은 어떤 무모한 배짱이나 뻔뻔함을 가지고 나아가라는 말이 아닙니다. 혹은 무례한 태도로 나아가라는 말이 아닙니다. 복음의 도리, 믿음의 도리를 굳게 붙잡고 하나님의 자녀 된 권세를 가지고 당당하게 나아가라는 말입니다.

그렇다면 어떤 사람이 은혜의 보좌 앞으로 담대히 나아갈 수 있을까요?

첫째, 예수의 피를 힘입은 자가 나아갑니다.

"어린 양의 피에 그 옷을 씻어 희게 하였느니라"_계 7:14b

"우리가 예수의 피를 힘입어 성소에 들어갈 담력을 얻었나니"
_히 10:19

어린양의 피로 그 옷을 하얗게 씻은 자, 오직 예수의 피를 힘입은 자가 담대히 하나님의 보좌가 있는 지성소로 들어갈 수 있습니다. 예수님이 십자가에서 흘리신 그 피가 내 모든 죄를 씻었고 나를 향한 하나님의 진노를 멈추게 하였기 때문입니다.

둘째, 믿는 도리를 굳게 붙잡은 자가 나아갑니다.

"우리가 믿는 도리를 굳게 잡을지어다"_히 4:14b

믿는 도리는 곧 복음을 말합니다. 하나님의 아들 예수께서 십자가에 달려 죽으심으로 내 모든 죄를 사하시고 부활하고 승천하심으로 누구든지 언제든지 예수의 보혈을 의지하기만 하면 하나님의 자녀 된 권세를 가지고 하나님의 보좌 앞으로 담대히 나아갈 수 있다는 것, 이것이 복음입니다. 그러므로 이 복음의 도리를 굳게 잡은 자만이 은혜의 보좌 앞에 담대히 나아갈 수 있습니다. 아무리 선하게 살고 법 없이도 살 수 있는 사람이란 평판을 들어도 자기의 선행과 공로를 붙들면 절대로 은혜의 보좌 앞에 나아갈 수 없습니다. 오직 예수의 보혈을 힘입고 복음의 도리를 굳게 붙잡은 자만이 은혜의 보좌 앞에 담대히 나아갈 수 있습니다.

페루에서 사역하시는 선교사님이 말씀하시길, 페루에는 주인이 드나드는 길과 문, 하인들이 드나드는 길과 문이 따로 있다고 합니다. 베이비시터나 파출부는 주민들이 쓰는 엘리베이터를 함께 탈 수 없고, 만일 타게 되면 주민들이 항의를 한다고 합니다.

우리는 죄의 종이었지만 이제는 죄와 사망에서 해방된 하나님의 자녀입니다. 그러므로 우리는 자신의 신분을 부끄러워하는 노예나 하인들처럼 보좌 앞으로 나아가지 말고 전쟁에서 승리한 개선장군처럼 담대히 하나님의 보좌 앞으로 나아가야 합니다.

사탄이 아무리 나를 참소하고 주변 사람들이 나를 비난해도, 내가 초라하게 보여도 나 자신을 보지 말고 나를 위해 십자가에서 피 흘려 죽으신 그 예수님을 바라보십시오. 영광의 보좌에 앉으사 나의 아픔에 공감하시며 나를 위하여 중보하며 기도하시는 주님을 바라보십시오. 그래야 은혜의 보좌 앞에 담대히 나아갈 수 있습니다.

그렇다면 우리는 왜 은혜의 보좌 앞으로 나아가야 할까요? 바로 긍휼하심을 받기 위함입니다.

"그러므로 우리는 긍휼하심을 받고 때를 따라 돕는 은혜를 얻기 위하여 은혜의 보좌 앞에 담대히 나아갈 것이니라"_히 4:16

우리가 이 영광스러운 보좌 앞에 나아갈 때 주님은 우리를 비난하거나 정죄하지 않으시고 우리를 판단하거나 평가하지 않으시고 우리를 긍휼히 여겨 주십니다. 긍휼히 여기신다는 것은 하나님께서 우리의 연약함에 대하여 공감하며 불쌍히 여겨 주시는 것을 말합니다.

'긍휼히 여기다'라는 말은 헬라어로 내장을 뜻하는 '스플랑크나'(σπλανχνα)에서 온 말이라고 합니다. 따라서 긍휼이란 내장이 흔들리고 뒤틀리는 것과 같은 아픔을 느끼는 것이라 할 수 있습니다. 이 긍휼이라는 단어가 복음서에만 12번 나옵니다. 그리고 이 말 뒤에는 반드시 기적이 뒤따랐습니다. 이게 어떤 의미입니까? 예수님이 인간의 몸을 입고 이 세상에 계시는 동안 고통당하는 자, 굶주린 자, 병든 자들을 보실 때마다 내장이 흔들리고 뒤

틀릴 정도의 아픔을 느끼셨기에 그냥 지나치지 않으셨다는 것입니다.

예수님은 앞을 보지 못하는 두 맹인이 "주여, 우리를 불쌍히 여기소서"라고 외칠 때 그들을 불쌍히 여기사 그들의 눈을 만지시고 보게 해 주셨습니다. 예수님은 나인성 과부가 울면서 아들의 상여 뒤를 따라가고 있을 때 불쌍히 여기사 죽은 그 아들을 살려 주셨습니다.

예수님은 우리가 이 영광스러운 보좌 앞에 나아갈 때 우리를 긍휼히 여겨 주십니다. 왜냐하면 우리가 겪는 모든 고난과 시험과 아픔을 친히 겪으셨기 때문입니다. 그러므로 우리는 인생이 힘들고 어려울 때 더욱 은혜의 보좌 앞에 나아가야 합니다.

우리가 은혜의 보좌 앞에 나아가야 할 또 다른 이유는 때를 따라 돕는 은혜를 얻기 위함입니다.

"그러므로 우리는 긍휼하심을 받고 때를 따라 돕는 은혜를 얻기 위하여 은혜의 보좌 앞에 담대히 나아갈 것이니라"_히 4:16

우리는 하나님의 은혜로 구원을 받았습니다. 그렇다면 은혜로 구원받은 우리는 어떻게 살아야 합니까? 여전히 하나님의 은혜로 살아야 합니다. 은혜로 구원받기 이전의 우리는 하나님의 은혜가 아니어도 살 수 있다고 생각했고 그렇게 살아왔습니다. 그러나 구원받고 천국의 백성이 되고 난 다음부터는 은혜 없이 살 수가 없습니다.

그것을 보여 주는 사례가 바로 약속의 땅 가나안이었습니다. 가나안은 하나님께서 약속하신 젖과 꿀이 흐르는 땅이었습니다. 하지만 그 땅은 하나님께서 때를 따라 이른 비와 늦은 비를 내려 주시지 않으면 농사를 지을 수가 없는 곳이었습니다. 한 마디로 하나님의 은혜가 아니면 살아갈 수가 없는 곳이 바로 가나안이었습니다. 그렇습니다. 다른 사람은 몰라도 은혜로 구원받은 우리는 여전히 하나님의 은혜가 아니면 단 한 순간도 살아갈 수가 없습니다.

불의의 사고나 질병도 많고, 전쟁이 끊이지 않는 이 세상을 하나님의 은혜 없이 어떻게 살아갈 수 있겠습니까? 저 어둠의 세력이 나를 삼키려고 우는 사자처럼 덤벼드는데 하나님의 은혜 없이 어떻게 살 수 있겠습니까? 떨어지면 질그릇처럼 깨져 버리는 연약한 내가, 타락한 죄성을 가지고 있는 내가, 내 인생의 5분 후를 알지 못하는 내가 하나님의 은혜 없이 어떻게 이 세상을 살아갈 수 있겠습니까? 그래서 우리는 은혜 아니면 살아갈 수가 없다고, 호흡마저도 다 주의 것이라고 찬양하며 사는 것입니다.

그러므로 우리는 이 은혜를 얻기 위해 은혜의 보좌 앞으로 나아가야 합니다. 우리가 비행기를 타려면 공항으로 가야 하고, 배를 타려면 항구로 가야 하고, 치료를 받으려면 병원으로 가야 하듯이, 은혜를 받으려면 은혜의 보좌 앞으로 나아가야 합니다.

16절의 말씀을 보면 '때를 따라 돕는 은혜'라는 단어가 나옵니다. 우리에게 있어야 할 은혜, 우리에게 필요한 은혜는 바로 때를 따라 돕는 은혜입니다. 이것은 어떤 은혜를 말할까요.

때를 따라 돕는 은혜는 가끔 생각날 때마다 간헐적으로 도우신다는 것이 아닙니다. 하나님께서 가장 적절한 때에, 가장 좋은 방법으로, 그리고 내 영혼에 가장 유익한 것으로 나를 도우신다는 의미입니다.

모든 일에는 때가 있습니다. 계절에도 때가 있습니다. 눈은 겨울에 내려야 합니다. 그런데 눈이 여름에 내리면 어떻게 될까요? 비도 적절한 때에 내려야 도움이 되지 홍수가 났을 때 내리면 도리어 화가 되는 것입니다. 사람에게도 때가 있습니다. 공부해야 할 때가 있고 결혼해야 할 때가 있고 만날 때가 있고 헤어질 때가 있습니다.

우리의 신앙생활에도 때가 있습니다. 그래서 하나님은 감당하지 못할 시험 당함을 허락하지 않는다고 약속하셨습니다(고전 10:13). 아브라함에게도 처음부터 독자 이삭을 바치라 하지 않으시고 독자 이삭을 바칠 수 있을 믿음이 생겼을 때 아들을 바치라고 말씀하셨습니다.

기도의 응답에도 때가 있습니다. 그래서 하나님은 내가 원하는 시간이 아니라 하나님께서 원하시는 가장 적절한 때에, 내 소원이 아니라 내 영혼에 가장 유익이 되는 것으로 응답하십니다. 하나님은 내가 기도한다고 해서 무조건 응답해 주시는 분이 아니십니다. 가장 적절한 때에 내 영혼에 가장 유익한 것으로 응답해 주십니다. 물론 이 말은 하나님이 우리의 기도에 인색한 분이시라는 말은 아닙니다.

모든 은혜의 하나님

베드로 사도는 우리를 부르신 하나님을 "모든 은혜의 하나님"(벧전 5:10a)이시라고 했습니다. 우리 하나님은 모든 은혜의 하나님이십니다. 여기서 '모든'은 우리가 처해 있는 모든 상황, 모든 세대, 모든 시간을 말합니다. 그러므로 우리 하나님은 어떤 사람이든지, 어떤 처지에 있든지 은혜를 베푸실 수 있는 모든 은혜의 하나님이십니다.

그렇지만 때를 따라 도우시는 하나님의 모든 은혜가 내가 원하는 기도의 응답에만 있는 것은 아닙니다. 고난이 사라지고 질병에서 고침받고 부요하게 되는 것만이 모든 은혜가 아닌 것입니다. 때로는 우리가 원치 않는 견딤도 있고 거절도 있습니다.

사도 바울을 보십시오. 사도 바울이 육체의 가시가 너무나 고통스러워 그 가시를 제거해 달라고 기도했습니다. 그런데 하나님은 "내 은혜가 네게 족하도다 이는 내 능력이 약한 데서 온전하여짐이라"(고후 12:9a) 거절하셨습니다. 왜냐하면 자고하여 교만해지는 것보다 하나님의 은혜 속에 머물러 있는 것이 훨씬 유익하기 때문입니다. 이것이 바로 때를 따라 돕는 은혜입니다.

분명한 것은, 우리가 긍휼하심을 받고 때를 따라 돕는 은혜를 얻기 위해 은혜의 보좌 앞에 나아가 오래 머무른다면 하나님 보좌의 영광의 광채가 우리를 비춘다는 것입니다. 그러면 어두움의 영이 떠나가고 불안과 두려움이 사라지고 평강이 임합니다. 그리고 용서할 수 없는 사람도 용서할 수 있게 됩니다.

따라서 모든 은혜 속에는 치유와 회복, 문제의 해결뿐 아니라 견딤도 있고 거절도 있고 용서도 있고 사랑도 있고 세상이 줄 수 없는 평안도 있고 소망도 있다는 걸 알 수 있습니다. 내 영혼에 유익한 모든 것이 은혜 속에 있습니다.

넘어지셨습니까? 실패하셨습니까? 내 인생이 완전히 끝난 것처럼 보입니까? 은혜의 보좌 앞으로 담대히 나아가십시오. 주님께서 당신을 다시 일으켜 세워 주실 것입니다. 아무리 실패하고 더럽혀지고 망가졌어도 주님께서 당신을 용서해 주실 것입니다. 견딜 수 있는 힘을 주실 것입니다. 그러므로 은혜의 보좌 앞으로 담대히 나아가십시오.

아무리 신앙생활을 오래 한 사람이라 해도, 아무리 성경을 많이 읽고 알고 있을지라도 은혜의 보좌 앞에 나아가지 않으면 은혜를 받을 수가 없습니다.

우리는 어떻게 은혜의 보좌 앞으로 나아가야 할까요? 바로 예배와 기도로 나아갈 수 있습니다. 예배란 하나님의 보좌 앞으로 나아가 존귀와 영광과 찬양을 드리는 것이며, 기도란 하나님의 보좌 앞에서 그분의 얼굴을 구하는 것이기 때문입니다. 그러므로 우리는 매일 매 순간 예배와 기도를 통하여 은혜의 보좌 앞으로 담대히 나아가야 합니다. 왜냐하면 은혜로 구원받은 우리는 은혜 아니면 살아갈 수 없기 때문입니다.

3

찬송 중에 거하시는 하나님

역대하 20:20-23

²⁰ 이에 백성들이 아침에 일찍이 일어나서 드고아 들로 나가니라 나갈 때에 여호사밧이 서서 이르되 유다와 예루살렘 주민들아 내 말을 들을지어다 너희는 너희 하나님 여호와를 신뢰하라 그리하면 견고히 서리라 그의 선지자들을 신뢰하라 그리하면 형통하리라 하고 ²¹ 백성과 더불어 의논하고 노래하는 자들을 택하여 거룩한 예복을 입히고 군대 앞에서 행진하며 여호와를 찬송하여 이르기를 여호와께 감사하세 그의 인자하심이 영원하도다 하게 하였더니 ²² 그 노래와 찬송이 시작될 때에 여호와께서 복병을 두어 유다를 치러 온 암몬 자손과

> 모압과 세일 산 주민들을 치게 하시므로 그들이 패하였으니
> ²³ 곧 암몬과 모압 자손이 일어나 세일 산 주민들을 쳐서 진멸하고 세일 주민들을 멸한 후에는 그들이 서로 쳐죽였더라

하나님을 예배함에 있어 찬양은 너무나 중요합니다. 특별히 영적 전쟁에서 찬양이 얼마나 중요한지 모릅니다.

성경은 하나님이 찬송 중에 계시는 분이라 말씀하고 있습니다.

"이스라엘의 찬송 중에 계시는 주여 주는 거룩하시니이다"_시 22:3

이 말씀을 직역하면 '주님은 이스라엘이 부르는 찬양 위에 거주하시며 살고 계십니다'라는 말입니다.

그렇습니다. 우리 하나님은 찬송 중에 거하십니다. 그러므로 하나님이 계시는 곳에는 언제나 찬양이 있습니다. 하나님의 영광의 보좌에서는 찬양이 떠나지 않습니다.

"감사함으로 그의 문에 들어가며 찬송함으로 그의 궁정에 들어가서 그에게 감사하며 그의 이름을 송축할지어다"_시 100:4

우리는 감사함으로 그 문에 들어가며 찬송함으로 그 궁정에

들어갑니다. 여기서 궁정은 어떤 곳입니까? 하나님의 보좌가 있는 곳입니다. 하나님의 보좌가 있는 곳이 어디입니까? 성전으로 말하면 법궤가 있는 지성소를 뜻합니다. 그러므로 우리가 하나님의 임재가 있는 지성소로 들어가는 걸음에는 항상 찬양이 있습니다. 왜냐하면 우리 하나님은 찬송 중에 계시는 분이기 때문입니다.

누가 찬양해야 하는가

요한계시록 4장을 보면 요한은 하늘의 열린 문 안으로 들어가 하나님의 영광의 보좌를 보았습니다. 천상의 예배를 드리는 장면을 목도한 것입니다. 하나님의 보좌 주위에 네 생물이 있습니다. 그리고 하나님의 보좌 좌우에 이십사 장로들이 금으로 된 승리관을 쓰고 앉아 있습니다. 이 생물들과 장로들은 하나님을 찬양하는 모든 피조물과 구원받은 하나님의 백성을 상징합니다. 셀 수 없는 흰옷 입은 사람들이 엎드려 보좌에 앉으신 하나님을 경배하며 찬양합니다. 하나님의 보좌에는 찬양이 떠나지 않는 것입니다.

또 요한계시록 7장 9-12절을 보면 각 나라와 족속과 백성과 방언에서 수를 헤아릴 수 없는 큰 무리가 나옵니다. 그들은 흰옷을 입고 손에 종려나무 가지를 들고 보좌 앞과 어린양 앞에 서서 큰 소리로 다음과 같이 외치며 고백합니다.

"구원하심이 보좌에 앉으신 우리 하나님과 어린 양에게 있도다"
_계 7:10b

우리가 하나님 나라에 가게 되면 하나님 보좌 앞에서 이렇게 고백하며 찬양하게 될 것입니다.

시편 148편을 보아도 하나님 앞에서 모든 피조물은 찬양하라고 말씀합니다.

"그의 모든 천사여 찬양하며 모든 군대여 그를 찬양할지어다 해와 달아 그를 찬양하며 밝은 별들아 다 그를 찬양할지어다 하늘의 하늘도 그를 찬양하며 하늘 위에 있는 물들도 그를 찬양할지어다"
_시 148:2-4

영적인 존재인 모든 천사와 모든 군대, 하늘의 해와 달과 별들도 하나님을 찬양해야 합니다. 하늘의 하늘인 우주도, 하늘 위에 있는 물들 곧 구름도 하나님을 찬양하라는 것입니다.

"불과 우박과 눈과 안개와 그의 말씀을 따르는 광풍이며 산들과 모

든 작은 산과 과수와 모든 백향목이며 짐승과 모든 가축과 기는 것
과 나는 새며"_시 148:8-10

땅과 바다와 불과 우박, 눈과 안개, 산들과 작은 산들과 짐승과 모든 가축과 기는 것과 나는 새들도 모두 다 하나님을 찬양해야 한다고 말하고 있습니다. 그뿐 아니라 모든 사람에게 하나님을 찬양하라고 합니다.

"세상의 왕들과 모든 백성들과 고관들과 땅의 모든 재판관들이며 총각과 처녀와 노인과 아이들아 여호와의 이름을 찬양할지어다"
_시 148:11-13a

시편 150편 6절은 또 이렇게 말합니다.

"호흡이 있는 자마다 여호와를 찬양할지어다"_시 150:6

그러므로 하나님이 지으신 모든 만물, 모든 피조물은 생물이든 무생물이든 영적인 존재이든 모두 다 하나님을 찬양해야 합니다. 모든 피조물은 하나님을 찬양하도록 지음받았습니다.

하나님이 나 자신을 왜 지으셨는지가 말씀에 답이 있습니다.

> "이 백성은 내가 나를 위하여 지었나니 나를 찬송하게 하려 함이니라"_사 43:21

하나님을 찬양하기 위해서 우리를 지으셨다는 말입니다. 하나님이 우리를 구원하신 목적도 하나님을 찬양하도록 하기 위함입니다. 에베소서 1장 3-6절은 하나님께서 우리에게 베풀어 주신 하늘의 신령한 복에 대하여 말씀합니다. 하늘에 속한 신령한 복은 '하나님이 나를 택하시고 부르사 하나님의 자녀가 되게 하신 구원'을 말합니다. 그런데 하나님은 왜 나에게 이 신령한 복을 주셨을까요?

> "우리에게 거저 주시는 바 그의 은혜의 영광을 찬송하게 하려는 것이라"_엡 1:6b

하나님이 우리를 은혜로 구원하신 목적도 은혜의 영광을 찬송하도록 하는 것입니다. 따라서 이 땅의 모든 피조물도 하나님을 찬양하도록 지음받은 것이며, 하나님이 우리를 지으신 목적도 하나님을 찬양하기 위함입니다. 그러므로 하나님의 형상대로 지음받고 구원받은 우리는 더더욱 찬송 중에 계시는 하나님을 찬양해야 합니다.

하나님의 임재

하나님께서 이스라엘의 찬송 중에 계신다는 말은 찬송 중에 거하시는 것만이 아니라 하나님의 통치와 임재가 찬양 가운데 있음을 의미합니다. 그러므로 하나님의 백성이자 하나님의 자녀인, 구원받은 우리 성도들이 하나님을 찬양하면 그 자리에 하나님의 통치와 함께하심, 하나님의 임재가 있는 것입니다. 그곳이 고난의 자리이든 시험의 자리이든 상관없습니다. 가정, 학교, 병원, 직장 어디서든지 하나님의 영광을 선포하며 하나님을 찬양해야 합니다. 하나님의 통치를 인정하고 찬양하는 고백 가운데 어떤 일이 나타날 수 있는지 성경은 다음과 같이 설명합니다.

첫째, 하나님을 찬양할 때 결박이 풀립니다.
사도행전 16장을 보면 찬양 중에 감옥 문이 열리고 결박이 풀리는 역사가 일어납니다. 바울과 실라가 복음을 전하다 억울하게 누명을 쓰고 감옥에 갇힌 상황이었습니다. 낮에 실컷 맞아 온몸은 피로 멍이 들었고 옷은 찢어지고 그들의 발은 차꼬에 묶여 있었습니다. 그럼에도 그들은 그날 저녁 깊은 밤 모든 죄수가 들을 수 있도록 큰 소리로 하나님을 찬양하기 시작했습니다. 그러자 어떤 일이 벌어졌습니까? 이스라엘의 찬송 중에 거하시는 하나님의 역사가 나타났습니다.

> "이에 갑자기 큰 지진이 나서 옥터가 움직이고 문이 곧 다 열리며 모든 사람의 매인 것이 다 벗어진지라"_행 16:26

얼마나 강한 역사였는지 옥터가 흔들렸습니다. 또 모든 옥문이 열리고 모든 죄수의 발에 채워져 있던 차꼬가 다 풀어졌습니다. 한밤중에 찬양할 때에 닫힌 것들이 열리고 모든 묶인 것들이 풀리는 역사가 일어난 것입니다. 결박이 풀리는 역사가 일어납니다. 그리고 간수와 그 가족이 구원을 받는 역사가 일어났습니다. 우리의 찬양 가운데 하나님이 함께하심으로 우리 인생의 닫힌 문이 열리고, 흉악의 결박이 풀리는 은혜가 있기를 소망합니다.

둘째, 하나님을 찬양할 때 악령이 떠나갑니다.
하나님의 사람 다윗이 수금을 탈 때 사울왕을 붙들었던 악령이 떠나갔습니다.

> "하나님께서 부리시는 악령이 사울에게 이를 때에 다윗이 수금을 들고 와서 손으로 탄즉 사울이 상쾌하여 낫고 악령이 그에게서 떠나더라"_삼상 16:23

이렇게 우리가 하나님을 찬양하면 하나님이 일하시고 우리를 결박하던 악한 영들이 떠나가는 역사가 일어납니다.

순종을 위한 의논

유다의 여호사밧왕 때 모압과 암몬과 마온이라는 세 나라가 연합하여 쳐들어왔습니다. 그때 여호사밧은 대적할 능력도 없고 어찌할 줄도 알지 못해서 오직 주만 바라보았습니다. 여호사밧왕과 온 백성들이 예루살렘 성전에 모여 함께 금식하며 기도했습니다. 그때 여호와의 영이 레위 사람 야하시엘에게 임하셨습니다. 그리고 하나님의 영이 임한 야하시엘은 회중들에게 하나님의 말씀을 선포하기 시작합니다. 이 전쟁은 하나님께 속한 전쟁이고 하나님이 함께하시기 때문에 두려워하거나 놀라지 말라고 선포합니다. 그리고 내일 아침 그들을 향하여 나아가라는 하나님의 뜻을 전합니다.

오늘 본문은 실제로 이스라엘 백성들이 어떻게 말씀에 순종하여 나아갔는지, 그리고 순종하여 나아갔을 때 어떤 일이 일어났는지를 가르쳐 주고 있습니다.

본문 21절을 보면 여호사밧은 적진을 향하여 나아가기에 앞서 백성들과 더불어 의논했습니다.

"백성과 더불어 의논하고"_대하 20:21a

여호사밧은 일방적으로 명령을 내리고 따를 것을 지시하지 않았습니다. 먼저 백성과 더불어 의논했습니다. 중요한 것은 무엇을 의논했는가입니다. 그들은 어떻게 순종할 것인가를 의논했습니다. 역대하 20장 20절을 보면 여호사밧과 백성들은 이미 전쟁을 하기 위해 아침 일찍 드고아의 들로 나갔습니다. 그러므로 전쟁을 하러 나아갈 것인지 아니면 나아가지 말 것인지, 아침에 일찍 갈 것인지 아니면 더 준비하여 며칠 후에 갈 것인지를 논의한 것이 아닙니다. 적진을 향해 나아가는 것과 시기는 이미 하나님이 명령하신 말씀으로 정해져 있었기 때문입니다. 하나님은 이미 "너희는 두려워하지 말며 놀라지 말고 내일 그들을 맞서 나가라"(대하 20:17b)고 말씀하셨습니다. 내일 그들을 향하여 나아가는 것은 이미 정해진 하나님의 뜻입니다. 그러므로 이미 정해진 하나님의 뜻을 가지고 의논을 해서는 안 됩니다. 마귀가 틈을 타 하나님의 뜻을 거스르는 결정을 내리도록 우리를 충동할 수 있기 때문입니다.

아브라함을 생각해 보십시오. 아브라함은 하나님께서 100세에 낳은 사랑하는 독자 이삭을 모리아산에 데려가 제물로 바치라고 말씀하셨을 때 어떻게 순종했습니까? 집으로 돌아와 아내 사라와 상의하지 않았습니다. 그저 아침 일찍 아들 이삭을 데리고 번제에 쓸 나무를 준비하여 모리아산을 향하여 나아갔습니다(창 22:3). 만일 아브라함이 이 중요한 문제를 아내와 상의했다면 아브라함은 결코 하나님의 뜻을 따를 수 없었을 것입니다. 어떻게 얻은 아들인데 사라가 순순히 이삭을 제물로 내어 주라 하겠습니까? 아들을 데리고 가려거든 날 죽이라고 말하며 갈등이 일어났을 것입니다. 이것이 어머니의 마음이기 때문입니다. 그것을 알았던 아브라함은 아내 사라와 상의하지 않고 아침 일찍 출발한 것입니다.

이처럼 하나님의 뜻을 따를지에 대해 의논하지 않고 순종을 위해 함께 기도해야 합니다. 그리고 하나님의 말씀을 들어야 합니다. 주님이라면 어떻게 하셨을지 물어야 합니다. 하나님의 뜻이 확인되고 결정되면 어떻게 효과적으로 순종할 수 있을지 머리를 맞대고 의논해야 합니다. 그래야 동기 유발이 잘 되고 기쁨으로 함께 순종할 수 있습니다.

여호사밧은 적진을 향해 나아가기에 앞서 백성들과 더불어 의논을 했습니다. 하나님의 말씀을 따라 두려워하지 말고 어떻게 나아갈 것인가, 어떤 대열을 지어 나아갈 것인가, 어떤 찬양을 부르며 나아갈 것인가를 논의한 것입니다. 이미 정해진 하나님의 뜻을 두고 타협하지 않았습니다. 다만 어떻게 그 뜻을 적극적으로 실천하며 순종할 것인지를 서로 의논했습니다.

사랑하는 성도 여러분!
여호사밧이 하나님의 뜻을 이루기 위해 더불어 의논했던 것처럼 우리의 공동체와 여러분의 가정에도 이런 의논이 필요합니다.

'어떻게 하면 우리 주님을 더 기쁘시게 할 수 있을까?'

'우리 가족이 더 예배를 잘 드리려면 어떻게 해야 할까?'

'하나님께 순종하며 살려면 어떻게 해야 할까?'

이런 것들을 의논할 수 있어야 합니다.

성경 안 읽으면 밥 먹지 말라거나 예배 안 드리면 용돈 안 주겠다고 일방적으로 명령만 해서는 효과가 없다는 것입니다. 예배는 하나님의 뜻이기에 예배드리는 것을 의논해서는 안 됩니다. 어떻게 해야 우리가 하나님이 기뻐하시는 예배를 드릴 수 있을지 물어보고 의논해야 합니다. 오늘 우리의 가정과 공동체 안에 주님의 말씀에 순종하기 위한 의논이 풍성해지길 소망합니다. 다시 말씀드립니다만, 하나님의 뜻을 받아 순종하기 위해 우리는 함께 기도하고 효과적인 순종을 함께 의논해야 합니다.

영적 전쟁과 찬양

여호사밧이 백성과 더불어 의논하여 내린 결정이 무엇입니까?

"백성과 더불어 의논하고 노래하는 자들을 택하여 거룩한 예복을 입히고 군대 앞에서 행진하며 여호와를 찬송하여 이르기를 여호와께

감사하세 그의 인자하심이 영원하도다 하게 하였더니"_대하 20:21

먼저 노래하는 자들을 택하여 예복을 입혔습니다. 거룩한 예복을 입었다는 것은 일종의 가운을 입었다는 말입니다. 전쟁터에 나간다고 군복을 입은 것이 아닙니다. 총칼을 든 것이 아닙니다. 가운을 입은 것입니다.

또 그들이 군대 앞에서 행진하며 찬양하게 했습니다. 전쟁을 하면 총과 칼로 무장을 하고, 방패와 병기를 들고, 말을 타고 깃발을 휘날리면서 나아가야 할 것 같은데 지금 여호사밧과 백성들은 노래하는 자들을 세워 찬송하며 나아갑니다. 어떤 찬송을 불렀을까요?

"여호와께 감사하세 그의 인자하심이 영원하도다"_대하 20:21b

이들은 하나님께 감사를 드렸습니다. 왜 전쟁을 나가며 하나님께 감사의 찬양을 드렸을까요? 이 전쟁은 하나님께 속했으므로 하나님께서 싸워 이기실 것을 믿었기 때문에 그들은 승리를 확신하며 여호와께 감사의 찬양을 드린 것입니다. 그리고 여호와의 인자하신 성품을 찬양했습니다. 이 전쟁이 하나님께 속한 전쟁이기 때문입니다. 그들은 전쟁터였던 드고아의 들판에서 감사의 찬양을 드리며 하나님의 성품을 노래했습니다. 확 트인 드고아의 들판에 찬양이 울려 퍼집니다. 찬양이 사방으로 퍼져 나가기 시작합니다. 그 노래와 찬송이 시작될 때에 하나님께서 역사하십니다.

> "그 노래와 찬송이 시작될 때에 여호와께서 복병을 두어 유다를 치러 온 암몬 자손과 모압과 세일 산 주민들을 치게 하시므로 그들이 패하였으니"_대하 20:22

하나님께서 복병을 두어 유다를 치러 온 암몬 자손과 모압과 세일산 주민들을 치게 하시고 패하게 하셨습니다. 유다를 치러 온 세 연합군이 패배한 것입니다. 성경은 그들이 패배하게 된 시점을 "그 노래와 찬송이 시작될 때에"라고 분명히 기록합니다. 그러니까 하나님이 언제 적들을 물리쳐 주셨냐면, 하나님을 찬양할 때입니다. 하나님께 감사의 찬양을 드릴 때, 하나님의 인자하심을 노래할 때 하나님이 유다의 적들을 물리치셨습니다. 하나님께 찬양을 드릴 때 복병이 일어나서 그들을 치기 시작합니다. 한 사람도 피한 자가 없을 만큼 완벽한 승리를 거두게 됩니다(대하 20:24b) 얼마나 큰 승리였는지 전리품을 취하는 데만 사흘이 걸렸다고 성경은 기록합니다(대하 20:25b). 유다는 손에 피 한 방울 묻히지 않고도 완전한 승리를 거둔 것입니다.

"곧 암몬과 모압 자손이 일어나 세일 산 주민들을 쳐서 진멸하고 세일 주민들을 멸한 후에는 그들이 서로 쳐죽였더라"_대하 20:23

그 노래와 찬양이 시작될 때 암몬과 모압 자손이 일어나 세일 산 주민들을 쳐서 진멸하기 시작합니다. 세일산 주민들을 멸한 후에는 모압과 암몬 사람들이 서로 쳐 죽였습니다. 한마디로 말하자면 '자중지란'이 일어나 서로를 공격하여 자멸하게 된 것입니다. 어느 때나 자중지란은 가장 확실한 패배의 공식입니다. 역사를 보면 자중지란이 일어난 집단은 언제나 패했습니다. 하나님은 그 노래와 찬송이 시작될 때 유다를 공격해 온 세 연합군에게 자중지란을 일으키십니다. 그들을 패배하게 하십니다.

이 대목에서 다시 한번 생각해 볼 것은 이스라엘의 찬송 중에 거하시는 하나님의 탁월하심입니다. 우리는 그래서 하나님을 주저하지 않고 찬양할 수 있습니다. 성도가 찬양을 부를 때 하나님이 그 찬양 가운데 영광을 드러내십니다. 하나님이 역사하시면 모든 악한 것이 떠나가고 결박들이 풀어집니다. 찬양 가운데 하나님의 뜻과 일하심이 분명하게 나타납니다.

"그들의 입에는 하나님에 대한 찬양이 있고 그들의 손에는 두 날 가진 칼이 있도다"_시 149:6

"성도들의 입에는 하나님께 드릴 찬양이 가득하고, 그 손에는 두 날을 가진 칼이 들려 있어,"_시 149:6, 새번역

성도들의 입에는 하나님께 드릴 찬양이 가득하고 찬양이 그 입에 가득한 자의 두 손에는 두 날을 가진 칼이 들려 있다고 말합니다. 그렇습니다. 입술에 찬양이 가득한 성도에게 하나님은 권세를 주십니다. 우리는 찬양 가운데 주시는 하나님의 권세를 쥐고 영적 전쟁에 임해야 합니다. 영적 전쟁을 하는 성도의 입에는 찬양이 떠나지 않아야 한다는 것입니다.

또 찬양을 부를 때 원수들이 잠잠하게 됩니다. 시편 8편은 이렇게 고백합니다.

"주의 대적으로 말미암아 어린 아이들과 젖먹이들의 입으로 권능을 세우심이여 이는 원수들과 보복자들을 잠잠하게 하려 하심이니이다"_시 8:2

왜 찬양을 하면 원수 마귀가 잠잠하게 됩니까? 찬양은 하나님이 세우신 권능이기 때문입니다. 그래서 우리가 찬양을 하면 원수들이 잠잠하게 되는 것입니다. 여기 "잠잠하게 하다"는 말은 '샤바트'(שׁבת)라는 단어로 '실패하게 만들다', '고요하다', '무시하

다', '빼앗다'라는 의미를 가집니다. 그러니까 우리가 하나님께 찬양과 경배를 드리면 사단의 모든 계략은 실패로 돌아가는 것입니다. 우리를 참소하던 자들이 잠잠하게 됩니다. 우리는 찬양 가운데 하나님이 주실 참 기쁨과 평안을 누리지만 하나님은 그 찬양 속에서 원수와 보복자들을 잠잠하게 하십니다. 참소하던 모든 세력이 되려 수치와 무안을 당하게 되는 것입니다.

> "나의 혀도 종일토록 주의 의를 작은 소리로 읊조리오리니 나를 모해하려 하던 자들이 수치와 무안을 당함이니이다"_시 71:24

우리의 입술에서 하나님을 향한 찬양이 떠나지 않으면 나를 모해하려 하던 자들이 수치와 무안을 당하게 된다고 합니다. 그러므로 성도는 항상 입술에 찬양이 떠나지 않도록 해야 합니다. 종일토록 큰 소리로 하나님을 찬양할 수는 없다고 해도, 작은 목소리로 읊조리며 하나님을 경배할 수는 있습니다.

우리가 이렇게 하나님을 찬양하면 하나님은 원수들이 수치를 당하게 하십니다. 원수 마귀를 잠잠하게 하십니다. 원수 마귀가 상처 입고 고통과 괴로움을 당하게 하십니다. 우리는 찬양 가운데 갚아 주시는 하나님을 통해 우리가 잃어버린 것을 되찾을 수가 있습니다. 그러므로 우리의 입술에 찬양이 떠나지 않아야 합니다. 최고의 영적 전쟁은 바로 찬양입니다. 찬양하면 보이지 않는 영적 세계에서 이런 놀라운 일이 벌어집니다. 여호사밧과 유다 역시 하나님을 찬양함으로 완전한 승리를 거두었습니다.

찬송 가운데 하나님이 임재하시면 어둠은 물러가고 빛이 임합니다. 치유가 임하고 미움이 물러갑니다. 전능하신 하나님이 찬송 가운데 거하심으로 모든 영적인 전쟁에서 승리하게 됩니다. 하나님이 계시기 때문입니다.

그래서 사도 바울은 하나님의 나라를 이렇게 말했습니다.

"하나님의 나라는 먹는 것과 마시는 것이 아니요 오직 성령 안에 있는 의와 평강과 희락이라"_롬 14:17

우리가 장차 죽어서 가는 하나님 나라도 있지만 이 땅에서 우리는 하나님 나라를 맛보며 살아야 합니다. 새번역에서는 이렇게 말합니다.

"하나님의 나라는 먹는 일과 마시는 일이 아니라, 성령 안에서 누리는 의와 평화와 기쁨입니다."_롬 14:17, 새번역

우리가 오늘 왕 되신 하나님을 찬양하면, 그 왕이신 하나님께서 지금 이 자리를 통치하시고 다스리심으로 우리 가운데 하나

님 나라를 누리게 하십니다. 성령 안에서 누리는 하나님 나라를 허락하십니다.

우리는 지금 이 하나님의 나라를 누리고 있습니까? 왕 되신 주님이 통치하심으로 성령 안에서 의와 평강과 희락을 얼마나 누리며 살고 있습니까? 하나님의 나라는 저절로 이루어지는 것이 아닙니다. 믿음의 선포와 영적인 전쟁을 통해서 이루어집니다. 그래서 하나님은 가나안땅을 약속했지만 그 땅은 전쟁을 통해서만 얻을 수 있게 하셨습니다.

그러므로 오늘 우리가 하나님 나라를 누리기 위해서는 영적인 전쟁이 있음을 알고 그 가운데 주님이 주실 승리를 사모해야 합니다. 승리하기를 원한다면 찬송을 불러야 합니다. 예수님도 하나님의 나라는 침노하는 자의 것이라고 말씀하셨습니다. 우리가 왕 되신 하나님을 찬양할 때 그 하나님께서 우리의 찬송 가운데 거하시고 함께하심으로 말미암아 성령 안에서 하나님 나라가 임할 줄 믿습니다. 그 하나님이 베푸시는 하나님 나라를 매 순간 누리며 사는 우리 성도들이 되길 축복합니다.

우리의 아픔에 공감하시는 하나님

> **히브리서 4장 14-15절**
> **14** 그러므로 우리에게 큰 대제사장이 계시니 승천하신 이 곧 하나님의 아들 예수시라 우리가 믿는 도리를 굳게 잡을지어다
> **15** 우리에게 있는 대제사장은 우리의 연약함을 동정하지 못하실 이가 아니요 모든 일에 우리와 똑같이 시험을 받으신 이로 되 죄는 없으시니라

공감이란, 상대방 입장에 서서 그가 경험한 바를 이해하거나, 다른 사람의 입장에서 생각해 보는 행위를 뜻합니다. 공감은 두

종류가 있다고 합니다. 상대를 알고 이해하는 인지적 공감, 상대가 느끼는 상황이나 감정을 비슷하게 느끼는 정서적 공감입니다. 순서로 말하면 인지적 공감이 먼저입니다. 왜냐하면 상대가 처한 상황을 알아야 공감할 수 있기 때문입니다.

얼마 전 애틀랜타연합장로교회에서 집회를 할 때 한 장로님 부부로부터 식사 대접을 받게 되었습니다. 그런데 담임목사님이 장로님 가정의 기도 제목도 알려 주지 않고 갑자기 저에게 기도를 시키셨습니다. 저는 장로님 가정의 평안과 자녀를 위해 축복의 기도를 드렸습니다. 하지만 알고 보니 장로님의 가정에는 자녀가 없었습니다. 없는 자녀를 위해 기도한 것입니다. 그 장로님은 이 기도에 공감하셨을까요?

학자들의 연구에 의하면 공감 능력이 뛰어난 사람일수록 자존감이 높고 뛰어난 리더십을 가진 경우가 많다고 합니다. 어떻게 하면 공감 능력을 가질 수 있을까요?

먼저 경청을 잘해야 한다고 합니다. 무시하지 말고 일단 잘 들어 주는 것이 중요합니다. 그 다음로는 잘 쳐다보아야 합니다. 고통당하고 눈물 흘리는 사람을 바라보면 시뮬레이션이 되면서 나도 모르게 그 사람의 경험 속으로 들어가 그와 유사한 감정을 느끼게 됩니다. 참 신비롭게도, 들어주고 바라보면서 공감을 하면 얼굴 근육이 움직이며 표정이 변하기 시작합니다.

공감이 없으면 더 이상 대화가 불가능하고 친밀한 관계를 맺기 어렵습니다. 가령 군대에 간 아들이 아버지에게 전화했다고 해 봅시다. 단 한 번도 자유가 구속된 삶을 살아본 적 없는 아들이 힘들다고 하는데 아빠가 이렇게 말한다면 어떨까요.

"아빠가 군 생활 할 때는 말이야, 겨울에 동상 걸리고 쉬는 날에도 작업하고 밤마다 고참병들에게 끌려가 구타를 당하지 않는 날이 없었어. 군 복무 기간도 3년이었어. 그때에 비하면 지금 군대는 유치원보다 못하지. 뭐가 힘들다고 그래?"

아들 입장에서는 전혀 위로가 되지 않을 것입니다.

다른 사람보다 일찍 퇴직해 집에만 있는 남편이 있다고 해봅시다. 가족을 책임져야 하는 가장으로서 직장을 잃었으니 그 마음이 얼마나 힘들겠습니까? 영국 의학저널 통계에 의하면 퇴직이 빠를수록 수명이 짧다고 합니다. 그만큼 스트레스를 많이 받고 있다는 얘기지요. 그런데 아내가 자꾸 이렇게 말한다면 어떨까요?

"당신 언제까지 이렇게 지낼 거야?"

남편의 마음은 더욱 힘들어질 것입니다.

아내가 몸이 아프다고 하는데 남편이 "아프면 약 먹어. 그래도 안 되면 병원 가고"라는 말만 던지고 출근해 버린다면 아내의 마음은 어떨까요.

상대가 처한 상황을 이해하고 상대의 기분과 감정을 이해해 줄 수 있는 공감이 우리에겐 참 필요합니다.

큰 대제사장이 되시다

성경을 보면 우리가 믿는 하나님이 공감하시는 분이라는 것을 알 수 있습니다. 전능하신 하나님, 이 세상을 창조하신 하나님이 피조물인 저와 여러분에게 공감하십니다. 나를 위해 십자가에 달려 죽으시고 부활하신 그 주님께서 하나님의 자녀 된 저와 여러분에게 친히 공감하십니다. 그래서 오늘은 저와 여러분을 향한 하나님의 공감에 대해 함께 생각해 보려 합니다.

그 전에 먼저 하나님이 어떤 분이신지 알아보겠습니다.

"그러므로 우리에게 큰 대제사장이 계시니 승천하신 이 곧 하나님의 아들 예수시라"_히 4:14a

우리에게 큰 대제사장이 계시는데 그분이 곧 하나님의 아들이시라고 합니다. 히브리서 기자는 앞서 예수님이 천사보다 우월하시고 모세보다 우월하신 분이심을 증거했습니다. 그런데 오늘 말씀에서는 예수님이 "대제사장들보다 우월하신 큰 대제사장"이라고 말씀합니다. 예수님은 구약의 대제사장과 비교할 수 없는 유일한 대제사장이라는 의미입니다. 하나님의 아들이신 예수님은 어떻게 큰 대제사장이 되셨습니까?

"그러므로 우리에게 큰 대제사장이 계시니 승천하신 이 곧 하나님의 아들 예수시라"_히 4:14a

예수님은 우리의 구원 사역을 마치고 승천하시며 큰 대제사장이 되셨습니다. 예수님은 우리의 모든 죄와 허물을 담당하시고 십자가에 달려 죽으셨습니다. 그 십자가에서 수치와 형벌을 받으시고 죽으심으로 우리의 모든 죗값을 완벽하게 지불하셨습니다. 하나님의 보좌인 지성소로 들어갈 수 없도록 가로막았던 성소의 휘장이 바로 그때 위로부터 아래로 찢어졌습니다.

"이에 성소 휘장이 위로부터 아래까지 찢어져 둘이 되고"_마 27:51a

이는 예수님이 우리를 위하여 십자가에 달려 죽으심으로 하나님과 우리 사이의 장벽을 제거하셨음을 말합니다. 그러므로 누구든지 예수의 피를 힘입기만 하면 그 은혜의 보좌 앞에 담대히 나아갈 수 있게 되었습니다. 사실 죄인인 우리 중 누구도 거룩하신 하나님의 보좌 앞에 나아갈 수 없습니다. 하지만 대제사장이신 예수님은 십자가에 달려 죽으시고 부활하시고 승천하시면서 하나님께로 나아갈 길을 여셨습니다. 예수님으로 인해 하나님께 나아갈 영적인 고속도로가 열리게 된 것입니다. 그래서 성경은 이 길을 "새로운 살길"이라고 말합니다.

> "우리가 예수의 피를 힘입어 성소에 들어갈 담력을 얻었나니 그 길은 우리를 위하여 휘장 가운데로 열어 놓으신 새로운 살길이요 휘장은 곧 그의 육체니라"_히 10:19-20

그뿐만 아니라 예수님은 십자가에서 화목제물로 죽으심으로 단번에 영원한 속죄를 이루셨습니다.

> "오직 자기의 피로 영원한 속죄를 이루사 단번에 성소에 들어가셨느니라"_히 9:12b

구약 시대에는 죄를 지을 때마다 반복하여 짐승을 잡아 제사를 드려야 했습니다. 그런데 대제사장이신 예수님이 십자가에 달려 죽으심으로 단 한 번에 영원한 효력을 지닌 완전한 제사를 드리셨습니다. 그러므로 예수 그리스도는 구약의 대제사장들과는 비교할 수 없을 정도로 큰, 유일한 대제사장이신 것입니다.

공감하시는 하나님

우리에게 있는 대제사장은 우리의 연약함과 아픔에 대하여 공감하시는 하나님이십니다.

"우리에게 있는 대제사장은 우리의 연약함을 동정하지 못하실 이가 아니요"_히 4:15a

부정의 부정은 긍정을 가리킵니다. "우리의 연약함을 동정하지 못하실 이가 아니요"라는 말씀은 우리에게 있는 대제사장은 "우리의 연약함을 동정하시는 분이다"라는 뜻입니다. 여기서 동정은 긍휼한 마음을 가지고 공감한다는 것입니다.

우리의 대제사장이신 예수님은 우리가 연약해서 넘어지고 쓰러지며, 고난과 역경 속에 힘들어하는 모습을 보며 긍휼한 마음으로 공감해 주십니다. 하늘에서 우리를 위해 간구하시는 큰 대제사장이신 예수님이 우리의 아픔을 그냥 못 본 체하시지 않고 함께 느끼신다는 것입니다. 여러분, 이 사실이 믿어지십니까?

내가 다니는 회사의 회장님이 내가 처한 형편과 상황을 알고 이해하고 마음 아파할까요? 세상의 어느 위정자들이 나 한 사람의 연약함과 아픔을 알고 눈물을 흘리겠습니까? 하지만 우리 하나님은 나의 상황을 너무나 분명히 알고 계십니다. 알고 계시는 것으로 끝나지 않고 공감하십니다. 어떻게 이런 일이 가능할까요?

전능하신 하나님이 어떻게 작고 보잘것없고 초라한 나의 연약함을 알고 계시며 나의 아픔에 공감하시는 이유가 무엇일까요? 바로 맺어진 관계 때문입니다. 우리는 예수를 믿기 전 죄의 종이었고 하나님과 원수 된 자였고 이 세상의 풍속을 따랐던 자였습니다. 그래서 본질상 하나님의 진노를 피할 수 없었습니다. 그런데 예수를 믿음으로 하나님이 나의 아버지가 되고 우리는 그분의 자녀가 되었습니다. 하나님이 내 인생의 주인이 되고 우리는 그분의 종이 되었습니다. 하나님이 내 인생의 목자가 되고 우리는 그분의 양이 되었습니다. 하나님이 나의 신랑이 되고 우리는 그분의 사랑을 받는 신부가 되었습니다.

성경이 하나님과 우리 사이를 관계로 표현하는 이유는 가장이 아닌 분명한 실제이기 때문입니다. 아내와 저는 실제로 결혼을 했습니다. 실제로 부부의 관계를 맺고 살아갑니다. 제 아내는 아바타가 아닙니다. 그러므로 우리는 함께 먹고 자고 여행도 하고 함께 기도의 제목을 나누고 아픔도 함께 나누며 살아갑니다. 아내가 자다가 다리에 쥐가 난다고 하면 자다가도 일어나서 아내의 다리를 주물러 줍니다. 관계가 맺어지면 상대의 아픔이 나의 아픔이 됩니다. 상대의 기쁨이 나의 기쁨이 됩니다.

사랑하는 자녀가 아프면 부모의 마음도 동일하게 아픕니다. 자녀가 힘들어하면 그 모습을 바라보는 부모의 마음도 힘듭니다. 자녀가 열이 너무 올라 정신을 차리지 못하고 신음하면 부모는 내가 차라리 아파서라도 내 자녀가 낫기를 바랍니다.

내 사랑하는 손주가 이제 말을 배워 할아버지 할머니를 부르기 시작하고 노래를 부르고 춤을 추면 얼마나 기쁘고 좋은지 모릅니다. 그렇지만 또래 아이가 TV에 나와 멋지게 노래를 부르는 걸 보면 별로 감동이 없습니다. 내 손주가 '아기상어' 노래만 불러도 기분이 좋고 기쁘지만 다른 아이가 동백아가씨를 구성지게 잘 불러도 크게 기쁘지 않은 것은 관계 때문입니다. 할아버지와 손주라는 관계가 맺어졌기 때문입니다.

하나님도 마찬가지입니다. 우리가 예수를 믿을 때 주님이 영으로 우리 안에 들어와 거하십니다. 그래서 주님이 내 안에, 내가 주 안에 거하게 되는 신비한 연합이 이루어졌습니다. 예수를 믿을 때 주님의 몸에 연합됩니다. 그래서 사도 바울은 교회를 그리스도의 몸으로, 예수 그리스도를 교회의 머리라고 표현합니다. 머리와 몸은 하나로 연합되어 있습니다. 그래서 몸이 아프면 머리는 그 아픔과 고통을 함께 경험합니다.

그리스도인들을 핍박하던 청년 사울이 다메섹 도상에서 주님을 만났을 때를 생각해 봅시다.

"사울아 사울아 네가 어찌하여 나를 박해하느냐."

"주여, 누구시니이까?"

"나는 네가 박해하는 예수라."

사실 사울은 주님을 만난 적도 없고 그분을 직접 박해한 적도 없습니다. 그런데 주님은 왜 나를 박해하느냐고 말씀하셨을까요? 하나님의 자녀 된 성도는 주님과 연합되어 있기 때문입니다.

이렇게 하나님과 내가 신비하게 연합되어 친밀한 관계가 맺어져 있기 때문에 나의 아픔이 주님의 아픔이 되는 것이고 하나님은 내 연약함을 아시고 나의 아픔에 공감하시는 것입니다.

하나님께서 우리에게 공감하시는 두 번째 이유는 주님께서 내 모든 연약함을 친히 경험하셨기 때문입니다.

"모든 일에 우리와 똑같이 시험을 받으신 이로되 죄는 없으시니라"

_히 4:15b

큰 대제사장이신 예수님은 인간의 몸을 입고 이 세상에 오셔서 인간이 당하는 모든 고난과 시험을 겪으셨습니다. 예수님은 죄가 없으심에도 지금 우리 인간이 당하는 그 모든 시험과 고난을 친히 다 겪으셨습니다.

예수님은 가난하고 천한 목수의 아들로 태어나 비루한 인생을 사셨습니다. '나사렛에서 무슨 선한 것이 나겠느냐'는 말씀처럼 사람들에게 무시를 당하셨습니다. 게다가 자신을 따르고 사랑했던 제자들로부터 배신을 당하셨습니다. 마침내 십자가에 달려 발가벗겨지시고 온갖 수치와 조롱을 당하셨습니다. 그뿐만 아니라 주님은 사탄으로부터 물질과 명예와 권력에 대한 시험까지도 받으셨습니다. 그래서 주님은 지금 우리가 겪는 가난과 고난과 아픔, 고독, 배신, 연약함 같은 모든 것을 너무나 분명하게 이해하시며 머리가 아닌 가슴으로 공감하십니다.

과부의 심정은 과부만이 안다는 말이 있습니다. 자녀로 인하여 속을 썩어 본 부모만이 자녀로 인하여 당하는 그 고통을 압니다. 배신을 당한 자만이 배신을 당한 자의 아픔을 알 수 있습니다. 암에 걸려 본 사람만이 투병 중인 암 환자의 마음을 알 수 있습니다.

주님은 아십니다. 나의 약함을, 나의 이 외로움을, 내가 당한 배신의 아픔을, 가난과 굶주림의 고통을 다 아십니다. 그리고 공감하십니다. 왜냐하면 친히 경험하셨기 때문입니다.

상처 입은 치료자

기타모리 가조(北森嘉藏)의 책 『하나님의 아픔의 신학』에는 이런 말이 나옵니다.

"그리스도는 자신의 상처를 가지고 우리의 상처를 치료하신다."

그렇습니다. 우리 주님은 능력으로 우리의 아픔과 상처를 치료하실 뿐 아니라 자신이 친히 받으신 그 상처를 가지고 우리를 치유하십니다. 어린 시절에 받으셨던 그 상처, 공생애 기간 내내 받으셨던 그 상처, 가난하고 버림받고 외면당하시고 배신당하신 그 상처를 가지고 우리의 가슴 속의 상처를 치유하십니다. 이 땅에 사시는 동안 흘리셨던 그 많은 눈물을 통해 우리가 지금 흘리는 눈물의 아픔들을 치유하십니다. 십자가에 못 박히신 그 두 손과 발로 우리의 죄로 인한 괴로운 상처들을 치유하십니다.

사람들은 너무나 힘들고 괴로울 때면 넋두리처럼 이렇게 말하곤 합니다.

"누가 나의 이 외로움을, 이 괴로움을, 이 슬픔을 알아주겠어?"

아무도 내 마음을 몰라준다고 생각하면 우울감이 자라납니다. 아내와 남편은 힘들 때 서로를 향해 당신이 자기 괴로움을 몰라 준다고 탓하기도 합니다. 부모는 자식이 자신의 마음을 몰라 준다고 말하고, 자식은 부모가 내 마음을 몰라준다고 말합니다.

그러나 주님은 오늘 우리에게 이렇게 말씀하십니다.

"사랑하는 딸아, 사랑하는 아들아! 다른 사람은 몰라도 나는 다 안다. 내가 너의 모든 연약함과 질고를 지고 너의 모든 아픔과 상처를 당했으니까. 네가 흘리는 눈물의 의미를 알고, 너의 외로움을 내가 안다. 네가 당한 배신의 아픔을 내가 안다."

우리는 누군가 내가 당한 사실을 들어 주고 이해만 해 주어도 감사하게 생각합니다. 하지만 예수님은 우리의 연약함과 아픔과 상처를 알고 이해해 주시는 정도가 아니라 실제로 주님 자신이 그 모든 연약함, 아픔, 상처들을 먼저 친히 경험하셨습니다. 그 경험으로 우리의 아픔을 공감해 주십니다.

가진 자들로부터 조롱당해 보신 적이 있나요? 누군가로부터 인격적 모독을 당해 보신 적이 있나요? 누군가로부터 배신을 당하셨나요? 우리 중에 수치심과 부끄러움 때문에 잠을 이루지 못하는 분이 있나요? 그런데 주님은 당신의 그 아픔을 아십니다. 그 아픔에 공감하십니다. 함께 마음 아파하십니다.

내가 가난으로 인하여 힘들어하고, 관계의 어려움을 겪고, 배신의 아픔으로 인하여 눈물을 흘릴 때 주님은 나보다 더 힘들어하시고 더 마음 아파하시며 눈물을 흘리십니다.

하늘 보좌에 앉아 나를 위해 간구하시는 큰 대제사장 예수님은 내가 겪는 아픔과 고난을 판단하시고 평가하시는 분이 아니십니다. 오히려 자신이 친히 경험하셨던 그 아픔으로 공감하여 주십니다. 그리고 "사랑하는 딸아, 아들아, 다른 사람은 몰라도 나는 다 안다"라고 말씀하시며 안아 주시고 우리를 위해 간구해 주십니다.

그러므로 아무도 내 마음을 알아주지 않는다며 인생을 쉽게 포기하지 마십시오. 다시 일어서십시오. 주님이 나의 아픔에 공감하십니다.

5

기억하시는 하나님

시편 132편 1-7절

1 여호와여 다윗을 위하여 그의 모든 겸손을 기억하소서 **2** 그가 여호와께 맹세하며 야곱의 전능자에게 서원하기를 **3** 내가 내 장막 집에 들어가지 아니하며 내 침상에 오르지 아니하고 **4** 내 눈으로 잠들게 하지 아니하며 내 눈꺼풀로 졸게 하지 아니하기를 **5** 여호와의 처소 곧 야곱의 전능자의 성막을 발견하기까지 하리라 하였나이다 **6** 우리가 그것이 에브라다에 있다 함을 들었더니 나무 밭에서 찾았도다 **7** 우리가 그의 계신 곳으로 들어가서 그의 발등상 앞에서 엎드려 예배하리로다

사람은 나이가 들어가면 기억력이 크게 감퇴합니다. 특히 알코올 섭취가 많은 사람, 지나치게 스트레스를 많이 받거나 긴장 속에 살아가는 사람, 수면이 부족한 사람일수록 기억력이 크게 감퇴한다고 합니다. 저도 암송하고 기억하는 것은 둘째가라면 서러울 정도로 잘했지만, 지금은 사람을 만나면 얼굴은 알겠는데 이름 석 자가 기억나지 않을 때가 많습니다. 그리고 대화를 나눌 때 어떤 단어와 문장이 생각나지 않아서 당황할 때가 많이 있습니다.

인생을 살면서 만나는 여러 사람 중 누군가가 나를 잊지 않고 기억해 준다면 참 기분이 좋습니다. 반대로 나는 분명히 저 분이 나를 기억하리라 생각하고 반갑게 다가가서 악수를 청했는데 그 분이 나를 기억하지 못하고 누구시냐고 묻는다면 당황할 수 있습니다. 저도 그런 경험을 한 적이 있습니다. 30년 전 미국 보스턴의 한 교회에서 처음 집회를 인도했습니다. 그때 너무나 많은 은혜를 받아서 잊을 수 없는 시간이 되었습니다. 세월이 흘러 제 아들이 보스턴에 있는 학교에 다니게 되었을 때 문득 보스턴의 그 교회와 그날의 감동이 생각나서 물어물어 한 분께 연락을 드렸습니다. 그런데 너무 오랜 시간이 지나서인지 그분이 저를 잘 기억하지 못하는 것입니다. 무척이나 당황한 순간이었습니다.

반대의 경우도 있었습니다. 예전에 중국의 어느 교회에 가서 집회를 하고 그 교회 목사님과 교제하는 시간을 가졌습니다. 그런데 어느 날 그 목사님이 주일에 예고 없이 우리 교회를 방문하셨습니다. 새가족과 사진을 찍고 있을 때 들어오시길래 이분이 새가족으로 등록하신 분인줄 알고 인사하고 환영 사진을 찍으려 하는데, 그 목사님이 멋쩍은 표정으로 어디 교회 무슨 목사인지 밝히셨습니다. 그제야 목사님을 알아보고 너무 미안한 마음에 죄송하다고 사과했지요.

이처럼 우리는 잊어버리고 지나칠 때가 너무 많습니다. 이름도, 얼굴도, 기도 제목도, 아름다운 추억마저도 기억하지 못하고 잊어버릴 수 있는 것이 사람입니다.

그러나 우리 하나님은 기억하시는 하나님이십니다. 오늘 본문 1절에서도 시인은 "기억하소서"라는 말로 이 시를 시작합니다.

"여호와여 다윗을 위하여 그의 모든 겸손을 기억하소서"_시 132:1

이 시인은 바로 다윗의 아들 솔로몬입니다. 그가 성전을 짓고 나서 그토록 성전을 사모하며 하나님을 사랑했던 아버지 다윗의 그 열정, 그리고 이 성전을 통한 하나님의 축복을 회상하며 오늘 본문의 시편을 지었습니다. 그래서 솔로몬은 다윗을 위하여 그의 모든 겸손을 기억해달라고 했던 것입니다. 솔로몬은 우리 하나님이 기억하시는 하나님이신 것을 알았습니다.

언약을 기억하시는 하나님

"내가 야곱과 맺은 내 언약과 이삭과 맺은 내 언약을 기억하며 아브라함과 맺은 내 언약을 기억하고 그 땅을 기억하리라"_레 26:42

하나님은 아브라함과 이삭, 야곱과 맺은 그 언약을 기억하사 430년 동안 애굽에서 종살이하던 이스라엘 백성을 구원하여 내셨습니다.

"이제 애굽 사람이 종으로 삼은 이스라엘 자손의 신음 소리를 내가 듣고 나의 언약을 기억하노라"_출 6:5

하나님은 이스라엘 백성이 애굽에서 종살이를 하는 430년간 침묵하셨습니다. 그래서 이스라엘 백성은 하나님이 우리를 잊으셨고 버리셨다고 생각했습니다. 그러나 이사야 62장 6절을 보면 "너희 여호와로 기억하시게 하는 자들"이라고 합니다. 이는 하나님께서 그들을 잊으신 적이 한 번도 없었다는 말입니다. 신실하신 하나님은 고통 중에 있는 그들의 신음을 듣고 계셨고 그의 조상들과 맺은 언약을 잊지 않고 기억하고 계셨습니다. 그리고 마침내 그 언약을 따라 그들을 구원하여 내십니다.

또 하나님은 노아와 그 가족들, 그리고 방주에 있는 모든 생명을 기억하사 구원하셨습니다.

"하나님이 노아와 그와 함께 방주에 있는 모든 들짐승과 가축을 기억하사 하나님이 바람을 땅 위에 불게 하시매 물이 줄어들었고"
_창 8:1

하나님은 노아와 그 가족들과 방주 안의 모든 동물까지 한순간도 잊지 않고 기억하십니다. 폭우가 내리기 일주일 전 노아에게 방주 안에 들어가라고 말씀하셨는데 언제 방주에서 나와야 하는지는 알려 주지 않으십니다. 실제로 1년이 넘는 기간 동안 하나님은 아무런 말씀도 하지 않으셨습니다. 그러니 방주 속에 있는 그 시간이 얼마나 지루하고 답답했을까요? 매일매일 하나님이 나타나셔서 상황을 알려 주시고 위로해 주시고 격려해 주시길 바랐을 것입니다.

우리가 비행기를 타도 이 비행기가 몇 km/h로 날아가는지, 어디를 지나고 있는지 앞으로 남은 시간이 얼마인지, 도착지의 날씨가 어떠한지를 실시간으로 알 수 있습니다. 하지만 방주 속의 노아와 그 가족들은 아무 것도 알 수 없습니다. 더구나 그들은 지금 크루즈선과 같이 안락한 배를 타고 있는 것도 아닙니다. 짐승들의 냄새가 가득한 그 답답한 방주 속에 머물렀던 1년 하고도 17일은 정말 따분하고 불편하기 짝이 없는 시간이었을 것입니다. 그럼에도 하나님은 1년 내내 어떤 말씀도 하지 않으십니다.

하지만 하나님은 노아가 방주에 들어간 날부터 쭉 노아와 그 가족을 항상 기억하고 계셨습니다. 그래서 친히 방주를 인도하셨고 땅에 바람이 불어 점점 물이 빠지도록 하셨습니다.

우리 하나님은 끊임없이 우리를 기억하고 계십니다. 그런데 우리는 방주 속의 생활처럼 답답하고 하나님의 응답도 없고 고난의 시간이 길어지면 하나님이 나를 잊으셨다고 생각합니다. 하나님이 나를 버리셨다고 오해합니다. 하나님이 나 같은 사람에게는 관심도 없으시고 나를 사랑하지 않으신다고 생각하는 겁니다.

하나님의 침묵

우리는 하나님의 침묵 앞에서 괴로워하고 포기하려 합니다. 아마도 신앙생활의 가장 큰 괴로움 중 하나일 것입니다. 하나님의 침묵은 내가 버림받는 것이고 무시당하는 것이며 외면당하는 것으로 인식되기 때문입니다. 하나님의 침묵으로 인한 고통과 괴로움은 경험해 본 사람만이 알 수 있을 것입니다.

욥은 하나님의 침묵을 경험한 사람입니다. 그는 말로 다할 수 없는 고난을 당했습니다. 하루아침에 모든 자녀와 재산을 잃었고 자신의 몸도 병이 들었습니다. 아내조차 "하나님을 욕하며 죽으라"라고 저주할 정도였으니 그 비참함이 어느 정도인지 생각해 볼 수 있습니다. 그러나 욥은 이 고난 중에도 입술로 범죄하지 아니하고 부르짖어 기도합니다. 그럼에도 하나님은 침묵하셨습니다. 그때 욥은 다음과 같이 고백합니다.

> "내가 앞으로 가도 그가 아니 계시고 뒤로 가도 보이지 아니하며 그가 왼쪽에서 일하시나 내가 만날 수 없고 그가 오른쪽으로 돌이키시나 뵈올 수 없구나"_욥 23:8-9

신앙생활을 하다 보면 우리는 하나님의 침묵을 경험하기도 합니다. 그러나 하나님이 침묵하신다고 해서 하나님이 우리를 결코 잊으신 것이 아닙니다. 하나님이 침묵하신다고 우리를 버리시는 것이 결코 아닙니다.

우리 하나님은 언약을 지키시는 신실하신 분입니다. 언약 백성인 저와 여러분을 결코 잊지 않으시고 기억하십니다. 하나님은 십자가의 피로 맺어진 그 언약 때문에 우리의 작은 신음에도 응답하시며 우리를 돌보시며 우리를 구원하십니다. 그래서 하나님은 선지자 이사야를 통해 이렇게 하나님의 마음을 밝혀주십니다.

> "여인이 어찌 그 젖 먹는 자식을 잊겠으며 자기 태에서 난 아들을 궁휼히 여기지 않겠느냐 그들은 혹시 잊을지라도 나는 너를 잊지 아니할 것이라"_사 49:15

부모와 자식 관계는 결코 끊을 수 없고 잊을 수도 없습니다. 부모는 혹시 자식을 잊을지 몰라도 하나님은 너를 잊지 않을 것이라고 말씀하십니다. 우리는 성경을 통해 기억하시는 하나님의 모습을 볼 수 있습니다. 하나님은 광야 속 다윗을 기억하시어 그를 생명 싸개 안에 보호하시고, 들판에서 영감 있는 찬양을 부르게 하십니다. 다윗을 기억하사 그 아들 솔로몬을 축복하십니다. 바벨론에 있는 다니엘을 기억하시고 그 시대에 가장 영향력 있는 하나님의 사람으로 세우십니다. 바벨론을 통해 하나님의 백성을 징계하시면서도 그들을 잊지 않고 기억하십니다.

그러므로 지금 내 삶이 방주 속의 생활처럼 답답해도, 나의 부르짖음에 당장 응답하시지 않아도, 사방으로 욱여쌈을 당하여도 절망해선 안 됩니다. 삶을 포기해서는 안 됩니다. 왜냐하면 내가 스스로를 포기했을지라도 하나님은 나를 잊지 않으시며 기억하고 계시기 때문입니다. 하나님의 사람인 우리는 나를 잊지 않으시는 하나님을 기억하며 그 하나님의 은혜 가운데 살아야 합니다.

'하나님이 기억하신다'는 말의 의미가 무엇인지 알아보겠습니다. 성경에서 '기억하다'의 원문은 자카르(זָכַר)인데 이 단어가 정말 많이 등장합니다. 또 이 '자카르'라는 단어는 '생각하다'라는 말로도 사용됩니다.

"엘가나가 그의 아내 한나와 동침하매 여호와께서 그를 생각하신지라"_삼상 1:19b

"하나님이 그 지역의 성을 멸하실 때에 곧 롯이 거주하는 성을 엎으실 때에 하나님이 아브라함을 생각하사 롯을 그 엎으시는 중에서 내보내셨더라"_창 19:29

여기서 생각했다는 말이 '자카르'이며 기억한다는 의미를 가집니다. 이것은 단순히 과거의 어떤 사실을 기억하고 암기하는 정도가 아니라 항상 마음속 깊이 새기고 살아가는 상태를 뜻합니다. 쉽게 말하면 하나님이 우리를 잊어버렸다가 다시 기억하는 것이 아니라 계속해서 기억하고 계셨다는 의미입니다. 우리는 약속을 잊고 살다가 다시 기억할 때가 얼마나 많은지 모릅니다. 이스라엘 백성 역시 건망증에 걸린 것처럼 하나님과 그 언약을 잊고 살았습니다.

요셉은 보디발의 아내의 모함으로 감옥에 갇혀 있었을 때 술 맡은 관원장과 떡 굽는 관원장의 꿈 해석을 해주었습니다. 꿈의 해몽대로 떡 맡은 관원장은 사흘 만에 매달려 처형되었고 술 맡은 관원장은 무죄로 출옥을 하게 됩니다. 그때 요셉이 술 맡은 관원장에게 만일 자신의 해몽대로 감옥에서 출소한다면, 자신을 잊지 말고 기억해 달라고 부탁합니다. 그런데 관원장은 그 사실을 잊어버렸습니다.

하지만 하나님은 기억하십니다. 하나님은 잊힌 인물 요셉을 다시 역사의 무대로 이끌어 내어 애굽의 총리로 세우십니다. 하나님은 우리가 원하는 시간이 아닌 하나님이 정하신 그 시간에 언약의 말씀대로 실행하십니다. 그러므로 하나님이 기억하신다는 말은 '하나님이 일하실 때가 되었다', '때가 이르렀다'는 말입니다. 하나님은 이스라엘 백성이 고통당하는 모습을 보고 계셨고 신음을 듣고 계셨습니다. 정해 놓은 시간까지 지켜보고 계셨던 것입니다. 그리고 정하신 때가 이르렀을 때에 하나님이 기억하시고 일을 행하십니다.

그의 모든 겸손을 기억하소서

오늘 본문의 시인 솔로몬은 기억하시는 하나님께 다윗의 모든 겸손을 기억해 달라고 말합니다.

"여호와여 다윗을 위하여 그의 모든 겸손을 기억하소서"_시 132:1

겸손의 사전적 의미는 '남을 존중하고 자기를 내세우지 않는 태도'라고 합니다. 사람들이 생각하는 겸손은 남을 존중하고 자기를 내세우지 않는 것입니다. 그런데 하나님이 말씀하시는 겸손은 사람의 생각과 다릅니다. 하나님이 말씀하시는 겸손은 인간의 겸손을 뛰어넘습니다.

하나님은 우리가 스스로 기도의 무릎을 꿇을 때 그것을 겸손이라고 말씀하십니다. 에스라가 금식하며 기도를 시작했을 때 성경은 스스로 겸비하여 하나님께 간구했다고 말합니다.

"그 때에 내가 아하와 강 가에서 금식을 선포하고 우리 하나님 앞에서 스스로 겸비하여 … 그에게 간구하였으니"_스 8:21

다니엘이 하나님의 뜻을 알고자 21일 동안 금식하며 기도를 시작했을 때 성경은 그것이 스스로 겸비한 것이라고 말합니다.

"다니엘아 두려워하지 말라 네가 깨달으려 하여 네 하나님 앞에 스스로 겸비하게 하기로 결심하던 첫날부터 네 말이 응답받았으므로 내가 네 말로 말미암아 왔느니라"_단 10:12

기도란 내 힘으로 할 수 없음을 깨닫고 하나님 앞에서 스스로 낮아지는 것입니다. 그러므로 하나님은 기도하지 않는 것을 교만이요 기도의 무릎을 꿇는 것을 겸손이라고 말씀하십니다. 사람이 말하는 겸손과 하나님이 말씀하시는 겸손이 이렇게 다릅니다.

하나님이 말씀하시는 겸손

하나님이 말씀하시는 겸손은 하나님의 임재를 사모하는 것입니다. 오늘 본문에서 다윗의 아들 솔로몬은 다윗이 서원했던 것을 말하고 있습니다.

"그가 여호와께 맹세하며 야곱의 전능자에게 서원하기를 내가 내 장막 집에 들어가지 아니하며 내 침상에 오르지 아니하고 내 눈으로 잠들게 하지 아니하며 내 눈꺼풀로 졸게 하지 아니하기를 여호와의 처소 곧 야곱의 전능자의 성막을 발견하기까지 하리라"
_시 132:2-5

다윗은 하나님의 임재를 상징하는 언약궤를 발견하기까지 집에 들어가지도 않고, 침상 위에 올라가지도 않고, 더 나아가 잠을 자지 않겠다 다짐했다고 합니다. 여기서 말하는 처소 곧 야곱의 전능자의 성막은 하나님의 언약궤가 안치될 장소를 말합니다. 그러므로 성막에 안치될 그 언약궤를 발견하기까지 다윗은 그렇게 하겠다는 것입니다.

우리가 잘 아는 것처럼 구약 시대의 언약궤(법궤)는 하나님의 임재를 상징합니다. 하나님은 영이시기 때문에 우리의 눈으로 볼 수는 없습니다. 그러므로 영이신 하나님께서 지금 내가 너희와 함께하고 있다는 것을 상징적으로 보여주셨는데 그것이 바로 언약궤입니다.

사무엘상을 보면 지성소에 안치되었던 이 언약궤를 엘리 제사장의 아들 홉니와 비느하스가 블레셋과의 전쟁에 동원했다가 패배하는 일이 벌어집니다. 영적으로 타락한 홉니와 비느하스의 행악을 하나님께서 꾸짖으신 겁니다. 거기서 나아가 언약궤마저 블레셋 사람들에게 빼앗기고 말았습니다. 하지만 언약궤로 인하여 다곤 신당의 목이 부러지고 블레셋 땅에 재앙이 임하게 되자 블레셋 사람들은 6개월 만에 다시 이 언약궤를 이스라엘로 돌려보내게 됩니다. 다시 돌아온 법궤는 그 후 20년 동안 산에 사는 아비나답의 집에 있었습니다.

본문 6절을 보면 다윗이 드디어 언약궤를 찾았다고 합니다.

"우리가 그것이 에브라다에 있다 함을 들었더니 나무 밭에서 찾았도다"_시 132:6

언약궤를 찾은 곳은 에브라다에 있는 나무 밭이었습니다. 에브라다는 기럇여아림을 뜻합니다. "나무 밭에서 찾았도다"는 말은 20년 동안 언약궤가 방치되어 있었다는 의미입니다. 언약궤는 예루살렘에서 약 11km 거리의 기럇여아림에 있었던 것입니다. 그 누구도 하나님의 언약궤에 관심을 갖지 않았습니다.

사울왕도 사무엘 선지자조차도 하나님의 언약궤를 생각하지 못했습니다. 오직 다윗만이 언약궤를 생각했습니다. 그리고 왕이 되자 가장 먼저 하나님의 임재를 상징하는 언약궤를 찾습니다. 관심을 갖는 정도가 아니라 언약궤를 찾기까지 집에 들어가지도 침상에 올라가 잠을 자지도 않겠다며 하나님 앞에서 서원까지 한 것입니다.

이것을 보면 다윗이 하나님의 임재를 상징하는 언약궤를 얼마나 중요하게 생각하고 사랑했는지를 알 수 있습니다. 이것이 바로 오늘 본문에 나온 하나님 앞에서의 겸손인 것입니다.

오늘날에는 하나님의 임재의 중요성을 모르고 임재에 대한 사모함 없이 신앙생활을 하는 이들도 있습니다. 언약궤는 아비나답의 집에도 있었고 오벧에돔의 집에도 있었습니다. 아비나답의 집에는 20년 동안 있었고 오벧에돔의 집에는 석 달밖에 있지 않았는데 결과적으로 보면 아비나답의 집은 아무런 복을 받지 못했습니다. 하지만 오벧에돔의 집은 언약궤로 인하여 엄청난 복을 받았습니다.

> "하나님의 궤가 오벧에돔의 집에서 그의 가족과 함께 석 달을 있으니라 여호와께서 오벧에돔의 집과 그의 모든 소유에 복을 내리셨더라"_대상 13:14

어째서 오벧에돔의 집과 그 모든 소유가 복을 받았습니까? 그의 집에 하나님의 임재를 상징하는 언약궤가 있었기 때문입니다. 다시 말하면 그 집에 하나님의 임재가 있었다는 것입니다.

하지만 아비나답의 집은 20년 동안이나 법궤가 있었지만 복을 받지 못했습니다. 하나님의 임재가 얼마나 중요한지를 모르고 20년 동안이나 방치해 두었기 때문입니다. 아비나답이 정말 그 언약궤가 하나님의 임재를 상징하는 것으로 알고, 하나님의 임재의 귀중함을 알았다면 그렇게 방치해 두었을까요?

이것을 보면 예배를 얼마나 오랫동안 드렸느냐, 신앙생활을 얼마나 했느냐보다 예배를 어떻게 드렸느냐, 신앙생활을 어떻게 했느냐가 더 중요함을 알 수 있습니다.

우리 교회의 첫 번째 비전은 하나님의 임재가 충만한 예배를 드리는 것입니다. 오늘 우리가 드리는 이 예배에 하나님이 임재하시지 않는다면 아무 의미가 없습니다. 하나님을 예배하는 이 시간 주님이 이곳에 임재하지 않으신다면 우리의 예배는 예배가 아니라 하나의 종교적인 의식에 불과하기 때문입니다. 우리 역시 종교인에 불과할 것입니다.

그러므로 우리가 종교인이 되지 않으려면, 우리의 예배가 종교적인 하나의 의식이 되지 않으려면 하나님의 임재를 사모해야 합니다. 목마른 사슴이 시냇물을 찾기에 갈급함과 같이 하나님의 임재를 사모해야 합니다. 저는 여러분이 종교인이 아닌 하나님의 임재를 사모하는 성도들이 될 수 있기를 바랍니다.

또한 하나님이 말씀하시는 겸손은 하나님의 임재 앞에서 예배를 드리는 것입니다. 다윗은 무슨 이유로 하나님 앞에서 맹세와 서원까지 하며 언약궤를 찾으려고 했을까요? 그것은 언약궤 앞에서 예배를 드리기 위함이었습니다.

"우리가 그의 계신 곳으로 들어가서 그의 발등상 앞에서 엎드려 예배하리로다"_시 132:7

여기서 발등상은 하나님의 법궤가 있는 곳을 말합니다. 하나님은 영이시기 때문에 원래 발등상이 없습니다. 하지만 성경에서는 하나님이 계신 곳, 즉 하나님이 함께하시는 증거를 보여 주는 곳을 발등상이라 표현합니다.

다윗은 언약궤를 찾았으므로 하나님이 계신 곳으로 들어가서 그 하나님 앞에서 엎드려 경배하겠다고 말합니다. 다윗은 하나님 임재 앞에 엎드려 예배드리기 위해서 이 언약궤를 그토록 찾은 것입니다.

언약궤는 하나의 상자에 불과했지만 8절을 보면 다윗은 언약궤를 하나님이 친히 임재하신 곳으로 보았습니다.

"여호와여 일어나사 주의 권능의 궤와 함께 평안한 곳으로 들어가소서"_시 132:8

그리고 9절에서 "주의 제사장들은 의를 옷 입고 주의 성도들은 즐거이 외칠지어다"라고 선포합니다. 하나님의 임재 앞에서 거룩한 의의 옷을 입고 기쁨과 즐거움으로 예배를 드리라는 말입니다. 실제로 다윗은 그 언약궤 앞에서 모든 악기를 동원하여 찬양의 제사를 드렸습니다. 이것이 바로 다윗의 장막입니다.

사랑하는 성도 여러분!
무엇이 하나님 앞에서의 겸손입니까? 제사장이 주의 의를 옷 입고 예배의 자리로 나아간 것처럼 왕 같은 제사장으로 부르심을 입은 우리도 내 자신의 의가 아닌 주의 의를 힘입어 예배의 자리로 나아가는 겸비한 마음이 필요합니다. 그 거룩하신 하나님의 임재 앞에서 엎드려 경배하는 것이 참된 신자의 겸손입니다.

다윗처럼 기쁨과 즐거움으로 하나님을 예배해야 합니다. 사람을 의식하지 않았던 다윗은 오직 하나님만 바라보며 예배를 드렸습니다. 자신의 옷이 벗겨지는 줄도 모르고 춤을 추며 하나님을 찬양했습니다. 이것이 바로 하나님 앞에서 겸손한 자의 모습입니다. 나의 의가 아닌 오직 주의 의를 옷 입고 하나님의 임재 앞에서 기쁨과 즐거움으로 예배를 드리는 이것이 바로 하나님 앞에서의 겸손입니다.

하나님보다 사람을 의식했던 아내 미갈은 왕으로서의 품위를 떨어뜨렸다며 다윗을 비난했습니다. 이 일로 인하여 미갈은 죽는 날까지 아이를 낳지 못하는 저주를 받게 됩니다.

저는 우리 성도들이 미갈과 같은 종교인이 아닌 다윗과 같은 진정한 예배자가 되기를 원합니다. 다윗처럼 하나님의 임재를 사모하며 그 임재 앞에서 기쁨으로 예배를 드리는 하나님 앞에서 겸손한 자가 되기를 원합니다. 그리하면 하나님께서 우리의 겸손을 기억하시고 큰 은혜를 베푸실 것입니다.

6

내 인생을 책임지시는 하나님

누가복음 5장 1-7절

1 무리가 몰려와서 하나님의 말씀을 들을새 예수는 게네사렛 호숫가에 서서 **2** 호숫가에 배 두 척이 있는 것을 보시니 어부들은 배에서 나와서 그물을 씻는지라 **3** 예수께서 한 배에 오르시니 그 배는 시몬의 배라 육지에서 조금 떼기를 청하시고 앉으사 배에서 무리를 가르치시더니 **4** 말씀을 마치시고 시몬에게 이르시되 깊은 데로 가서 그물을 내려 고기를 잡으라 **5** 시몬이 대답하여 이르되 선생님 우리들이 밤이 새도록 수고하였으되 잡은 것이 없지마는 말씀에 의지하여 내가 그물을 내리리이다 하고 **6** 그렇게 하니 고기를 잡은 것이 심히 많아 그물

이 찢어지는지라 ⁷ 이에 다른 배에 있는 동무들에게 손짓하여 와서 도와 달라 하니 그들이 와서 두 배에 채우매 잠기게 되었더라

우리는 매년 새해를 맞이합니다. 대부분은 시작되는 한 해를 '희망'으로 맞이하고 싶어 하지만 어떤 분들은 새해가 되니 더 우울하다고 말합니다. 실제로 새해를 설레임이 아닌 불안과 두려움으로 시작하고 잠 못 이루시는 분들이 계십니다. 청년재단에서 2022년에 청년 5,425명을 대상으로 설문 조사를 했는데 91%인 4,963명이 불안을 느낀 적이 있다고 대답했습니다. 원인은 불확실한 미래(59%), 경제적 문제(21%), 과도한 업무(12%), 그밖으로 대인관계나 학업, 건강, 주거 문제(8%)로 나타났습니다.

'그 일을 잘 감당할 수 있을까?'
'이 문제들을 돌파할 수 있을까?'
'마음먹고 시작한 일인데 잘 될까? 안 되면 어떻게 하지?'
'직장에 다니면서 출산도 하고 잘 양육할 수 있을까?'
'올해에도 원하는 직장에 들어가지 못하면 어떻게 하지?'
'올해에도 괜찮은 사람을 못 찾으면 부모님을 어떻게 뵙지?'
'어렵게 교제를 시작했는데 중간에 헤어지자고 하면 어떡하지?'

새해가 시작되어도 많은 분이 이런 염려와 불안, 두려움으로 잠을 이루지 못하며 우울증을 겪고 있습니다. 심리학자들은 이를 가리켜 신년 우울증이라고 부릅니다. 어떻게 하면 신년 우울증을 이겨 낼 수 있을까요?

어떤 심리학자는 "기대를 낮추라"라고 말하기도 합니다. 또 어떤 분은 "나에게 행복을 주는 사람을 가까이하고, 고통을 주는 사람들 멀리하라"라고 합니다. GE 회장 잭 웰치(Jack Welch)는 열정과 에너지의 무기만이 우울증을 이겨 낼 수 있다며 "엄청난 에너지를 발휘하라!"라고 했습니다. 그리고 열정과 에너지를 최대한 모으기 위해 개근상을 탔을 때의 뿌듯함, 처음 입사했을 때의 자부심, 자녀가 태어났을 때의 기쁨, 승진했을 때의 자신감을 떠올려보라고 합니다. 그리고 큰 소리로 "나는 할 수 있다! 나는 대단하다!"라고 외쳐 보라는 것입니다.

이렇게 기대치를 낮추고, 행복을 주는 사람을 가까이하고, 열정과 에너지를 모아 외친다고 해서 우리 안에 불안과 두려움이 사라질까요? 우울증이 사라질까요? 그렇지 않습니다.

임마누엘의 믿음

어떻게 해야 우리 안의 불안과 두려움을 이겨 낼 수 있을까요? 믿어야 합니다. '지금 하나님이 나와 함께하신다는 임마누엘의 믿음'입니다. 그래서 성경에서 하나님은 두려워하지 말라고 하실 때마다 내가 너와 함께한다고 말씀하십니다.

> "두려워하지 말라 내가 너와 함께 함이라 놀라지 말라 나는 네 하나님이 됨이라 내가 너를 굳세게 하리라 참으로 너를 도와 주리라 참으로 나의 의로운 오른손으로 너를 붙들리라"_사 41:10

하나님은 불안과 두려움 가운데 있는 우리에게 그냥 "두려워하지 말라"라고 말씀만 하지 않으십니다. 내가 너와 함께하기 때문에 두려워하지 말라고 하십니다. 내가 너와 함께하여 너를 굳세게 하며 너를 도와줄 것이며 나의 의로운 오른손으로 너를 붙들 것이기 때문에 두려워하지 말라는 것입니다. 그렇습니다. 우리 안에 있는 불안과 두려움은 기준을 낮추고 열정과 에너지를 모아 외친다고 해결되는 것이 아닙니다. 이 세상을 창조하신 전능하신 하나님이 나와 함께하시며 내 인생을 책임져 주신다는 확신이 있을 때에만 이겨 낼 수 있습니다.

예수님이 왜 인간의 몸을 입으시고 이 세상에 오셨습니까? 영이신 하나님이 우리와 함께하시기 위함입니다. 그래서 메시아의 탄생을 알리던 천사는 요셉에게 이사야 선지자의 말을 인용하여 이렇게 말했습니다.

"보라 처녀가 잉태하여 아들을 낳을 것이요 그의 이름은 임마누엘이라 하리라 하셨으니"_마 1:23a

'임마누'는 '우리와 함께'라는 뜻이고 '엘'은 하나님이란 뜻입니다. 그러므로 임마누엘은 '하나님이 우리와 함께 계시다'라는 뜻이 됩니다. 예수님은 우리와 함께하기 위해 인간의 몸을 입고 이 세상에 오셨습니다. 그리고 메시아로서의 사역을 마치시고 이 땅을 떠나 승천하실 때에도 "볼지어다 내가 세상 끝날까지 너희와 항상 함께 있으리라"(마 28:20b)라고 말씀하셨습니다.

예수를 믿는다는 것은 예수님이 나의 구원자라는 사실만을 믿는 것이 아니라 나를 구원하신 하나님이 지금 나와 함께하신다는 사실 또한 믿는 것입니다. 그리고 우리는 이 믿음으로 살아야 신년 우울증을 이겨 내고 당당하게 하나님의 사람으로 살아갈 수 있습니다.

사랑하는 성도 여러분!
이 세상의 그 누구도 광야의 인생길에서 나를 지켜 줄 수 없습니다. 사망의 음침한 골짜기도 동행해 주지 못합니다. 아무도 내 인생을 대신 살아 줄 수 없습니다. 아무도 내 인생을 책임져 주지 못합니다.

오직 전능하신 하나님만이 나를 지켜 주실 수 있고 내 인생을 책임져 주실 수 있습니다. 그러므로 우리는 어떤 상황 속에서도 하나님이 나와 함께하신다는 확신을 가지고 살아야 합니다. 그런데 사람들은 정말 하나님이 나와 함께하실지, 정말 하나님이 내 인생을 책임져 주실지 확신이 없습니다.

오늘 말씀은 불확실한 시대에 우리가 어떻게 담대히 당당하게, 확신 있게 살 수 있는지 가르쳐 주고 있습니다. 본문 1절을 보면 예수님이 이른 아침 게네사렛 호숫가를 찾으십니다. 그리고 그곳에서 하나님의 말씀을 가르치십니다.

> "무리가 몰려와서 하나님의 말씀을 들을새 예수는 게네사렛 호숫가에 서서"_눅 5:1

시간이 점점 흐르자 많은 사람이 예수님 주위에 몰려들기 시작했습니다. 그런데 얼마나 많은 사람이 예수님 주변을 에워쌌던지 하나님 말씀을 제대로 전하기가 어려운 상황이 되었습니다. 3절을 보면 예수님은 더 많은 사람에게 말씀을 증언하시기 위해 한 배에 오르사 무리를 가르치셨습니다.

"예수께서 한 배에 오르시니 그 배는 시몬의 배라 육지에서 조금 떼기를 청하시고 앉으사 배에서 무리를 가르치시더니"_눅 5:3

왜 이렇게 많은 사람이, 그것도 이른 아침에 몰려왔을까요?

"무리가 몰려와서 하나님의 말씀을 들을새"_눅 5:1a

하나님의 말씀을 듣기 위해서입니다. 그들은 동원된 사람들이 아니었습니다. 강요에 의해서 모여든 것도 아니었습니다. 오직 하나님 말씀을 듣기 위해 모인 자들이었습니다. 저는 우리 모든 성도가 이렇게 하나님의 말씀을 사모할 수 있기를 바랍니다.

배에 앉아 무리에게 말씀을 가르치시던 예수님은 말씀을 마치신 다음 시몬에게 "깊은 데로 가서 그물을 내려 고기를 잡으라"(눅 5:4)라고 하셨습니다. 베드로의 입장에서 이것은 순종하기 어려운 말씀이었습니다.

① 어부로서의 전문성

예수님은 목수이지 어부가 아닙니다. 반면 베드로는 갈릴리 바다에서 어부로서 잔뼈가 굵은 사람입니다. 어릴 때부터 그곳에서 자라나 고기를 잡아 왔기 때문에 그 시간, 그 장소에 고기가 없다는 것을 누구보다도 잘 알고 있습니다. 그러니까 예수님의 말씀은 어부로서의 전문성에 비추어 볼 때 결코 받아들일 수 없는 말씀이었습니다.

② 육체의 피곤함

사실 베드로는 지난 밤에도 밤새도록 그물을 던졌지만 한 마리의 고기도 잡지 못했습니다. 그래서 피곤한 몸을 이끌고 아침에 그물을 씻고 있었습니다. 이렇게 피곤한 상황에서 다시 배를 몰고 나아가 깊은 곳에 그물을 내리라는 말씀을 받아들이기 어려웠을 것입니다.

③ 동료들과의 관계와 재정의 어려움

그물을 내려 고기를 잡는 것은 혼자 할 수 있는 일이 아닙니다. 예수님의 말씀에 순종하여 다시 배를 몰고 바다 깊숙한 곳으로 나아가 그물을 내리려면 함께할 수 있는 동료가 필요합니다. 그런데 누가 그 시간에 흔쾌히 함께 나아가 줄 수 있겠습니까?

그뿐만 아니라 누군가를 설득하여 데리고 가려면 임금을 주어야 합니다. 만일 또 한 마리의 고기도 잡지 못하고 다시 돌아온다면 어떻게 할까요? 현실적으로는 경제적인 어려움이 뒤따를 수밖에 없는 것입니다.

이렇게 어부의 전문성으로나 상식으로나, 신체 상태나 동료와의 관계, 재정의 문제나 무엇으로도 베드로는 예수님의 말씀에 순종하기 어려운 상황 가운데 있었습니다. 그럼에도 불구하고 베드로는 이 모든 어려운 여건을 이겨 내고 예수님의 말씀에 순종했습니다.

말씀에 의지하여

"시몬이 대답하여 이르되 선생님 우리들이 밤이 새도록 수고하였으되 잡은 것이 없지마는 말씀에 의지하여 내가 그물을 내리리이다"
_눅 5:5

베드로는 말씀에 의지하여 자신이 그물을 내리겠다고 말합니다. 베드로는 사실 어부로서 자신의 상식과 경험으로는 도저히 순종할 수 없지만 말씀에 의지하여 나아가 그물을 내렸습니다. 베드로는 동료들과의 관계나 재정 손실, 육체적 피로를 고려하면 도저히 받아들일 수 없지만 오직 말씀에 의지하여 그물을 내린 것입니다.

베드로는 어떻게 자기의 모든 것을 내려놓고 예수님의 말씀에 순종할 수 있었을까요?

그것은 예수님의 말씀을 들었기 때문입니다. 베드로는 배의 주인으로서 가장 가까이에서 예수님의 입에서 나오는 말씀을 들을 수 있었습니다. 그리고 그 말씀을 들을 때 믿음이 생겼습니다. 믿음은 하나님의 말씀을 들을 때 생겨납니다. 그래서 로마서 10장 17절은 "믿음은 들음에서" 난다고 말합니다. 성경은 믿음은 뭔가를 볼 때 생긴다고 하지 않고, 들을 때 난다고 말합니다.

양은 시력이 아니라 청력으로 사는 동물이라고 합니다. 주님의 양들인 우리 역시 선한 목자의 음성을 들을 때 믿음이 생기고 그 음성을 들음으로 살아가는 것입니다. 베드로는 그날 아침 육신적으로는 피곤했지만 주님의 입에서 나오는 말씀을 들을 때 믿음이 생겼습니다. 그리고 믿음이 있었기에 자신의 모든 것을 내려놓고 순종할 수 있었습니다.

그 말씀에 순종한 결과가 어떠했습니까?

"그렇게 하니 고기를 잡은 것이 심히 많아 그물이 찢어지는지라"
_눅 5:6

주님의 말씀을 듣고 순종하여 나아갔더니 고기를 잡은 것이 심히 많아 그물이 찢어졌습니다. 지난밤에는 물고기가 한 마리도 잡히지 않았는데 이번에는 그물이 찢어질 정도로 많은 고기가 잡힌 것입니다.

"이에 다른 배에 있는 동무들에게 손짓하여 와서 도와 달라 하니 그들이 와서 두 배에 채우매 잠기게 되었더라"_ 눅 5:7

자신의 배에 다 실을 수 없어 또 다른 동무의 배를 불러 두 배에 가득 채울 만큼 많은 고기가 잡혔습니다.

기적과 순종의 공식

이해되지 않아도 하나님의 말씀을 듣고 그 말씀에 순종하면 하나님께서 행하시는 기적을 볼 수 있습니다. 성경을 보면 하나님이 행하시는 모든 기적에는 순종이라는 공식이 있습니다. 순종 없이 일어나는 기적은 단 하나도 없었습니다. 요단강을 건너는 기적, 홍해를 건너는 기적, 가나의 혼인 잔치에서 물이 변하여 포도주가 되는 기적, 나아만이 한센병에서 고침받은 기적, 베드로가 물 위를 걸었던 기적이 모두 다 순종을 통하여 이루어졌습니다. 고기가 심히 많이 잡혀 그물이 찢어졌던 일도 베드로의 순종으로 일어난 기적입니다.

다 이해되지 않아도 모든 것을 내려놓고 말씀에 순종하면 하나님이 그 인생을 책임져 주십니다. 베드로가 순종할 수 있던 단 한 가지 이유는 바로 예수님의 말씀이었습니다. 만일 베드로가 어부로서 자신의 경험을 의지하여 그물을 내리거나 상식에 맞기 때문에 그물을 내렸다면 하나님께서 이렇게 역사하시지 않았을 것입니다. 그러나 오직 한 가지, 주님의 말씀에 의지하여 그물을 내렸기 때문에 하나님이 그 말씀대로 책임져 주신 것입니다.

베드로가 예수님의 말씀에 순종하여 깊은 곳에 그물을 내릴 때 주님은 갈릴리 바다의 물고기들을 베드로의 그물로 움직이게 하셨습니다. 그래서 그물이 찢어질 정도로, 한 배가 아닌 두 배에 실어야 할 만큼 많은 물고기를 잡게 하셨습니다.

그런데 여기서 중요한 건 물고기가 얼마나 잡혔느냐, 베드로가 얼마의 수입을 올렸느냐 하는 것이 아닙니다. 더 중요한 것은 베드로가 주님의 말씀에 순종할 때 주님께서 베드로를 책임져 주셨다는 것입니다. 하지만 사람들은 얼마나 많은 물고기가 잡혔는지, 그 많은 물고기를 팔아 얼마나 많은 돈을 벌었을지를 생각합니다. 그건 중요하지 않습니다. 이 기적이 일어난 목적은 경험과 상식을 뛰어넘어 말씀에 순종하면 하나님께서 그 말씀대로 인생을 책임지신다는 것을 알려 주기 위함입니다. 그렇습니다. 지금도 하나님은 말씀에 의지하며 순종하면 그 인생을 책임져 주십니다.

파스칼(Blaise Pascal)은 이렇게 말했습니다.

"하나님은 철학자의 하나님도, 과학자의 하나님도 아니다. 성경에서 가르치시는 말씀을 믿는 자의 하나님이시다. 신앙은 인간의 이성을 십자가에 못 박는 것이다."

왜 이렇게 말했을까요? 우리가 하나님의 말씀에 순종하려고 할 때 우리의 지성과 경험과 상식이 순종의 방해물이 될 때가 많기 때문입니다. 그러므로 우리는 베드로처럼 내 상식과 경험과 관계를 뛰어넘어서 말씀대로 순종할 수 있어야 합니다. 그래야 하나님이 책임져 주시는 인생을 살 수 있습니다.

21세기교회연구소와 목회데이터연구소가 공동으로 기독 청년 700명을 대상으로 '기독 청년들의 사회 및 신앙의식에 대한 조사'를 실시했습니다. 기독 청년의 40.4%가 '성경 말씀을 지키며 살면 이 사회에서는 성공할 수 없다'고 답했으며, 61.7%가 '성경 말씀을 지키며 사는 사람은 내 주위에는 별로 없다'고 답했습니다. 그러니까 기독 청년 둘 중에 한 명은 성경 말씀대로 순종하면 성공하지 못한다는 생각을 가지고 있는 것입니다. 이는 성공에 대한 잘못된 생각을 가지고 있기 때문입니다. 그들이 생각하는 성공은 돈과 권력입니다. 성도들에게 돈이 먼저냐 하나님이 먼저냐 물으면 주저 없이 하나님이 먼저라고 말합니다. 그러나 실제로 우리의 삶의 현장에서는 하나님보다 돈이 먼저입니다. 권력이 먼저입니다.

하나님은 모든 사람의 인생을 책임져 주시지 않습니다. 하나님은 아나니아와 삽비라처럼 잔머리를 굴리는 사람, 말씀 앞에서 머뭇거리는 사람, 두 마음을 품은 사람, 자기의 명철을 더 의지하는 사람은 하나님이 절대로 책임져 주지 않습니다.

말씀에 인생을 거는 삶

그렇다면 하나님이 책임져 주시는 사람은 어떤 사람입니까? 베드로처럼 자신의 모든 것을 내려놓고 말씀에 의지하며 순종하는 사람입니다. 하나님은 말씀에 의지하여 순종의 발걸음을 내딛는 사람을 책임져 주십니다. 이 말은 부자가 되고 권력을 갖게 해 주신다는 말씀이 아닙니다. 가난하게 살더라도, 말씀대로 살아 좁은 길을 걸을지라도 하나님이 마침내 그 인생을 책임져 주신다는 것입니다. 성경을 보십시오. 하나님이 어떤 사람의 인생을 책임져 주셨습니까? 약속의 말씀을 붙들고 그 말씀을 믿음으로 선포하고 믿음으로 순종하는 사람들입니다. 말씀에 의지하여 일어서고, 말씀에 의지하여 나아가고, 말씀에 의지하여 선포하며 외치는 사람입니다.

새해를 맞이하는 내 마음에 불안과 두려움이 있습니까? 누구도 내 인생을 책임져 줄 수 없기 때문입니다. 사실 나 자신도 내 인생을 책임져 줄 수 없습니다. 나의 부모, 자녀, 남편이나 아내, 친구, 직장 상사도 내 인생을 책임지지 못합니다. 그러나 전능하신 하나님, 약속을 지키시는 신실하신 하나님은 내 인생을 붙드시고 내 인생을 책임져 주실 수 있습니다. 하지만 이 사실을 믿지 못하여 불안과 두려움 속에 살아가는 사람들이 있습니다.

부모가 자식에게 어떤 말을 들었을 때 가장 마음이 상하는지 아십니까?

"내 인생은 내가 책임질 테니 상관하지 마."

이런 말은 이제 독립해서 잘 살겠다는 말처럼 들리지만 부모의 입장에서 보면 '자식이 이제 나를 필요로 하지 않는구나'라고 생각할 수 있는 말입니다. 그래서 마음이 아픈 것입니다.

하늘에 계신 하나님 아버지 역시 마찬가지입니다.

"하나님, 내 인생은 내가 책임질 테니 상관하지 마세요"라고 말한다면 하나님 아버지의 마음이 얼마나 상하실까요? 그런데 당장 5분 후의 미래도 알지 못하는 당신이 자신의 인생을 책임질 수 있습니까? 책임질 수 없습니다. 성경은 "도울 힘이 없는 인생도 의지하지 말지니"(시 146:3b)라고 말하고 여호와를 의지하라고 말씀하십니다.

> "이스라엘아 여호와를 의지하라 그는 너희의 도움이시요 너희의 방패시로다"_시 115:9

왜 여호와를 의지하라고 말씀하십니까? 여호와 하나님이 우리의 도움이고 방패가 되시기 때문입니다. 하나님만이 내 인생을 책임져 주시기 때문입니다.

정말 하나님이 책임져 주시는 인생을 살기 원하십니까? 그렇다면 모든 것을 내려놓고 말씀을 붙들고 순종하십시오. 신실하신 하나님은 당신 때문이 아니라 당신이 붙들고 씨름하고 있는 그 말씀 때문에 당신의 인생을 책임져 주실 것입니다. 그러므로 하나님의 자녀 된 우리에게는 말씀이 있어야 합니다. 오늘 내가 붙들고 씨름하는, 오늘 내가 선포하고 외칠 수 있는, 오늘 내가 순종할 수 있는, 오늘 나를 감동시키는 그 말씀이 있어야 합니다. 말씀의 불이 있어야 합니다.

성경에 나오는 하나님의 사람들을 보십시오. 그들의 심령 속에는 말씀이 있었습니다. 아브라함이 말씀을 가지고 갈대아 우르를 떠났습니다. 모세가 말씀을 가지고 바로 앞에 설 수 있었습니다. 말씀 때문에 이스라엘 백성을 이끌고 홍해를 건널 수 있었습니다. 말씀 때문에 엘리야는 아합왕에게 큰소리를 칠 수 있었습니다.

신앙생활은 하나님의 말씀에 내 인생을 거는 것입니다. 그러므로 하나님의 말씀에 당신의 운명을 거십시오. 항상 살아 있고 운동력이 있는 하나님의 말씀에 당신의 젊음을 거십시오. 돈과 권력과 쾌락에 당신의 인생을 걸면 추하고 허무한 인생이 될 것입니다. 그러나 하나님의 말씀에 인생을 걸면 하나님께서 당신의 삶을 책임져 주실 것입니다.

7

한 므나를 맡기시는 하나님

누가복음 19장 11-27절

11 그들이 이 말씀을 듣고 있을 때에 비유를 더하여 말씀하시니 이는 자기가 예루살렘에 가까이 오셨고 그들은 하나님의 나라가 당장에 나타날 줄로 생각함이더라 **12** 이르시되 어떤 귀인이 왕위를 받아가지고 오려고 먼 나라로 갈 때에 **13** 그 종 열을 불러 은화 열 므나를 주며 이르되 내가 돌아올 때까지 장사하라 하니라 **14** 그런데 그 백성이 그를 미워하여 사자를 뒤로 보내어 이르되 우리는 이 사람이 우리의 왕 됨을 원하지 아니하나이다 하였더라 **15** 귀인이 왕위를 받아가지고 돌아와서 은화를 준 종들이 각각 어떻게 장사하였는지를 알고자 하여

그들을 부르니 ¹⁶ 그 첫째가 나아와 이르되 주인이여 당신의 한 므나로 열 므나를 남겼나이다 ¹⁷ 주인이 이르되 잘하였다 착한 종이여 네가 지극히 작은 것에 충성하였으니 열 고을 권세를 차지하라 하고 ¹⁸ 그 둘째가 와서 이르되 주인이여 당신의 한 므나로 다섯 므나를 만들었나이다 ¹⁹ 주인이 그에게도 이르되 너도 다섯 고을을 차지하라 하고 ²⁰ 또 한 사람이 와서 이르되 주인이여 보소서 당신의 한 므나가 여기 있나이다 내가 수건으로 싸 두었었나이다 ²¹ 이는 당신이 엄한 사람인 것을 내가 무서워함이라 당신은 두지 않은 것을 취하고 심지 않은 것을 거두나이다 ²² 주인이 이르되 악한 종아 내가 네 말로 너를 심판하노니 너는 내가 두지 않은 것을 취하고 심지 않은 것을 거두는 엄한 사람인 줄로 알았느냐 ²³ 그러면 어찌하여 내 돈을 은행에 맡기지 아니하였느냐 그리하였으면 내가 와서 그 이자와 함께 그 돈을 찾았으리라 하고 ²⁴ 곁에 섰는 자들에게 이르되 그 한 므나를 빼앗아 열 므나 있는 자에게 주라 하니 ²⁵ 그들이 이르되 주여 그에게 이미 열 므나가 있나이다 ²⁶ 주인이 이르되 내가 너희에게 말하노니 무릇 있는 자는 받겠고 없는 자는 그 있는 것도 빼앗기리라 ²⁷ 그리고 내가 왕 됨을 원하지 아니하던 저 원수들을 이리로 끌어다가 내 앞에서 죽이라 하였느니라 예수님이 삭개오의 집에 들어가시고 오늘 본문인 므나의 비유에 대해 말씀하십니다. 10절에서 "인자가 온 것은 잃어버린 자를 찾아 구원하려 함이니라"라고 말씀하신 뒤에 이어지는 므나의 비유는 잃어버린 자를 찾아 구원하는 일과 관련이 있다는 것을 알 수 있습니다.

"이르시되 어떤 귀인이 왕위를 받아가지고 오려고 먼 나라로 갈 때에"_눅 19:12

여기서 어떤 귀인은 예수님을 말합니다. 이 귀인이 왕위를 받아 가지고 오려고 먼 나라로 간다는 것은 예수님께서 죽으시고 부활하시고 승천하심으로 하늘에 계신 하나님 아버지께로 가신다는 뜻입니다. 다시 돌아온다는 것은 예수님이 왕으로서 다시 오사 세상을 심판하실 것을 말합니다.

그런데 이 귀인이 떠나기 전에 자신의 종 10명을 부릅니다. 그리고 그들에게 1므나씩 나누어 줍니다. 1므나는 100데나리온인데 당시 노동자의 하루 품삯이 1데나리온이었으니 1므나는 노동자가 100일 동안 일을 해야 모을 수 있는 돈이었습니다. 주인은 열 명의 종에게 각각 한 므나를 주면서 "내가 돌아올 때까지 장사하라"라고 말합니다.

"그 종 열을 불러 은화 열 므나를 주며 내가 돌아올 때까지 장사하라 하니라"_눅 19:13

그러면 여기서 '그 종'은 누구를 말합니까? 예수님을 따르는 제자들, 곧 예수 믿고 구원받은 모든 성도를 말합니다. 이후 15절에서 드디어 귀인이 왕위를 받아 가지고 돌아왔습니다. 그러자 첫 번째 종이 와서 주인에게 말합니다.

"그 첫째가 나아와 이르되 주인이여 당신의 한 므나로 열 므나를 남겼나이다"_눅 19:16

그러자 주인이 이렇게 대답합니다.

"잘하였다 착한 종이여 네가 지극히 작은 것에 충성하였으니 열 고을 권세를 차지하라"_눅 19:17

이어서 두 번째 종이 와서 주인에게 말합니다.

"그 둘째가 와서 이르되 주인이여 당신의 한 므나로 다섯 므나를 만들었나이다"_눅 19:18

주인은 한 므나로 다섯 므나를 남긴 자에게도 "너도 다섯 고을을 차지하라"(눅 19:19b)라고 말씀하셨습니다. 그러니까 첫 번째 종은 장사를 하여 열 배의 이윤을 남기고, 두 번째 종은 다섯 배의 이윤을 남긴 것입니다.

그런데 또 한 사람이 나아와 이렇게 말했습니다.

> "또 한 사람이 와서 이르되 주인이여 보소서 당신의 한 므나가 여기 있나이다 내가 수건으로 싸 두었었나이다"_눅 19:20

이 종은 장사하여 이윤을 남기라는 주인의 명령을 따르지 않고 주인이 준 한 므나를 "수건에 싸 두었다"고 말합니다. 수건으로 싸 두는 것은 당시 사람들이 돈을 보관하는 한 방법이었습니다.

차별이 없는 복음

어째서 주인은 각각의 사람에게 한 므나씩 주었을까요? 이것은 주님이 우리에게 맡기신 복음과 우리가 받은 구원의 은혜가 동일하고 차별이 없음을 말합니다. 그러면 우리가 전하는 복음이 무엇입니까? 하나님의 아들이신 예수 그리스도가 내 모든 죄를 담당하사 십자가에 달려 죽으시고 부활하셨다는 사실입니다.

그러므로 누구든지 예수를 믿고 영접하면 모든 죄를 사함 받고 영생을 얻는다는 것입니다. 이것이 복음입니다. 다른 복음은 없습니다. 그런데 만일 우리가 예수도 믿고 다른 행함으로 구원을 받는다고 말한다면 그것은 복음과는 다릅니다.

그뿐만 아니라 우리가 받은 구원의 은혜도 누구에게나 동일합니다. 아브라함이 구원을 받은 것이나 바울이 구원을 받은 것이나 오른편 강도가 구원을 받은 것이나 오늘 저와 여러분이 구원을 받은 것이나 구원의 은혜는 똑같습니다. 차별이 없습니다.

물론 열 고을 권세를 얻고 다섯 고을 권세를 얻은 것처럼 하나님 나라의 상급은 차이가 있습니다. 그러나 우리가 예수를 믿음으로 받은 구원은 동일합니다. 왜냐하면 우리 자신의 공로와 노력으로 구원을 받은 것이 아니라 오직 예수 그리스도의 십자가에서 흘리신 그 피로 죄를 사함받고 그 부활의 생명으로 영생을 얻었기 때문입니다. 그래서 이 주인은 종들에게 똑같이 한 므나를 맡기고 떠난 것입니다.

그런데 왜 마지막 한 사람은 장사를 하라는 주인의 말에 순종하지 않고 그 한 므나를 수건으로 싸 두었을까요?

첫째, 주인에 대한 오해 때문입니다.
이 종은 주인에게 자신이 왜 한 므나를 수건에 싸 두었는지 이렇게 설명합니다.

"이는 당신이 엄한 사람인 것을 내가 무서워함이라 당신은 두지 않은 것을 취하고 심지 않은 것을 거두나이다"_눅 19:21

주인이 이렇게 엄한 사람, 즉 가혹하고 거칠고 무자비하다는 것을 알기에 당신이 무서워서 한 므나를 수건에 싸 두었다고 말합니다. 이것을 보면 이 종은 주인에 대한 오해와 불신으로 가득 차 있습니다. 만일 내가 그 한 므나로 장사를 하여 손해라도 보게 된다면 피도 눈물도 없는 가혹한 주인이 자신을 내버려두지 않을 것이라는 생각을 하고 있었던 것입니다. 설령 내가 장사를 잘 하여 많은 것을 남긴다 해도 내 주인은 그 모든 것을 차지해 버릴 거란 생각을 하고 있었는지 모릅니다.

그러나 그 주인에게 한 므나는 사실 아무것도 아닙니다. 이 종은 자기의 주인을 완전히 오해했고, 주인이 어떤 분인지도 잘 몰랐습니다. 그래서 주인을 신뢰하지 못했던 것입니다. 만일 이 종이 이런 믿음이 있다면 어땠을까요?

'우리 주인은 내가 장사를 하다가 손해를 봐도 내가 최선을 다 했다면 나를 "착하고 충성된 종"이라고 칭찬해 주실 거야. 내가 장사를 하다가 본전까지 다 잃어버려도 주인의 말씀에 순종한 내게 "괜찮아" 하면서 나를 안아 주실 거야.'

이런 믿음이 있었다면 그가 그렇게 한 므나를 수건에 싸 두지는 않았을 것입니다.

한 므나를 남긴 종처럼 많은 사람이 주님에 대해 잘 알지 못합니다. 주님은 두지 않는 것을 취하고 심지 않는 것을 거두시는 분이 아니십니다. 하나님은 반드시 심는 대로 거두시는 분입니다. 우리 하나님은 무자비하고 가혹한 분이 아니십니다. 우리 하나님은 긍휼이 풍성하신 하나님이십니다. 그래서 바울은 우리 하나님을 "긍휼이 풍성하신 하나님"(엡 2:4)이라고 했습니다. 다윗 역시 "여호와는 은혜로우시며 긍휼이 많으시며 노하기를 더디 하시며 인자하심이 크시도다"(시 145:8)라고 노래했습니다. 그렇습니다. 우리 하나님은 은혜로우시며 자비하시며 노하기를 더디 하시며 인자하심이 크신 하나님이십니다.

내가 믿는 주님이 어떤 분이신지를 바로 알아야 그 주님을 온전히 믿고 따를 수 있습니다. 그리고 주님을 온전히 신뢰할 때 그 주님께 충성할 수 있습니다.

우리는 왜 순종하지 못하고 충성하지 못할까요? 왜 도전하지 못할까요? 그것은 믿음의 경륜이 짧아서도 아니고, 문제가 너무나 크고 어려워서도 아닙니다. 내가 믿는 주님을 제대로 알지 못해서 온전히 신뢰하지 못하게 되었기 때문입니다. 오늘 본문에 나오는 이 악한 종은 주인에 대한 잘못된 생각으로 인해 순종하지 못했던 것입니다.

둘째, 종은 주인이 다시 돌아올 것이라는 확신이 없었습니다.

분명히 주인은 한 므나를 주며 "내가 돌아올 때까지 장사하라"(눅 19:13b)라고 했습니다. 그런데 이 종은 먼 나라로 떠난 자신의 주인이 왕위를 받고 돌아올 것이라는 확신이 없었습니다. 생각해 보십시오. 내 주인이 왕위를 받아 다시 돌아올 것이고, 전에 맡긴 그 한 므나에 대하여 반드시 결산할 것이라는 확신이 있었다면 그렇게 한 므나를 수건에 싸 놓았을까요?

하나님을 믿는다는 사람들 중에도 예수님의 재림을 믿지 않는 자들이 있습니다. 예수님이 살아 있는 자와 죽은 자를 심판하러 오신다는 사실을 사도신경으로 고백하면서도 그 사실을 믿지 않는 자들이 의외로 많습니다. 정말 예수님이 심판의 왕으로 재림하셔서 우리 인생에 대해 결산하실 것이란 사실을 믿는다면 우리가 지금처럼 이렇게 살 수 있을까요? 재림을 믿는 자는 종말론적 신앙을 가지고 살아갈 수밖에 없습니다. 종말론적 신앙이란 내가 지금 말하고 행동하는 것을 그날에 주님이 어떻게 평가하실지 의식하며 사는 것을 말합니다. 지금 내 눈앞의 모든 것을 현미경이 아닌 망원경으로 멀리 바라보며 사는 것입니다.

언제부턴가 한국 교회 안에 재림의 신앙이 사라져가고 있습니다. 성경은 예수님의 초림보다 재림에 대하여 더 많이 말씀하고 있습니다. 성경의 마지막 책인 요한계시록 22장 20절에서는 "내가 진실로 속히 오리라"라고 말씀하시며 "주 예수여 오시옵소서"로 끝맺고 있습니다.

그런데 왕으로 오실 그 주님을 사모하며 기다리는 자들이 별로 없습니다. 도리어 "주 예수여 더디 오시옵소서"라고 기도하는 사람이 더 많은 것 같습니다.

이처럼 주인에 대한 잘못된 생각을 가졌던 종은 주인이 왕권을 가지고 다시 돌아올 것이라는 확신이 없었기 때문에 명령에 순종하지 않고 한 므나를 수건에 싸 놓았습니다. 하지만 떠났던 주인은 돌아왔습니다.

결산의 때

주인이 돌아온 이유는 결산을 하기 위함이었습니다. 여기서 결산은 심판을 의미합니다. 주인은 두 가지를 결산합니다.

첫째, 맡긴 것들에 대해 결산합니다.

돌아온 주인은 은화를 준 종들이 어떻게 장사했는지를 알고자 그들을 불렀습니다. 맡긴 후에는 반드시 결산이 있습니다. 달란트의 비유에서도 주인이 돌아와 그 맡긴 것들에 대해 결산하는 장면이 있습니다.

"오랜 후에 그 종들의 주인이 돌아와 그들과 결산할새"_마 25:19

하나님은 우리에게 맡기신 것을 반드시 결산하십니다. 주님은 청지기인 우리에게 시간, 물질, 달란트, 지위, 심지어는 자녀까지 맡기셨습니다. 그리고 맡기신 것들에 대해 반드시 결산하십니다. 왕이신 주님은 우리에게 맡기신 그 물질과 지위와 달란트를 어떻게 관리하고 사용했는지, 또 자녀를 어떻게 훈련하고 양육했는지에 대해서도 반드시 결산하실 것입니다.

그뿐만 아니라 맡긴 사명에 대해서도 결산하십니다. 주님은 우리 모두에게 "땅 끝까지 이르러 내 증인이 되리라"(행 1:8b)는 사명을 주셨습니다. 사도 바울도 "전파하는 자가 없이 어찌 들으리요"(롬 10:14b)라고 하면서 우리에게 복음 전하는 사명이 있다고 말합니다.

사명을 감당함에 있어 주님은 결과로서 열매만 보시지 않고 어떻게 충성했는지를 보십니다. 동기와 과정을 보시는 것입니다. 그래서 본문 속의 주인은 돌아와 종들을 부른 다음 '어떻게' 장사했는지 알아보려 그들을 불렀다고 합니다.

"은화를 준 종들이 각각 어떻게 장사하였는지를 알고자 하여 그들을 부르니"_눅 19:15b

남미나 아프리카 같은 곳에는 한 번 복음을 전하면 수천 명이 예수를 믿고 영접하기도 합니다. 하지만 무슬림 지역에서는 평생 복음을 위해 살아도 한 사람의 결신자도 얻지 못할 때가 있습니다. 그렇다면 주님은 그 사람을 악하고 게으른 종이라 책망하실까요? 아닙니다. 주님의 관심은 숫자가 아닙니다. 주님의 관심은 충성입니다. 내가 얼마나 잃어버린 자들을 마음에 품었는지, 그들을 주께로 인도하기 위해 어떻게 헌신하고 충성했는지를 보십니다.

돌아온 주인은 한 므나로 열 므나를 남긴 종에게 "잘하였다 착한 종이여"라고 칭찬을 합니다. 그러나 한 므나를 그대로 수건에 싸 두었다 가지고 온 종에게는 "악한 종"(눅 19:22)이라고 책망합니다. 우리는 사람을 죽이고 폭행하고 도적질하고 음주운전으로 사고를 낸 뒤 뺑소니하는 자를 악하다고 말합니다. 그러나 오늘 말씀을 보면 주님은 사명에 충실하지 않은 사람을 악한 자라고 말씀하십니다. 게으른 자를 악한 자라고 말씀하십니다. 그렇습니다. 하나님의 눈에는 주님이 맡긴 사명에 충성하지 않고 게으르게 살아온 사람이 바로 악한 자입니다.

둘째, 주님의 왕 되심을 인정하지 않는 자를 심판하십니다.

왕으로 돌아온 주인은 한 므나에 대한 것만 결산하지 않고 자신의 왕 됨을 인정하지 않는 자들을 심판합니다. 실제로 당시 유대인들은 포악한 헤롯의 아들 아켈라오가 자신들의 왕이 되는 것을 원하지 않았습니다. 그래서 로마의 황제에게 사절단을 보내 아켈라오가 우리의 왕이 되는 것을 원하지 않는다며 반대했습니다. 그런데 아켈라오가 왕이 되는 것을 반대했던 것처럼 예수님께서 자신들의 왕이 되심을 원치 않는 자들이 있었습니다.

그것이 바로 본문 14절 말씀입니다.

"그런데 그 백성이 그를 미워하여 사자를 뒤로 보내어 이르되 우리는 이 사람이 우리의 왕 됨을 원하지 아니하나이다 하였더라"
_눅 19:14

주인은 자신이 왕이 되는 것을 원하지 않던 자들을 가리켜 원수들이라 합니다. 그래서 이렇게 명령합니다.

"그리고 내가 왕 됨을 원하지 아니하던 저 원수들을 이리로 끌어다가 내 앞에서 죽이라 하였느니라"_눅 19:27

그렇다면 예수님의 왕 되심을 원하지 않는 자들은 누구일까요? 바로 예수 그리스도를 믿지 않는 자들입니다. 우리에게 예수 그리스도는 왕이십니다. 그러나 예수님을 믿지 않는 자들은 하나님과 원수 된 관계에 있기 때문에 예수님을 자신의 왕이라 부를 수 없습니다.

> "곧 우리가 원수 되었을 때에 그의 아들의 죽으심으로 말미암아 하나님과 화목하게 되었은즉"_롬 5:10a

그러므로 예수님을 믿음으로 죄 사함을 받지 못하면 그 사람은 하나님과 원수 된 관계로 남고, 하나님과 원수 된 자는 그 누구도 하나님의 심판을 피할 수가 없습니다. 다시 오실 주님은 그 인생을 결산하는 날에 주님이 맡긴 것들을 결산하시고 예수님의 왕 되심을 인정하지 않는 자들을 심판하실 것입니다.

내가 돌아올 때까지 장사하라

귀인은 자기 종들에게 각각 한 므나를 주고 떠나면서 이렇게 말합니다.

> "내가 돌아올 때까지 장사하라"_눅 19:13b

그렇다면 이 말씀은 실제로 돈을 가지고 가서 장사해서 이윤을 남기라는 말일까요? 아닙니다. 문맥적으로 보면 잃어버린 자를 찾아 구원받게 하라는 뜻입니다. 므나의 비유는 예수님이 삭개오의 집에서 하신 말씀입니다. 예수님은 삭개오를 만나 오늘 구원이 이 집에 이르렀다고 하시면서 "인자가 온 것은 잃어버린 자를 찾아 구원하려 함이니라"(눅 19:10)고 말씀하셨습니다. 예수님의 관심은 언제나 잃어버린 자에게 있었습니다.

잃어버린 자는 바로 하나님의 품을 떠난 자입니다. 하나님과 상관없이 자기 자신이 인생의 주인이 되어 살아가는 자입니다. 죄와 죽음의 문제를 해결 받지 못하여 불타는 지옥을 향하여 달려가는 자입니다. 이 잃어버린 자, 하나님의 품을 떠나 있는 자들에게 십자가의 피 묻은 복음을 전하라는 말씀이 오늘 본문의 비유에 담겨 있습니다.

그러니까 하나님이 주신 그 한 므나로 장사를 하라는 말은 하나님의 나라와 복음을 위하여 충성되게 사는 것을 뜻합니다. 잃어버린 영혼을 구원하는 일이며 선교적인 삶을 사는 것을 말합니다. 그러므로 우리는 주님이 내게 맡기신 한 므나인 복음을 가지고 나아가서 열심히 장사를 해야 합니다. 물론 어떤 사람은 한 므나로 열 므나를 남깁니다. 또 한 므나로 다섯 므나를 남깁니다. 그러나 어떤 사람은 열심히 최선을 다해 장사를 했지만 한 므나만을 가진 사람도 있을 수 있습니다. 그렇다면 주님은 그 사람을 악하고 게으른 종이라고 책망하실까요? 아니요. 그렇지 않습니다. 주님은 여전히 충성된 종이라 말씀하실 것입니다.

우리는 똑같이 한 므나의 복음을 받은 사람입니다. 그러므로 악한 종처럼 하나님이 내게 주신 한 므나를 수건에 싸 두지 말아야 합니다. 하나님이 당신에게 주신 그 시간과 물질, 그 지위와 달란트를 잃어버린 영혼을 구원하는 일에 사용해야 합니다. 이것이 바로 주님이 주신 그 한 므나로 장사를 하는 것입니다. PGA 랭킹 1위인 스코티 셰플러(Scottie Scheffler)는 우승한 뒤, 이렇게 단호하게 말했습니다.

"내가 골프를 치는 이유는 오로지 하나님께 영광을 돌리기 위해서다. 내 정체성은 골프 스코어가 아니다. 내가 이기든 지든 변함없이 나를 사랑하시는 예수님이 계시기에 내가 하는 모든 것은 하나님께 영광을 돌리는 것이다. 그것이 내가 여기 있는 이유이며 이 위치에 있는 이유다!"

저는 인생의 마지막 날에 자기 인생을 후회하는 사람들을 정말 많이 보았습니다. 그런데 평생을 가난하게 살며 항상 고난 속에 있었어도 자신이 살아온 인생을 후회하지 않는 사람들도 있습니다. 그들이 누구입니까? 바로 하나님의 나라와 복음을 위해 살아온 사람입니다. 하나님이 주신 시간과 물질, 지위와 달란트를 가지고 복음을 수종 들었던 사람들입니다. 그러므로 저는 이 말씀을 듣는 모든 성도가 하나님이 주신 그 한 므나로 열심히 장사하여 잃어버린 많은 영혼을 주님께로 인도할 수 있기를 바랍니다.

8

그럼에도 불구하고
은혜 베푸시는 하나님

> **시편 73편 21-24절**
>
> ²¹ 내 마음이 산란하며 내 양심이 찔렸나이다 ²² 내가 이같이 우매 무지함으로 주 앞에 짐승이오나 ²³ 내가 항상 주와 함께 하니 주께서 내 오른손을 붙드셨나이다 ²⁴ 주의 교훈으로 나를 인도하시고 후에는 영광으로 나를 영접하시리니

시편 73편에서 아삽이 고백한 것처럼, 사실 우리도 악인의 형통함을 수없이 보며 살아갑니다. 다 표현하지 않지만 악인의 형통함 때문에 마음이 불편할 때가 얼마나 많은지 모릅니다. 신앙

이 아주 미끄러지지는 않으나 미끄러질 뻔할 때도 있습니다. 시편 73편의 저자인 아삽 역시 악인의 형통함 때문에 넘어질 뻔했고 미끄러질 뻔했다고 고백합니다.

"나는 거의 넘어질 뻔하였고 나의 걸음이 미끄러질 뻔하였으니"
_시 73:2

하나님을 신뢰하는 믿음에서 완전히 떠나지는 않았지만 실족할 뻔했다고 말합니다. 3절을 보면 악인의 형통함을 보고 오만한 자를 질투했다고도 말합니다.

"내가 악인의 형통함을 보고 오만한 자를 질투하였음이로다"
_시 73:3

누구나 악인의 형통함을 보면 불평할 수 있고 마음에 시기와 질투가 일어날 수 있습니다. 그래서 다윗도 시편 37편에서 이렇게 말하고 있습니다.

"악을 행하는 자들 때문에 불평하지 말며 불의를 행하는 자들 때문에 시기하지 말지어다"_시 37:1

성소에 들어갈 때

시편 73편의 시인 아삽은 성소에 들어갈 때 악인의 종말을 깨달았다고 말합니다.

"하나님의 성소에 들어갈 때에야 그들의 종말을 내가 깨달았나이다"_시 73:17

하나님의 성소는 하나님의 임재를 상징하는 언약궤가 있는 곳입니다. 성소에 들어간다는 것은 신약의 표현으로 말하면 하나님의 은혜의 보좌 앞으로 나아가는 것입니다. 그러니까 하나님의 보좌 앞으로 나아가 예배하고 기도하면서 하나님의 음성을 들을 때 악인의 종말을 깨달아 알게 되었다는 것입니다.

시인은 악인의 종말에 대해 무엇을 깨달았을까요.

"주께서 참으로 그들을 미끄러운 곳에 두시며 파멸에 던지시니"_시 73:18

파멸은 하나님의 심판을 말합니다. 20절은 이어서 이렇게 말합니다.

> "주여 사람이 깬 후에는 꿈을 무시함 같이 주께서 깨신 후에는 그들의 형상을 멸시하리이다"_시 73:20

잠자던 사람이 언젠가는 깨어나는 것처럼 하나님께서도 악인의 횡포에 대하여 인내하기를 그치시고 그들의 형상을 멸시하신다는 것입니다. 악인의 형상은 악인들이 쌓아놓은 모든 것들을 말합니다. 하나님 없는 지식, 하나님과 상관없는 재물, 그들이 지닌 인기와 명성을 말합니다. 하나님이 악인의 형상을 멸시하신다는 것은 머지않아 그들을 심판하시고 평가하신다는 말입니다.

시인이 이것을 성소에 들어갈 때 깨달았습니다. 은혜의 보좌 앞으로 나아갈 때에 알게 됩니다. 하나님의 전에 나아가서 예배를 드리고 찬양하며 기도할 때에 하나님께서 악인의 종말이 어떠할 것임을 깨닫게 하십니다. 부분적으로만 보았던 눈을 열어주셔서 전체를 보게 하신 것입니다. 그러면 오늘을 뛰어넘어 영원까지 볼 수 있는 안목이 열립니다.

인생은 단거리 경주가 아니라 마라톤입니다. 그렇기에 삶을 바라볼 때는 긴 호흡이 필요하고 멀리 보는 시각이 필요함을 깨달아야 합니다. 인생을 현미경으로 들여다보면 작은 문제도 크게 보입니다. 하나님이 주관하심을 놓치게 됩니다. 인생을 망원경으로 보면 삶을 전체적으로 보는 커다란 안목이 생깁니다.

그러므로 우리도 이해되지 않는 일을 당할 때 성소로 들어가야 합니다. 예배의 자리로 나아가야 합니다. 설령 이해되지 않는 일이 많을지라도 예수님의 보혈을 의지하여 은혜의 보좌 앞으로 담대히 나아가야 합니다. 따지고 싶다면 사람에게 따지지 말고 성소에 들어가 기도하면서 하나님께 하소연하며 여쭈어야 합니다.

"나에게 이런 일이 일어나는 까닭은 무엇인가요?"

"간곡히 기도하고 있으니 저를 굽어 살피시고 기억해주세요."

이렇게 하나님께 말씀드려야 합니다. 만약 우리가 낙심하고 불평하여 믿음의 자리에서 점점 멀어지게 된다면 이것은 누구보다 원수 마귀가 기뻐하는 일임을 깨달아야 합니다.

구약의 하박국 선지자는 어떤 선지자들보다 하나님께 가장 많은 질문을 던졌습니다. 이해할 수 없는 상황이 계속되었기 때문입니다. 하나님은 공의로우신 분인데 악인들이 심판도 받지 않고 잘살고 있습니다. 우리의 상식으로는 하나님을 믿는 선한 사람이 잘살아야 하는데 현실은 정반대인 것입니다. 선한 사람은 어려움을 당하고 악인은 득세하는 것을 목격한 하박국은 하나님께 물음을 던집니다.

"하나님은 공의로우신 분이신데 왜 악인이 득세하는 것을 왜 그냥 놔두십니까? 저는 이해할 수가 없습니다."

하나님은 이 물음에 논리적으로 설명해주시는 것이 아니라 한 술 더 떠서 이렇게 대답하십니다. 바벨론 사람을 일으켜서 너희를 심판할 것이라고요. 하나님께서 선민 이스라엘 백성들을 할례받지도 않은 이방 족속, 그러니까 더 악한 바벨론을 사용하셔서 이스라엘을 심판하시겠다고 말씀하시는 겁니다. 하박국은 하나님께서 행하시는 이러한 일들이 이해가 안 되는 겁니다. 하나님의 사람들이 고통받는 것도 어려운데, 하나님의 공동체가 잘못한 것이 있다 해서 더 악한 자들을 들어 그 공동체를 심판하신다니 이해하기가 어려운 겁니다.

우리가 사는 세상에는 이해할 수 없는 일들이 더 많이 있습니다. 하나님께서 행하시는 일도 그렇습니다. 이해할 수 없는 것들이 이해할 수 있는 것보다 더 많습니다.

하박국 선지자는 악인이 형통하고 득세하는 것도 이해할 수 없는데 불순종한 당신의 백성을 심판하시기 위해 더 악한 자들을 사용하시겠다는 말씀을 이해할 수가 없었습니다. 마음이 너무나 상했습니다. 그러나 중요한 사실이 있습니다. 하박국 선지자는 마음이 상한 와중에도 기도의 무릎을 꿇었다는 것입니다.

"시기오놋에 맞춘 선지자 하박국의 기도라"_합 3:1

이해되지 않는 상황에서 좌절하고 포기하지 않고 기도의 무릎을 꿇었던 하박국은 기도 이후 하나님을 찬양하기 시작합니다.

"비록 무화과나무가 무성하지 못하며 포도나무에 열매가 없으며 감람나무에 소출이 없으며 밭에 먹을 것이 없으며 우리에 양이 없으며 외양간에 소가 없을지라도 나는 여호와로 말미암아 즐거워하며 나의 구원의 하나님으로 말미암아 기뻐하리로다"_합 3:17-18

이해할 수 없는 상황을 넘어서게 하는 가장 큰 반전은 기도의 자리에서 일어납니다. 기도가 없이는 하나님을 이렇게 찬양할 수가 없습니다. 기도할 수 없을 때, 아니 기도할 힘이 없을 때야말로 역설적으로 더욱 기도할 때임을 기억해야 합니다. 기도는 반전의 고백을 만들어 냅니다. 불평하고 슬퍼한다고 해서 이해할 수 없는 문제가 해결되지 않습니다. 그러나 은혜의 보좌 앞으로 나아가면 하나님이 베푸시는 은혜를 경험하게 됩니다. 이해 못 할 슬픔이 환희로 바뀌는 것을 경험합니다. 하나님의 온전하신 뜻을 깨달아 알게 됩니다. 기도할 힘이 사라졌을 때, 기도의 입술이 열리지 않을 때는 더욱 기도할 때임을 깨닫고 더욱더 은혜의 보좌 앞으로 나아가야 합니다.

오늘 본문에서 아삽은 성소에 들어가 하나님을 예배하며 악인의 종말을 깨닫게 된 이후 양심이 찔렸다고 고백합니다.

"내 마음이 산란하며 내 양심이 찔렸나이다"_시 73:21

악인의 결국, 악인에게 임할 하나님의 심판을 깨닫고 난 후 그는 인생을 멀리 보게 됩니다. 인생을 부분이 아닌 전체로 보게 됩니다. 그러자 내 마음이 산란하고 내 양심이 찔렸다는 것입니다. 여기서 산란하다는 말은 원문으로 '이트하메츠'(יִתְחַמֵּץ)인데 이 단어의 기본형인 '하마츠'(חָמֵץ)는 '얼얼하다', '맛이 시다', '발효하다'라는 뜻을 가지고 있습니다. 또 "내 양심이 찔렸나이다"라는 말은 날카로운 칼이나 송곳이 자신의 심장을 찌르는 것처럼 격심한 마음의 고통을 당했다는 말입니다.

그러니까 시인은 악인의 형통함을 보고 불평하며 하나님의 공의를 의심했던 자신의 과거 모습을 생각하니 누룩이 부풀어 올라 얼얼한 맛을 내는 것처럼 마음이 얼얼하여 양심의 가책을 받았으며 칼이나 송곳으로 찔림을 당하는 것처럼 극심한 마음의 고통을 겪었다는 것입니다.

어떤 분들은 이 부분이 시인이 악인의 형통함을 보았을 때의 심정이 아니냐고 묻지만 아닙니다. 문맥적으로 보면 분명히 하나님의 성소에 들어가 악인의 종말을 깨닫고 난 이후의 심정이라는 걸 알 수 있습니다. 그러니까 내가 악인의 형통함만을 보고 잠시나마 하나님을 원망하며 낙심할 뻔했던 일이 마음을 찌르는 가책이 되었다는 뜻입니다.

우리에게도 깨달은 이후 찾아오는 뒤늦은 후회가 있습니다. 부모의 본심을 알지 못해 서운해 하기도 하고 부모의 본심을 이해하지 못해 불평과 원망의 말을 할 때도 있습니다. 가령 귀가 시간을 밤 10시로 정해 놓은 부모님이 야속했던 분도 계실 겁니다. 당시에는 친구들이랑 놀다가도 시간 맞춰서 와야 하니 원망이 나왔을 겁니다. 또 잠은 무조건 집에서 자야 하므로 친구 집에서 자는 것은 절대로 안 된다고 하셨던 부모님도 계실 것입니다. 하지만 세월이 흘러 자녀를 낳거나 부모님이 돌아가시고 난 이후 생각해 보면 뒤늦게 부모님의 본심을 깨닫게 됩니다. 나를 결박하기 위해서가 아니라 나의 안전을 지켜주고자 하신 것을 비로소 이해하게 된 겁니다. 그제야 부모님이 왜 그렇게 나를 혼내셨는지, 왜 그런 말씀을 하셨는지 뒤늦게 깨달아 알 때가 있습니다. 부모의 사랑과 본심을 뒤늦게 깨닫고서 그때 내가 부모님께 했던 말이나 행동이 자책이 되며 너무나 창피하고 부끄럽게 느껴질 때가 있습니다.

제 딸이 다섯 살 때쯤 너무 말을 안 듣자 제가 화가 나서 그렇게 말을 안 들으려면 나가라고 했습니다. 그랬더니 딸이 정말 대문을 열고 나가는 것이었습니다. 여기서 딸이 놀랐겠습니까, 제가 놀랐겠습니까? 제가 너무 놀라서 당장 데리고 들어왔습니다. 제 본심은 말을 잘 들으라는 것이었지 집을 나가라는 것이 아니었는데 딸은 진짜 나가 버린 겁니다. 살다 보면 이렇게 서로의 본심을 몰라 오해하고 상처를 주고받을 때가 있습니다.

성경에도 하나님의 본심이 나옵니다.

"주께서 인생으로 고생하게 하시며 근심하게 하심은 본심이 아니시로다"_애 3:33

하나님은 우리의 고생과 근심을 결코 원하시지 않습니다. 우리가 당하는 인생의 고난은 하나님의 본심이 아닙니다. 하나님의 본심은 고난이 아니라 연단과 성숙에 있습니다. 그래서 우리가 주님 닮기를 원하시는 것이 주님의 본심입니다.

"여호와의 말씀이니라 너희를 향한 나의 생각을 내가 아나니 평안이요 재앙이 아니니라 너희에게 미래와 희망을 주는 것이니라"
_렘 29:11

하나님의 본심은 두려움과 재앙을 주는 것이 아닙니다. 하나님의 진짜 생각은 우리에게 평안과 미래와 희망을 주시는 것입니다.

아삽이 성소에 들어가 깨달은 또 한 가지는 자신이 우둔한 존재라는 사실입니다.

> "내가 이같이 우매 무지함으로 주 앞에 짐승이오나"_시 73:22

잠시나마 악인의 형통을 보고 원망했던 자신이 참으로 우둔하였음을 깨닫게 되었다는 것입니다. "우매무지"에서 '우매'의 원문은 형용사 '바아르'(בַּעַר)인데 '가축의', '짐승같은'이라는 뜻입니다. 또 '무지'는 하나님의 뜻을 전혀 알지 못하는 상태를 말합니다. 그러니까 자신을 우매무지하다고 하는 건 스스로가 하나님의 뜻을 알지 못하는 짐승과 같다는 의미입니다.

그런데 시인은 자신을 또다시 "주 앞에 짐승"이라고 말합니다. 반복하여 짐승이라는 말을 사용한 것은 자신이 그만큼 하나님의 섭리를, 하나님의 공의와 사랑을 알지 못하는 짐승 같은 존재라는 것을 강조하기 위함입니다. 시편 49편에도 이런 말씀이 있습니다.

> "존귀하나 깨닫지 못하는 사람은 멸망하는 짐승 같도다"_시 49:20

시인 아삽은 악인의 형통을 보고 자신이 이렇게 진실되게 사는 것이 헛되다고 생각하며 실족할 뻔했습니다. 그러나 악인의 종말과 하나님의 섭리, 하나님의 공의와 사랑을 깨닫고 나니 자신이 얼마나 짐승처럼 우둔한 존재인지 깨달아 알게 되었습니다.

그렇습니다. 우리의 기준으로는 절대자이시며 완전하신 하나님을 온전히 헤아릴 수가 없습니다. 생각해 보십시오. 5분 후의 일을 알지 못하는 내가 하나님의 온전하신 뜻을 파악하며 이해할 수 있겠습니까? 유한한 피조물인 우리가 한계가 뚜렷한 이성과 경험을 가지고 하나님을 판단하려 한다면 그것처럼 어리석은 일이 없는 것입니다.

욥기를 보면 여호와 하나님께서 폭풍 가운데서 욥에게 이렇게 물으십니다.

> "내가 땅의 기초를 놓을 때에 네가 어디 있었느냐 네가 깨달아 알았거든 말할지니라"_욥 38:4

하나님께서 천지를 창조하실 때 너는 어디에서 뭘 하고 있었는지 라고 물으시는 겁니다. 이 질문 앞에 똑바로 대답할 수 있는 사람이 어디에 있겠습니까? 이 거대한 질문 앞에 욥은 유구무언할 수밖에 없었습니다.

우리가 하나님을 원망하고 불평하는 것은 사실 하나님의 사랑과 공의를 잘 몰라서 그런 것입니다. 하나님 아버지의 마음을 몰라서 그렇습니다. 현실만 보고 전체를 보지 못하는 한계가 있는 사람이기 때문입니다.

그럼에도 불구하고 베푸신 은혜

깨닫지 못하고 하나님에 대한 불평과 원망이 가득하고 짐승과 같이 우둔한 존재였던 우리에게, 그럼에도 불구하고 하나님께서 놀라운 은혜를 베풀어 주십니다.

그 첫 번째는 나를 버리지 않으시고 항상 함께하시는 은혜입니다.

"내가 항상 주와 함께 하니 주께서 내 오른손을 붙드셨나이다"_23절

하나님을 알지 못하여 하나님을 원망하고 불평하고 그래서 실족하고 미끄러질 뻔했으나 그럼에도 불구하고 주님이 우리를 붙드신다는 것입니다. 사실 나의 불평과 원망을 보신 하나님이 나를 책망하고 포기하셔도 되는데 그럼에도 불구하고 하나님은 항상 나와 함께하여 주신다는 것입니다. 함께하실 뿐 아니라 그 강한 오른손, 즉 권능의 손으로 나를 붙들어 주셨다는 것입니다. 이제 와 생각해 보니 진실로 하나님의 은혜였음을 깨닫게 되었다고 합니다.

우리가 이렇게 악인의 형통함 때문에 투덜거리면서도 배교하지 않고 믿음의 대열에서 떠나지 않았던 이유는 주님께서 항상 나와 함께하시고 그 강한 오른손으로 나를 붙들어 주시기 때문

이라는 사실을 기억해야 합니다. 그러니까 이 시인이 온전히 실족하지 않은 것은 자신의 능력 때문이 아니라, 그럼에도 불구하고 하나님께서 자비와 긍휼을 베풀어 주셨기 때문입니다.

그렇습니다. 우리에게는 '그럼에도 불구하고 베푸시는 은혜'가 있습니다. 누가복음을 보면 예수님이 베드로에게 이렇게 말씀하신 적이 있습니다.

> "시몬아, 시몬아, 보라 사탄이 너희를 밀 까부르듯 하려고 요구하였으나 그러나 내가 너를 위하여 네 믿음이 떨어지지 않기를 기도하였노니 너는 돌이킨 후에 네 형제를 굳게 하라"_눅 22:31-32

사탄은 제자들을 밀 까부르듯 하려고 요구합니다. 이것은 도리깨질하고 키질하고 체에 넣고 흔들어 밀을 타작하는 것을 말합니다. 사탄은 베드로를 이렇게 밀을 타작하듯이 시험하여 그를 실족하게 하려고 했다는 것입니다. 그런데 주님은 베드로의 믿음이 떨어지지 않도록 기도했다고 하십니다. 그러니까 베드로가 이렇게 예수님을 부인했지만 그래도 완전히 배반하지 않고 다시 회개하고 돌아와 믿음을 지킬 수 있었던 이유는 주님의 중보기도가 있었기 때문입니다. 우리도 마찬가지입니다. 수없이 넘어지고 실패합니다. 미끄러질 뻔합니다. 그렇지만 완전히 넘어지고 실족하지 않고 다시 일어설 수 있는 것은 우리가 잘나서가 아니라 주님께서 우리를 위해 기도해 주시기 때문입니다. 그럼에도 불구하고 베푸시는 은혜가 있기에 오늘의 우리가 있다는 것입니다.

두 번째는 주의 교훈으로 인도하시는 은혜입니다.

"주의 교훈으로 나를 인도하시고 후에는 영광으로 나를 영접하시리니"_시 73:24

지금까지 삶을 돌이켜 볼 때 하나님은 우리가 짐승과 같이 우둔한 존재임에도 불구하고 함께하시고 우리를 붙잡아 주셨습니다. 그리고 거기서 끝나지 않습니다. 하나님은 주의 교훈으로 우리를 인도하십니다. 여기서 교훈은 곧 하나님의 말씀을 말합니다.

"모든 성경은 하나님의 감동으로 된 것으로 교훈과 책망과 바르게 함과 의로 교육하기에 유익하니"_딤후 3:16

'교훈'은 네비게이션처럼 어떤 길로 가야 하는지 가르쳐 줍니다. '책망'은 우리가 길을 잘못 들었을 때 일깨워 줍니다. '바르게 함'은 어떻게 다시 바른 길로 들어설 수 있는지 도와줍니다. '의로 교육하기'는 어떻게 하나님의 길에 계속 머물 수 있는지 가르쳐 줍니다. 이 모든 것을 하나님께서 성경 말씀을 통해 우리에게 이루십니다.

그래서 시편 기자는 이렇게 고백합니다.

"주의 말씀은 내 발에 등이요 내 길에 빛이니이다"_시 119:105

사실 우리는 하나님이 기뻐하시지 않는 곁길로 나아갈 때가 많았습니다. 그런데 선한 목자이신 주님이 사랑의 가시 울타리를 쳐서라도 넘어가지 못하게 막으셨고 고난을 통해서라도 깨닫게 하셨습니다. 그래서 돌이키게 하십니다. 말씀을 통해 나 자신을 보게 하시고 때로는 책망도 하시고 하나님의 뜻이 무엇인지를 분별하게 하시며 진리 가운데로 인도하십니다. 하나님은 내 느낌과 감정이 아닌 그 말씀으로 나를 인도하십니다. 이것이 바로 그럼에도 불구하고 베풀어 주시는 은혜입니다.

주님의 은혜는 여기서 끝나지 않습니다. 세 번째로 이후에 영광으로 영접해 주시는 은혜가 있습니다.

이 나그네 인생을 살아가는 동안 주님이 나를 교훈으로 인도하시는 것으로 끝나지 않고 이후에 영광으로 영접해 주십니다.

"주의 교훈으로 나를 인도하시고 후에는 영광으로 나를 영접하시리니"_시 73:24

우리가 이 세상에서 선한 싸움을 다 싸우고 달려갈 길을 다 마쳤을 때 주님은 영광으로 나를 영접하십니다. 여기 "영접하시리니"에서 '영접'은 히브리어 '라카흐'(לָקַח)가 사용되었습니다. 이 단어는 하나님께서 에녹을 하늘로 데려가신 사실을 언급할 때도 나옵니다.

"에녹이 하나님과 동행하더니 하나님이 그를 데려가시므로 세상에 있지 아니하였더라"_창 5:24

우리 예수님도 마음에 근심하지 말라고 하시면서 이렇게 말씀합니다. 여기에도 영접이라는 표현이 나옵니다.

"가서 너희를 위하여 거처를 예비하면 내가 다시 와서 너희를 내게로 영접하여 나 있는 곳에 너희도 있게 하리라"_요 14:3

영접이란 맞이하여 접한다는 뜻입니다. 대통령이 어떤 나라를 순방하면 그 나라의 최고위층이 공항까지 나와 영접합니다. 이 땅에서 사는 날 동안 주님을 믿음으로 영접하면 주님이 내 영혼을 영접해 주십니다. 내 영혼이 육체의 장막을 벗고 이 땅을 떠나는 그 마지막 날에 천군천사들이 내 영혼을 인도하여 주님이 계신 곳, 신부가 신랑을 위하여 단장한 것처럼 영광스러운 아름다운 그 하나님의 나라로 우리를 인도할 것입니다. 그러면 보좌에 앉으신 우리 주님이 벌떡 일어나 하늘의 천군 천사들 앞에서, 앞선 믿음의 선배들 앞에서 두 팔을 벌려 맞이하여 주실 것입니다. 그리고 우리의 눈물을 닦아 주실 것입니다.

장차 우리가 들어가게 될 천국을 '영광'으로 표현하는 이유는 천국이 영광의 주님과 함께 영광을 누리며 사는 곳이기 때문입니다. 더 이상 죄악, 죽음, 이별과 아픔과 눈물과 갈등이 없는 그 영광의 나라에서 우리는 그 영광을 주님을 찬양하게 될 것입니다.

결국 우리는 하나님께 '그럼에도 불구하고 베푸시는 은혜'를 매 순간 받아 누리며 삽니다. 주님은 우리가 하나님을 알지 못하여 원망하고 불평하고 실족하고 미끄러질 뻔한다 해도, 그럼에도 불구하고 우리와 함께해 주십니다. 우리를 주의 교훈으로 인도하십니다. 그리고 후일에는 영광으로 나를 영접해 주실 것입니다. 이러한 복을 믿음으로 받아 오늘을 주님과 동행하며 은혜를 누리는 저와 여러분 되길 축복합니다.

9

원수를 잠잠하게 하시는 하나님

시편 8편 1-3절

¹ 여호와 우리 주여 주의 이름이 온 땅에 어찌 그리 아름다운지요 주의 영광이 하늘을 덮었나이다 ² 주의 대적으로 말미암아 어린 아이들과 젖먹이들의 입으로 권능을 세우심이여 이는 원수들과 보복자들을 잠잠하게 하려 하심이니이다 ³ 주의 손가락으로 만드신 주의 하늘과 주께서 베풀어 두신 달과 별들을 내가 보오니

밤하늘에 빛나는 수많은 별들을 보신 적 있나요? 요즘은 여러 조명과 공해 때문에 별을 보기가 쉽지 않습니다. 하지만 저는 어린 시절 금방이라도 쏟아질 것만 같은 수많은 별을 보며 자랐습니다. 유난히 반짝이는 북극성과 북두칠성, 그리고 밤하늘을 가르며 떨어지는 별똥별도 보았습니다.

별들은 참 아름답고 신기합니다. 그래서 그 반짝이는 별들을 보며 젊은이는 꿈을 꾸고 연인들은 사랑을 약속하고 노래해 왔습니다. 그래서인지 밤하늘에 빛나는 별과 관련된 시와 노래가 얼마나 많은지 모릅니다. 심지어 이런 CM송도 있었습니다.

"하늘에서 별을 따다 하늘에서 달을 따다 두 손에 담아 드려요"

성경에도 이렇게 아름다운 밤하늘을 바라보며 하나님을 노래했던 사람이 있습니다. 바로 다윗입니다. 우리가 잘 아는 것처럼 다윗은 어린 시절 들판에서 양 떼를 치며 목동으로 지냈습니다. 그리고 사울왕을 피해 오랜 시간을 들판에서 숨어 지냈지요. 그러면서 다윗은 철을 따라 피고 지는 많은 꽃을 보았습니다. 자유롭게 뛰어노는 동물들과 하늘을 나는 새들을 보았습니다. 그리고 수많은 별이 빛나는 하늘을 보며 자랐습니다.

그래서 다윗은 하나님의 창조를 노래하는 시를 많이 지었습니다. 오늘 본문인 시편 8편을 비롯하여 19편, 104편은 다윗이 하나님의 창조를 노래하는 대표적인 시입니다.

다윗은 하나님의 창조 세계에서 단순히 아름다움만 보지 않았습니다. 그는 하나님의 손길을 보았고 하나님의 영광을 보았습니다. 그래서 오늘 본문은 이렇게 시작하고 있습니다.

"여호와 우리 주여 주의 이름이 온 땅에 어찌 그리 아름다운지요 주의 영광이 하늘을 덮었나이다"_시 8:1

다윗은 밤하늘에 빛나는 달과 수많은 별을 보면서 하나님의 이름과 그 영광을 찬양합니다. 이 시편을 마무리하면서도 동일하게 "여호와 우리 주여 주의 이름이 온 땅에 어찌 그리 아름다운지요"(시 8:9)라고 반복하여 노래합니다.

"여호와 우리 주여"라는 말은 스스로 존재하시는 하나님이 우리의 주인이심을 고백하는 말입니다. 스스로 존재하신 하나님이 이렇게 아름다운 세상을 창조하셨을 뿐 아니라 모든 창조물에 영광스러운 하나님의 손길이 나타나 있기 때문에 우리 인간은 하나님의 영광을 보며 하나님이 내 인생의 주인 되심을 고백할 수 있어야 한다는 것입니다.

다윗이 하나님의 창조를 보며 무엇을 깨달았고 그 하나님의 창조를 어떻게 노래하고 있는지 오늘 본문을 보면 알 수 있습니다. 밤하늘에 빛나는 달과 수많은 별 아래에서 다윗은 무엇을 보았습니까?

그는 하나님의 손길을 보았습니다.

"주의 손가락으로 만드신 주의 하늘과 주께서 베풀어 두신 달과 별들을 내가 보오니"_시 8:3

하나님은 분명히 말씀으로 이 세상을 창조하셨습니다. 그런데 다윗은 하나님이 손가락으로 하늘을 만드셨다고 말합니다. 이것은 하나님께서 친히 이 세상을 만드신 그 창조 사역을 실감나게 표현한 것입니다. 사람들은 공장에서 만들어 낸 것보다 손수 만든 수작업품을 더 비싼 값에 구매합니다. 고가의 예술품을 살 때에도 작가가 직접 그리거나 만든 것을 사려고 합니다.

하나님의 영광의 아름다움

레오나르도 다빈치의 대표적인 작품 '모나리자'를 아시지요. 현재 이 작품은 프랑스 파리 루브르박물관에 전시되어 있습니다. '모나'는 기혼 여성의 이름 앞에 붙이는 이탈리아어 경칭이고, '리자'는 초상화의 모델이 된 여인의 이름입니다. 그러니까 한국어로 하면 모나리자는 '리자 여사'라는 평범한 의미이지만 그 값어치는 무려 40조원에 이르는 것으로 알려져 있습니다. 그

한 작품 외의 모든 위본은 단돈 몇 푼에 불과합니다. 사람이 만든 작품도 누가 만들었는지에 따라 그 가치가 이렇게 다릅니다.

다윗은 하나님이 친히 지으신 무수한 별들을 보면서 "주의 손가락으로 만드셨다"고 말합니다. 스스로 존재하신 하나님께서 친히 만드셨다는 것입니다. 이 우주 만물은 우연히 존재한 것이 아닙니다. 진화된 것도 아니고, 하나님이 친히 만드셨습니다.

만일 우주가 우연히 존재하게 되었다면 이 우주의 질서를 어떻게 설명할 수 있겠습니까? 그래서 서구인들은 하늘을 바라보며 그 질서정연한 아름다움에 탄복한 나머지 우주를 코스모스라고 했습니다. 헬라어로 코스모스(κοσμος)는 질서라는 뜻입니다. 이 세상이 아름다운 것은 질서 때문입니다.

많은 과학자들이 말하길, 매우 뜨겁고 밀도 높은 한 점이 갑자기 폭발한 이후 시간이 시작되었고 폭발이 일어나 팽창하면서 지금의 우주가 되었다고 합니다. 폭발에서 시작해 최고 질서를 가진 현재 우주가 되기까지 약 137억 년이라는 세월이 흘렀다는 것입니다. 진화론자들도 우주가 대폭발로 만들어졌고 지구 역시 폭발과 행성 충돌의 결과로 우연히 만들어졌다고 말합니다.

그러나 과학은 대폭발을 일으킨 그 무한한 에너지 한 덩어리, 그 한 점이 어디에서 나왔는지를 말하지 못합니다. 그리고 자연계에서는 아무리 오랜 시간이 흘러도 무질서가 우연히 스스로

질서로 발전하는 일은 절대 일어나지 않습니다. 오히려 시간의 흐름에 따라 무질서가 증가한다는 것이 과학이 말하는 열역학 제2법칙입니다. 폭발에 대한 일반적인 사실은 '모든 폭발은 파괴와 무질서를 만든다'는 것입니다. 폭발 때문에 생긴 무질서는 오랜 시간이 주어진다 하더라도 질서 상태로 발전하지 않습니다. 따라서 대폭발 때문에 최고 수준의 질서와 아름다움을 가진 우주가 탄생한다는 것은 비과학적 주장일 뿐입니다.

무에서 유는 기적입니다. 그리고 반드시 생명이 있어야 생명을 낳습니다. 그런데 과학은 그 생명의 시작이 어디서 어떻게 왔는지 말하지 못합니다. 그러므로 과학은 기적을 설명할 수 없습니다.

성경은 하나님께서 넷째 날에 지구를 중심으로 광명체들, 곧 해와 달과 별들을 창조하셨다고 분명히 말씀하고 있습니다.

> "하나님이 이르시되 하늘의 궁창에 광명체들이 있어 낮과 밤을 나뉘게 하고 그것들로 징조와 계절과 날과 해를 이루게 하라 또 광명체들이 하늘의 궁창에 있어 땅을 비추라 하시니 그대로 되니라"
>
> _창 1:14-15

하나님이 첫째 날에 빛과 어둠을 창조하심으로 시간이 시작되었고 넷째 날부터는 태양을 중심으로 지구가 공전하게 하여 해가 바뀌고 계절이 바뀌게 하셨다는 것입니다. 이것을 보면 하나님이 천체 운행에 관한 법칙을 만드시고 작동하게 하셨다는 사실을 알 수 있습니다.

그러니까 이 우주 만물은 우연히 존재하게 된 것이 아니라 하나님이 분명한 목적을 가지고 창조하신 것입니다. 이렇듯 다윗은 하늘의 달과 별들을 보면서 광활한 우주를 창조하신 하나님의 손길을 보았습니다.

하늘에 가득한 영광

또한 다윗은 밤하늘에서 하나님의 영광을 보았습니다.

"여호와 우리 주여 주의 이름이 온 땅에 어찌 그리 아름다운지요 주의 영광이 하늘을 덮었나이다"_시 8:1

다윗은 깊어가는 밤 들판에 누워 밤하늘을 보았습니다. 믿음의 눈으로 하늘을 바라보니 주의 영광이 하늘을 덮고 있었습니다. 그러니까 다윗의 눈에는 밤하늘에 빛나는 수많은 별이 하늘에 가득 찬 주의 영광으로 보였던 것입니다.

시편 19편에서도 다윗은 하나님의 창조를 이렇게 노래합니다.

"하늘이 하나님의 영광을 선포하고 궁창이 그의 손으로 하신 일을 나타내는도다"_시 19:1

여기서 하늘은 해와 달과 별들이 있는 우주 전체를 말합니다. 다윗은 그 하늘이 하나님의 영광을 선포한다고 합니다. 그리고 궁창이 하나님께서 그의 손으로 이 모든 것을 지으셨음을 나타낸다고 말합니다. 하늘에 가득 찬 해와 달과 수많은 별이 하나님의 영광을 선포하며 하나님이 친히 이 모든 것을 지으셨음을 나타내고 있다고 하는 것입니다.

1961년 인류 최초의 우주선 비행사였던 구 소련의 유리 가가린(Yuri Gagarin)이 2시간 동안 지구 궤도를 돌면서 이런 말을 했습니다.

"지구는 푸른빛이다. 주변을 둘러보았지만 어디서도 신은 보이지 않았다."

이듬해 1962년에 지구 궤도를 돌고 온 미국 최초의 우주 비행사 존 글렌(John Herschel Glenn Jr.)은 이렇게 말했습니다.

"나는 우주가 하나님의 영광으로 가득 찬 것을 보았다."

인류 최초로 달에 착륙했던 미국의 우주 비행사 닐 암스트롱(Neil Armstrong)도 우주 비행을 하면서 하나님을 보았다고 말했습니다. 하나님을 모르는 구 소련의 우주 비행사들은 우주에서 하나님을 보지 못했다고 말했지만, 하나님을 믿는 미국의 비행사들은 우주에서 하나님을 보았다고 말했습니다.

다윗은 밤하늘에 빛나는 별들에게서 아름다움만을 보지 않았습니다. 그는 하나님의 손길을 보았고 창조를 통해 드러난 하나님의 영광을 보았습니다. 반면 사람들은 아름다움만을 봅니다. 꽃을 보아도 꽃의 향기만 맡고 꽃의 아름다움만 봅니다. 하늘의 수많은 별을 보면서도 그 웅장함과 그 아름다움만 보며 노래합니다. 하지만 다윗은 하나님이 지으신 창조 세계를 보면서도 그 웅장함과 아름다움만 보지 않았습니다. 창조의 권능과 하늘에 가득 찬 주의 영광을 보았습니다.

그렇다면 이제 우리도 다윗처럼 길가에 피어 있는 꽃 한 송이를 볼 때에도 집안에 핀 꽃을 볼 때에도 밤하늘에 빛나는 수많은 별을 볼 때에도 하나님의 손길을, 하나님의 영광을 볼 수 있기를 바랍니다.

인간은 하늘을 보고 살아야 합니다. 그래서 사람을 그리스어로 '안드로포스'($\dot{\alpha}\nu\theta\rho\omega\pi o\varsigma$)라 부릅니다. '안드로포스'라는 말은 '위를 보고 걷는 동물'이라는 뜻입니다. 모든 동물들은 땅을 바라보며 살게 되어있고, 땅의 것만 주면 만족하며 삽니다. 그런데 우리 인간은 위를 보도록 창조되었습니다. 왜 하나님께서 우리 인간을 기어 다니는 존재가 아니라 직립하여 하늘을 쳐다보고 살 수 있는 존재로 지으셨을까요? 바로 하늘을 바라보며 살도록 하기 위함입니다. 우리 인간은 결코 땅의 것으로 만족할 수 없습니다. 우리는 비록 땅에 발을 딛고 살아가지만 땅만 보며 살아서는 안됩니다. 하늘을 보고 살아야 됩니다. 하늘을 보고 산다는 말은 내가 영적인 존재이며, 하늘에 속한 존재라는 사실을 기억한다는 것을 의미합니다.

요즈음 현대인들은 눈을 들어 하늘을 쳐다보지 않습니다. 물론 공해로 인하여 별들이 보이지 않기도 하지만 애초에 하늘을 보며 살아갈 마음의 여유가 없습니다. 주야장천 휴대전화만 보느라 바쁩니다.

땅만 보지 말고 하늘을 바라보며 살아가길 원합니다. 사도 바울은 "너희가 그리스도와 함께 다시 살리심을 받았으면 위의 것을 찾으라 거기는 그리스도께서 하나님 우편에 앉아 계시느니라 위의 것을 생각하고 땅의 것을 생각하지 말라"(골 3:1-2)고 했습니다. 땅을 쳐다보며 땅의 것만 생각하면 근심과 절망과 불안이 떠나지 않습니다. 한숨과 탄식이 끊이지 않습니다. 생각은 좁아지고 짜증과 불만이 터져 나오기 마련입니다. 그러나 우리가 하늘을 쳐다보면, 창조주 하나님을 바라보면 마음이 넓어지고 그릇이 커지고 불안이 사라집니다. 순간보다 영원을 사모하게 됩니다.

어린아이들과 젖먹이들의 입으로

"주의 대적으로 말미암아 어린 아이들과 젖먹이들의 입으로 권능을 세우심이여 이는 원수들과 보복자들을 잠잠하게 하려 하심이니이다"_시 8:2

주의 대적은 누구를 의미할까요? 하나님의 영광을 인정하지 않고 오히려 대적하는 완악한 자들을 말합니다. 스스로 지혜롭고 힘이 있다고 생각하여 하나님을 의지하지 않는 교만한 자들을 말합니다.

그렇다면 어린아이들과 젖먹이는 누구를 지칭할까요? 약한 자들로서 하나님의 절대적인 도움을 필요로 하는 자들을 말합니다. 어린아이는 스스로 살아갈 수 없습니다. 100% 의존적인 존재입니다. 예수님도 천국을 말씀하시면서 어린아이와 '같지' 않으면 천국에 들어갈 수 없다고 말씀하셨습니다. 여기 나오는 어린아이들과 젖먹이들은 실제로 나이가 어린 어린아이들을 의미하는 것이 아니라 자신의 힘과 능력으로는 아무것도 할 수 없다는 것을 알고 온전히 하나님만 의지하고 바라보는 자들을 말합니다.

하나님은 그런 어린아이들과 젖먹이들을 통해 원수와 보복자들을 잠잠하게 하신다고 말씀하십니다. 사실 이 세상에서는 더 강한 힘을 가진 자가 상대를 무너뜨리고 승리할 수 있습니다. 어떻게 어린아이와 젖먹이들이 원수들과 보복자들을 무너뜨리고 잠잠하게 할 수 있을까요?

그것이 하나님께서 일하시는 방식입니다. 어린아이와 젖먹이를 사용하사 강한 자를 무너뜨리며 하나님은 일하십니다. 하나님은 세상의 미련한 것들을 택하사 지혜 있는 자들을 부끄럽게 하시고 세상의 약한 것들을 택하사 강한 것들을 부끄럽게 하십니다(고전 1:27-31). 어린아이같이 온전히 하나님을 의지하는 자들을 통해 원수를 무너뜨리시고 잠잠하게 하십니다. 이렇게 일하시는 하나님을 실제적으로 경험한 사람이 바로 다윗입니다. 베들레헴의 어린 목동이었던 다윗은 물맷돌을 가지고 나아가 3m의 장신, 블레셋 장수 골리앗을 무너뜨렸습니다. 양을 칠 때도 사자나 곰이 와서 양 떼를 물어가면 쫓아가서 그 입에서 새끼를 건져내었습니다.

전능하신 하나님은 오늘도 약한 자를 들어 강한 자를 부끄럽게 하십니다. 어린아이와 젖먹이처럼 온전히 하나님만 의지하는 자들을 통해 내 인생의 골리앗 같은 원수들을 무너뜨리십니다.

그러면 하나님은 어떻게 행하셔서 원수들과 보복자들을 잠잠하게 하실까요?

"주의 대적으로 말미암아 어린 아이들과 젖먹이들의 입으로 권능을

세우심이여 이는 원수들과 보복자들을 잠잠하게 하려 하심이니이다"_시 8:2

'어린아이들과 젖먹이들의 입으로 권능을 세우심이여'라는 말은 어린아이와 젖먹들의 입으로 원수의 세력을 박살내시겠다는 것입니다. 이 말씀은 우리의 입에서 나오는 신앙의 고백, 우리의 입에서 울려 나오는 찬양과 선포, 우리의 입에서 선포되는 예수님의 이름과 보혈의 능력, 우리의 입에서 부르짖는 그 기도와 간구를 통하여 원수들을 잠잠케 하시는 하나님을 선포합니다. 우리가 입술을 열어 하나님의 성품과 하나님께서 행하신 일을 찬양할 때 우리의 원수는 더 이상 우리를 참소하지 못하고 잠잠케 되는 것입니다.

'잠잠하다'는 말은 히브리어로 '샤바트'(שׁבת)인데, 일을 다 마친 후 안식에 들어감을 의미합니다. 이는 대적과의 전쟁을 마친 후 얻게 되는 승리, 곧 구원을 말합니다. 그래서 예수님은 구원의 사역을 행하기 위해 예루살렘에 왕으로 입성하실 때 이 말씀을 인용하셨습니다.

우리가 입술을 열어 피 묻은 십자가의 복음을 선포하며 나아갈 때, 그리고 그 말씀을 붙들고 부르짖어 기도할 때 어둠의 영은 떠나가고 마귀의 일을 멸하시고 승리하신 주께서 권능으로 임하십니다. 그러면 우리의 원수들이 우리 앞에서 수치를 당하며 잠잠하게 되는 것입니다.

그렇기 때문에 하나님은 오늘도 이런 어린아이와 젖먹이들을 찾으십니다. 주 없인 살 수 없다고 고백하며 온전히 하나님을 의지하는 자들을 찾으십니다. "주님, 나는 주님의 도우심 없이는 한순간도 살아갈 수 없습니다"라고 고백하며 주님만 찬양하고 주님만 의지하는 자들을 찾으십니다. 하지만 우리는 기도의 응답만을 원하지, 스스로 어린아이같이 되기 위해 기도하지 않습니다.

일생에 5만 번 이상 기도의 응답을 받은 조지 뮬러는 이렇게 말했습니다.

"하나님의 능력을 나타내는 기도에 가장 방해가 되는 것은 나 자신 뿐이다."

그렇습니다. 어린아이처럼 온전히 하나님을 의지하지 못하는 나 자신이 기도의 방해꾼입니다.

하나님은 오늘도 어린아이처럼 하나님을 전적으로 의지하는 자를 통해 원수들을 잠잠하게 하십니다. 이 말씀을 듣는 우리 모두가 어린아이처럼 하나님을 의지하는 자가 되어 원수를 잠잠케 하시는 하나님의 위대한 역사를 볼 수 있기를 바랍니다.

10

영광스러운 비밀을 계시하시는 하나님

에베소서 3장 1-6절

1 이러므로 그리스도 예수의 일로 너희 이방인을 위하여 갇힌 자 된 나 바울이 말하거니와 **2** 너희를 위하여 내게 주신 하나님의 그 은혜의 경륜을 너희가 들었을 터이라 **3** 곧 계시로 내게 비밀을 알게 하신 것은 내가 먼저 간단히 기록함과 같으니 **4** 그것을 읽으면 내가 그리스도의 비밀을 깨달은 것을 너희가 알 수 있으리라 **5** 이제 그의 거룩한 사도들과 선지자들에게 성령으로 나타내신 것같이 다른 세대에서는 사람의 아들들에게 알리지 아니하셨으니 **6** 이는 이방인들이 복음으로 말미암아 그리스도 예수 안에서 함께 상속자가 되고 함께 지체가 되고 함께 약속에 참여하는 자가 됨이라

세상에는 비밀이 많습니다. 사람들은 누구나 숨기고 싶은 비밀이 있습니다. 드러난 비밀도 있고 아직 드러나지 않고 숨겨진 비밀도 있습니다. 그래서인지 비밀을 주제로 하는 그런 영화, 드라마 소설들도 참 많습니다.

우리가 먹고 마시는 음식에도 비밀이 있습니다. 서울 중구 신당동 떡볶이 거리의 원조 떡볶이집으로 유명한 마복림 할머니 떡볶이집이 있습니다. 지금은 고인이 되신 그 할머니가 고추장 CF에서 '며느리도 몰러, 아무도 몰러'라며 고추장에도 아무에게도 말할 수 없는 비밀이 있다고 말했습니다. 세계적인 브랜드로 유명한 코카콜라 역시 그 레시피가 비밀에 부쳐졌다고 합니다.

이렇듯 비밀이 많은 우리는 "이건 절대 비밀이니까 아무한테도 얘기하지 마"라고 하며 비밀을 털어놓기도 합니다.

오늘 본문 3절과 9절 사이에 '비밀'이란 단어가 세 번이나 거듭하여 등장합니다.

"곧 계시로 내게 비밀을 알게 하신 것은"_엡 3:3a

"내가 그리스도의 비밀을 깨달은 것을 너희가 알 수 있으리라"
_엡 3:4b

"하나님 속에 감추어졌던 비밀의 경륜이 어떠한 것을 드러내게 하려 하심이라"_엡 3:9b

우리 하나님께도 일급비밀이 있다는 것입니다. 그래서 우리는 사람의 비밀이 아닌 하나님의 비밀에 대해서 생각해 보고자 합니다. 이것은 우리가 통상 생각하는 그런 비밀과는 다릅니다.

하나님의 일급비밀

본문의 '비밀'은 헬라어 표현으로 '뮈스테리온'(μυστηριον)입니다. 이 단어에서 영어의 미스터리(mystery)라는 말이 나왔습니다. 헬라어 '뮈스테리온'은 계속 숨겨져야 할 비밀이 아니라, 드러내고 싶고 자랑하고 싶은 비밀입니다. 일반적인 비밀의 개념과는 거리가 있습니다. 사람들은 비밀이 절대로 드러나거나 알려져서는 안 되는 것이라고 생각하지만, 그런데 오늘 본문에 나오는 비밀은 그렇지 않습니다. 드러내고 싶은 비밀이기 때문입니다.

영어 성경을 보면 오늘 본문의 비밀에 시크릿(secret)이라는 단어를 사용하지 않고 헬라어 원문을 따라 미스터리라는 단어를 쓰고 있습니다. 둘 다 비밀이라는 뜻을 가졌지만 뉘앙스가 조금 다릅니다. 시크릿은 말 그대로 감추어져 드러나지 않는 것이라면 미스터리는 보이기도 하고 드러나 있기도 하지만 우리가 잘 알지 못하는 것입니다. 그러니까 오늘 본문에 나오는 비밀은 확연하게 드러나 있음에도 불구하고 알지 못하는 비밀입니다. 보기는 보아도 알아채지 못하고 듣기는 들어도 깨닫지 못하는 그런 비밀을 말하는 것입니다.

그렇다면 이처럼 드러나 있음에도 깨닫지 못하는 하나님의 일급비밀은 무엇일까요?

첫 번째 비밀: 예수 그리스도

하나님의 첫 번째 일급비밀은 예수 그리스도이십니다. 바울은 예수를 믿고 난 다음에 하나님의 비밀을 깨달았습니다. 생각해 보건대 바울이 예수 그리스도를 알게 됨으로 하나님의 일급비밀을 깨달았을 때 전율이 흘렀을 것 같습니다. 왜냐하면 사도 바울은 이 비밀을 깨닫고 인생이 완전히 바뀐 사람이기 때문입니다. 오늘을 살아가는 우리도 하나님의 일급비밀 예수 그리스도를 알게 된다면 전율을 느끼지 않을 수 없을 겁니다. 바울은 자신이 깨달은 하나님의 일급비밀 예수 그리스도를 이렇게 언급합니다.

"그것을 읽으면 내가 그리스도의 비밀을 깨달은 것을 너희가 알 수 있으리라"_엡 3:4

바울은 그가 깨달은 비밀을 '그리스도의 비밀'이라고 분명히 말합니다.

"이 비밀은 너희 안에 계신 그리스도시니 곧 영광의 소망이니라"_골 1:27b

그렇습니다. 예수 그리스도가 비밀입니다. 예수님으로 말미암는 구원의 역사도 비밀입니다. 그리고 이는 만세와 만대에서 감춰졌던 비밀입니다. 성경은 이렇게 말합니다.

"이 비밀은 만세와 만대로부터 감추어졌던 것인데 이제는 그의 성도들에게 나타났고"_골 1:26

그렇기 때문에 마귀도 이 비밀을 몰랐습니다. 하늘의 천사들도 이 비밀을 알지 못했습니다. 그러나 때가 되었을 때 하나님께서 이 비밀을 우리에게 계시해 주셨습니다. 우리의 구원은 어느 날 갑자기 이루어진 것이 아닙니다. 성경을 보면 성부, 성자, 성령 삼위 하나님께서 구원의 계획과 경륜을 정하셨습니다. 그래서 성부 하나님은 구원을 계획하시고, 성자 예수님은 인간의 몸으로 이 땅에 오셔서 십자가에 달려 죽으심으로 구원을 성취하시고, 성령 하나님은 그 성취된 구원을 사람들에게 적용하는 일을 하시기로 그렇게 정하셨습니다. 그래서 그 구원의 경륜을 따라 예수 그리스도를 계시하셨습니다.

구약 성경을 읽으면 이스라엘의 역사책 같다는 느낌을 받을 때가 있습니다. 어떤 분들은 왜 우리나라가 아닌 이스라엘 역사를 읽느냐고 생각할 수도 있습니다. 구약은 많은 부분이 이스라엘의 역사와 역대 왕들의 행적에 대해 기록하고 있기 때문입니다. 하지만 성경에 대해 조금만 배우면 신구약의 주제가 예수 그리스도라는 것을 알 수 있습니다. 구약에 기록된 사건과 상황 속에서, 구약의 인물들을 통해서 하나님은 예수 그리스도를 나타내십니다. 그러니까 하나님은 예수 그리스도의 구원 사역을 구약에서 미리 계시하신 것입니다. 구약에서 메시아이신 예수 그리스도를 예표하는 장면들을 살펴보겠습니다.

① 가죽 옷

아담이 타락하여 범죄했을 때 하나님은 에덴동산에서 그냥 내쫓지 않으시고 가죽 옷을 지어 입힌 다음에 내보내셨습니다. 가죽 옷을 위해서는 한 마리의 양이 피 흘려 죽어야 했습니다. 이것은 예수 그리스도의 피 흘려 죽으심을 통해서 우리 죄인들이 예수 그리스도의 의의 옷을 입게 됨을 보여 주는 사건입니다.

② 출애굽 사건

430년간 애굽에서 종살이하던 백성들을 하나님께서 모세를 보내어 구원하셨습니다. 모세는 장차 우리를 죄에서 구원하기 위해서 이 땅에 오실 메시아이신 예수 그리스도를 예표합니다. 출애굽을 방해하는 바로 왕은 성도의 원수인 마귀 사탄의 세력을 상징합니다. 애굽에서의 생활은 구원받기 이전에 사탄 아래 놓여 죄로 인한 종 된 생활을 의미합니다. 이스라엘은 하나님이 애굽에 일으키신 열 번째 재앙인 장자의 재앙으로 구원을 받았는데 이 재앙 역시 유월절 어린양으로 오신 예수 그리스도의 십자가의 피로 말미암아 죄와 죽음에서 해방될 것을 미리 보여주는 계시의 사건입니다.

③ 구약의 제사

구약의 제사 역시 예수 그리스도를 예표합니다. 제사에 드릴 제물로는 흠 없는 짐승을 선택합니다. 제물을 드릴 때 제물로 드릴 짐승의 머리 위에 안수한 뒤, 가죽을 벗기고 각을 뜬 다음 제단에 올려 불에 태워 드립니다. 짐승 제물에 안수하는 것은 죄의 전가를 말합니다. 내가 죽어야 되는데 짐승이 나의 죄를 대신 뒤집어쓰고 죽는다는 고백입니다. 바로 우리의 죄를 대신 짊어지시고 하나님 앞에 화목제물로 자신을 내어주신 예수 그리스도를 생각할 수 있습니다.

④ 장대에 달린 놋뱀

출애굽한 이스라엘 백성들이 광야에서 독사에 물려 죽게 된 사건도 있습니다. 그때 하나님은 모세에게 장대에 놋뱀을 매달게 하시고 그것을 바라보도록 하셨습니다. 그러자 놀랍게도 장대에 달린 놋뱀을 바라보는 자는 죽지 않고 살았습니다. 출애굽기의 놋뱀 사건은 누구든 행위를 의지하지 않고 십자가에 달린 예수를 믿음으로 구원받음을 예표 합니다. 아울러 장대에 달린 놋뱀은 바로 예수님이 십자가에 달려 죽으심으로 창세기 3장 15절에 예언된 뱀의 머리를 깨뜨리실 것을 미리 보여준 사건입니다.

그런데 사람들은 몰랐던 것이지요. 특히 마귀와 그의 어둠의 세력들도 이러한 하나님의 은밀한 구원 계획을 몰랐습니다. 마귀는 예수님이 이 땅에 오셨을 때 예수님이 하나님의 아들이라는 사실은 알았습니다. 사람들이 몰랐을 때도 마귀는 예수님이 하나님께로부터 난 사람임을 알고 떠들었습니다. 예수님이 공생애 사역을 하실 때 귀신 들린 자를 쫓아내신 장면을 보면 그 사실을 알 수 있습니다. 귀신들이 먼저 예수님을 보고 하나님 아들이라 외치고 주님이 그 귀신들을 꾸짖고 내쫓으셨습니다. 그렇지만 그 원수 마귀의 세력조차 예수 그리스도의 십자가 사역을 통하여 하나님의 구원 계획이 이루어진다는 사실은 몰랐습니다. 그래서 일차적으로 마귀는 사람을 충동하여 예수 그리스도를 대적하게 했습니다. 예수님의 제자 중 한 사람인 가룟 유다를 돈으로 매수하여 예수님을 잡아 죽게 만든 것입니다. 예수님이 잡혀 죽임을 당하던 날 마귀와 그 왕국에 속한 자들은 자신들이 승리한 것으로 생각하고 샴페인을 터뜨렸을 겁니다. "우리가 이 땅에 온 하나님의 아들 예수를 죽였다. 우리는 승리했다." 그러나 그것은 결코 승리가 아니었습니다. 도리어 원수 마귀는 패배하였습니다.

왜 예수님의 십자가의 죽으심과 부활이 그들에게 패배가 되었을까요?

그것은 예수님이 십자가에 달려 죽으심으로 십자가 위에서 모든 죗값을 완벽하게 지불하셨기 때문입니다. 예수님은 십자가에 위에서 "다 이루었도다"라고 말씀하셨습니다. 이 말은 주님의 죽으심이 단순히 한 개인의 죽음이 아니라는 것입니다. 예수님은 십자가에서 우리의 죗값을 대신 치르심으로 하나님의 공의가 충족되게 하셨습니다. 죄인을 지배하는 마귀의 모든 권세를 대속을 통해 빼앗아 버리신 것입니다.

그뿐만 아니라 예수님은 사흘 만에 부활하심으로 사망의 권세를 정복하시고 그를 믿는 자들에게는 죽음을 이긴 새 생명을 주셨습니다. 죽음을 정복한 그 생명으로 예수님에게 속한 자들에게 영원한 생명을 선물로 주십니다. 그리하여 예수님을 믿는 자들이 죄와 죽음으로부터 해방되게 하셨습니다. 사탄은 십자가의 죽음이 자신들의 승리인 줄 알았는데 결과적으로는 자신들이 망하게 되었습니다. 그래서 여인의 후손이 뱀의 머리를 상하게 하실 것이라는 창세기 3장 15절의 말씀이 성취되었습니다. 이것을 보면 예수 그리스도는 비밀이었습니다. 우리의 구원을 이루심에 있어 비밀이었다는 말입니다.

예수님 안에 감추인 비밀

사랑하는 성도 여러분!

예수 그리스도는 구원을 이루신 것뿐 아니라 그분의 모든 것이 비밀입니다. 예수님의 성육신도 인간이 이해할 수 없는 비밀입니다. 영이신 하나님이 어떻게 인간의 몸을 입고 이 세상 가운데 오신 걸까요? 예수님이 인간의 몸을 입고 동정녀 마리아에게서 태어나셔야만 했다는 사실도 참으로 놀라운 비밀입니다. 세상 사람들은 이 비밀을 알지 못합니다.

또 예수님의 사역과 가르침도 사실 비밀입니다. 오병이어의 기적도, 썩어서 냄새나는 나사로를 살리신 기적도 엄밀하게 말하면 모든 것이 비밀입니다. 당시 사람들은 결과로서 나타난 기적은 보았습니다. 그렇지만 왜 예수님이 그러한 사역을 행하셨는지 깨닫지 못했습니다.

사람들은 기적의 떡을 먹으면서도 왜 예수님이 이러한 기적을 행하셨는지 몰랐습니다. 예수님은 자신이 하늘로부터 내려온 살아온 생명의 떡이심을 가르치시고자 오병이어 기적을 행하셨습니다. 자신만이 생명의 주이심을 드러내시며 부활을 가르치시고자 죽은 나사로를 살리셨습니다. 그렇지만 세상의 사람들은 죽은 자가 살아나는 것만 보았지 왜 그런 기적이 일어났는지 왜 그런 기적이 일어나야 했는지를 몰랐다는 것입니다.

예수 그리스도와 관련된 또 하나의 놀라운 비밀이 있습니다. 그것은 우리가 예수님을 믿고 영접할 때 주님께서 믿는 자 안에 거하신다는 사실입니다. 그래서 사도 바울은 골로새교회 성도들에게 편지를 쓰면서 너희 안에 계신 예수 그리스도가 비밀이라고 말하고 있습니다.

"이 비밀은 너희 안에 계신 그리스도시니 곧 영광의 소망이니라"
_골 1:27b

이 비밀은 너희 안에 계신 그리스도라고 말하고 있습니다. 우리 안에 계신 예수 그리스도가 비밀이라는 것입니다. 요한계시록 3장 20절을 보면 예수님은 계속하여 사람들의 마음의 문을 두드리고 계십니다. 예수님이 사람들의 마음의 문을 두드리시는 이유가 무엇입니까?

"볼지어다 내가 문 밖에 서서 두드리노니 누구든지 내 음성을 듣고 문을 열면 내가 그에게로 들어가 그와 더불어 먹고 그는 나와 더불어 먹으리라"_계 3:20

예수님이 사람의 마음을 두드리시는 까닭은 우리 안에 들어오시기 위해서입니다. 그분이 이것을 원하는 까닭은 "그와 더불어 먹고 그는 나로 더불어 먹기" 위함입니다. 더불어 먹는다는 것은 아주 친밀한 사귐을 의미합니다. 주님이 우리 안에 들어오신다는 것은 우리에게 낯선 손님으로 오신다는 것이 아니라 우리와 사귐의 교제를 위하여 들어오신다는 말입니다.

사랑하는 성도 여러분, 정말 예수님을 영접하셨습니까? 그렇다면 예수 그리스도가 바로 여러분 안에 계십니다. 예수님이 내 안에 들어와서 지금 나와 함께 계신다는 이 사실이 얼마나 신비한지 모릅니다. 갈릴리 바다를 거니셨던 예수님이, 들판에서 오병이어 기적을 행하셨던 예수님이, 십자가에서 나를 위해 죽으셨고 사망 권세 이기시어 부활하신 그 예수님이 지금 영으로 내 안에 계신다는 사실이 얼마나 신비합니까? 그래서 주님은 요한복음 14장 20절에 "그날에 너희가 내 안에, 내가 너희 안에 있는 것을 너희가 알리라"라고 말씀하셨습니다. 이것이 바로 신비입니다. 예수가 너희 안에 계신다는 것. 이것이 정말 신비입니다. 저는 모든 성도가 이 비밀을 깨달을 수 있기를 원합니다. 이 비밀을 아는 자가 복음을 아는 것이고, 이 비밀을 아는 자가 하나님의 자녀가 되는 겁니다. 만세 전부터 감춰졌던 비밀, 하나님의 일급비밀인 예수 그리스도를 깨달을 수 있기를 원합니다. 정말이지 전율을 느끼지 않을 수 없습니다.

두 번째 비밀: 주님의 몸 된 교회

두 번째 비밀은 주님의 몸 된 교회입니다. 교회는 건물이 아닙니다. 조직도 아닙니다. 신약성경은 단 한 번도 교회를 건물이라고 말한 적이 없습니다. 교회는 바로 예수 그리스도 안에서 한 지체된 자들의 모임입니다. 다시 말하면 예수 그리스도를 머리로 하는 공동체가 교회입니다. 그래서 바울은 6절에서 교회를 이렇게 설명하고 있습니다.

"이는 이방인들이 복음으로 말미암아 그리스도 예수 안에서 함께 상속자가 되고 함께 지체가 되고 함께 약속에 참여하는 자가 됨이라"_엡 3:6

이 말씀에서 '함께'라는 단어가 세 번이나 언급됩니다. 다시 말해서 예수를 모르던 사람들이 복음을 듣고 예수를 믿게 되면 예수 그리스도 안에서 함께 상속자가 되고, 함께 지체가 되고, 함께 약속에 참여하는 자가 된다는 것입니다. 누구든지 이방인이라도 빈부귀천을 막론하고 예수를 믿으면 함께 상속자이자 지체이자 약속에 참여하는 자가 된다는 것입니다.

그렇습니다. 아무리 망가진 사람일지라도, 아무리 실패하고 넘어진 사람일지라도, 더럽혀지고 버림받은 사람이어도 예수를 믿으면 복음으로 말미암아 그리스도 예수 안에서 함께 상속자가 되고, 함께 지체가 되고, 함께 약속에 참여하는 자가 됩니다. 얼마나 신비한 일인지 모릅니다. 이것이 바로 교회입니다. 이것이 바로 하나님의 비밀인 교회입니다.

이 사실이 오늘 우리에게는 너무나 감사하고 감격스러운 일이지만 당시에 '우리만이 하나님이 택한 사람'이라고 여기며 선민의식을 가지고 있던 유대인들의 입장에서 보면 정말 받아들이기 어려운 사실이었습니다. 자신들만 택함받은 백성이라 생각했는데, 바울이 '누구든지', '이방인'도, '더럽혀지고 실패한 사람'도 예수를 믿게 되면 복음으로 말미암아 예수 그리스도 안에서 함께 약속에 참여하는 자가 된다고 하는 말이 납득하기 어려웠던 것입니다.

그동안 유대인들은 자신들은 선민이라고 생각하며 이방인들은 개처럼 취급하여 왔습니다. 지옥의 불쏘시개 정도로 생각해 왔습니다. 그래서 함께 식사도 하지 않았고 그들이 사는 땅을 밟기 싫어서 돌아서 다니기도 했습니다. 언제나 유대인과 이방인은 물과 기름과 같은 존재였습니다. 유대인과 이방인 이 두 사이에는 넘을 수 없는 벽이 있었습니다. 그런데 예수님이 십자가에 달려 죽으심으로 중간에 막힌 담을 허셨습니다.

"그는 우리의 화평이신지라 둘로 하나를 만드사 원수 된 것 곧 중간에 막힌 담을 자기 육체로 허시고"_엡 2:14

예수님이 십자가에 달려 화목제물이 되심으로 말미암아 그 중간에 막힌 담을 모두 허물어 버리셨습니다. 그러므로 이제는 누구든지 그의 혈통과 신분, 소유와 같은 것과는 상관없이 예수를 믿기만 하면 함께 상속자가 되고 함께 지체가 되고 함께 약속에 참여하는 자가 되는 것입니다.

① 상속자

"이는 이방인들이 복음으로 말미암아 그리스도 예수 안에서 함께 상속자가 되고"_엡 3:6a

함께 상속자가 된다는 것은 하나님의 자녀가 되었다는 의미입니다. 왜냐하면 자녀야말로 아버지의 유업을 상속 받을 권리가 있기 때문입니다. 우리도 예수를 믿음으로 말미암아 하나님의 자녀가 될 뿐만 아니라 하나님의 자녀로서 하나님 나라의 영광스러운 상급을 유업으로 받을 수 있는 상속자가 되었습니다. 이것은 너무나 큰 은혜입니다. 단순히 천국에 들어간다가 아니라, 하나님이 예비해두신 영광스러운 상급을 유업으로 받게 된 것입니다. 그러므로 예수를 믿는 것은 기쁨이 배가 되고 더욱 넘치는 일임이 분명합니다.

이제 우리는 그리스도 안에서 복음으로 말미암아 그리스도 안에서 함께 상속자가 되었습니다. 그러므로 우리는 이제 우리의 영혼이 육체의 장막을 벗고 이 세상을 떠나게 될 때 상속자로서 당당하게 하나님 아버지께서 우리를 위하여 예비해 놓으신 영광스러운 상급을 받아 누리게 될 것입니다.

② 지체

"함께 지체가 되고"_엡 3:6b

함께 지체가 되었다는 것은 모든 것을 함께 누릴 수 있는 공동체의 일원이 되었음을 말합니다. 바울은 교회를 설명할 때 몸의 개념으로 설명합니다. 우리의 몸에는 머리가 있고 또 많은 지체가 있습니다. 드러난 지체도 있고 눈으로는 보이지 않는 신체의 지체도 있습니다. 이 많은 지체들은 머리의 지시를 따라 움직입니다. 교회 역시 머리의 지시를 따라 움직이게 됩니다. 여기서 교회의 머리는 예수 그리스도이십니다. 성경은 예수님이 교회의 머리이시고 성도들이 각 지체가 된다고 말씀합니다. 그래서 머리이신 예수 그리스도께서 지시하시면 함께 지체된 성도들은 예수님의 말씀대로 움직여야 합니다. 이것이 교회입니다.

바울은 왜 교회를 몸의 개념으로 설명하고 있을까요?

그것은 몸을 이루는 모든 지체가 서로 연합되어 있기 때문입니다. 모든 신체는 유기적으로 연결되어 있습니다. 어떤 지체도 우리의 몸 밖에 존재하지 않습니다. 손가락이 아프면 모든 몸이 다 아픕니다. 이게 교회입니다. 그러므로 교회는 모든 기쁨과 슬픔을 함께 나누는 공동체입니다. 다른 성도의 아픔이 나의 아픔이 되는 곳이 교회입니다. 다른 성도의 실수를 기뻐하는 것은 교회가 아닙니다.

또 바울이 교회를 그리스도의 몸으로 비유하는 것은 어떤 지체도 몸을 떠나서는 존재할 수 없기 때문입니다. 아무리 똑똑한 지체일지라도 "나는 이 몸이 필요없다"라며 몸의 질서를 무시하고 떨어져 나가면 죽습니다. 몸에서 떨어져 나가는 순간 자유로울 것 같지만 피가 공급되지 않고 혈액순환이 이루어지지 않습니다. 결국 잠시 후면 썩어 죽고 마는 것입니다.

그러므로 우리는 어떤 일이 있어도 그리스도 안에 머물러 있어야 합니다. 힘들고 어렵다 해서 주님으로부터 떨어져 살면 안 됩니다. 신체의 어느 부위도 몸을 떠나 살 수 없듯 우리 중 어느 누구도 주를 떠나, 몸 된 교회를 떠나 살 수 없습니다. 그리스도와 연합된 교회 안에서 우리는 주님의 생명을 공급받아 누리며 살게 됩니다. 그러니 주님의 몸 된 교회를 떠나면 안 되는 것입니다. 몸 된 교회를 떠나면 죽습니다. 교회의 권위를 무시하거나 질서를 무너뜨리면 썩고 마는 것입니다. 여기서 말하는 교회는 건물과 조직으로서의 교회가 아닙니다. 그리스도의 몸으로서 교회입니다. 교회는 이렇게 신비합니다.

우리는 복음으로 말미암아 그리스도 안에서 함께 지체가 된 사람들입니다. 이 교회됨이 바로 비밀입니다. 세상 어느 누구도 예수를 믿음으로 주님의 몸 된 교회에 지체가 된다는 것을 알 수 없습니다. 그러므로 이것이 바로 성도에게 허락된 하나님의 은혜의 비밀입니다.

③ 약속

"함께 약속에 참여하는 자가 됨이라"_엡 3:6c

하나님께서 우리에게 주신 약속의 말씀이 참 많습니다. 성도로서 이 땅에 사는 동안 그 약속의 말씀을 붙들고 선포하고 주장하며 기도하는 것이 약속에 참여하는 것입니다. 성경에는 많은 약속이 있습니다.

"평안을 너희에게 끼치노니 곧 나의 평안을 너희에게 주노라 내가 너희에게 주는 것은 세상이 주는 것과 같지 아니하니라 너희는 마음에 근심하지도 말고 두려워하지도 말라"_요 14:27

이 말씀을 성도에게 주신 약속의 말씀으로 붙들고 우리는 기도할 수 있는 겁니다.
"주님, 저희에게 약속하신 이 평안을 주십시오. 이제 약속하신 말씀대로 우리 안에 주님이 주실 수 있는, 세상이 줄 수 없는, 그 평안을 허락하여 주십시오. 마음에 근심하지도 않고 두려워하지도 않겠습니다."

이렇게 선포하고 간구하는 일이 약속에 참여하는 것으로 이해해 볼 수 있습니다.

"지금까지는 너희가 내 이름으로 아무 것도 구하지 아니하였으나 구하라 그리하면 받으리니 너희 기쁨이 충만하리라"_요 16:24

이 말씀을 묵상하며 약속을 붙들고 기도할 수 있습니다.
"주님, 내 공로를 의지하지 않고 주님의 이름에 근거하여 기도합니다. 우리의 어떠함이 아닌 예수님의 이름으로 나아갑니다. 응답의 약속을 믿고 기도하겠습니다. 내 공로와 업적이 아닌 주님이 베풀어 주시는 응답의 기쁨이 충만하게 하여 주십시오."
이렇게 기도하면 약속의 말씀에 참여하는 자가 되는 것입니다.

"수고하고 무거운 짐 진 자들아 다 내게로 오라 내가 너희를 쉬게 하리라"_마 11:28

이 말씀을 붙잡고 우리는 기도할 수 있습니다.
"주님, 제 마음이 너무 무겁습니다. 복잡합니다. 수고하고 무거운 짐을 진 자를 부르는 주님께 이제 나아갑니다. 내 무거운 짐을 올려드립니다. 제게 참된 안식과 쉼을 허락하여 주십시오."
이렇게 하나님이 주신 그 약속의 말씀을 붙들고 씨름하며 선포하며 나아가는 것이 약속의 말씀에 참여하는 자의 모습입니다.

미래에 대해서도 마찬가지입니다. 미래에도 약속에 참여하는 자로서 새 하늘과 새 땅에 들어가 생명의 면류관을 받아 쓰는 축복을 누리게 될 것입니다. 미래를 향하여 약속하신 말씀에 우리가 참여한 자가 되는 것입니다.

요한계시록 22장 5절의 말씀처럼 모든 저주가 사라진 새 하늘과 새 땅 가운데서 세세토록 왕 노릇하며 지내게 될 것입니다. 하나님이 인간을 지으시고 아담과 하와에게 모든 창조 세계를 정복하고 다스리게 하셨는데 미래에는 그 만물의 통치권이 온전히 회복되어 우리는 주님을 직접 뵈오며 그리스도와 함께 모든 창조물을 다스리게 될 것입니다.

오늘 우리는 하나님의 비밀을 나누었습니다. 하나님의 그 비밀은 바로 예수 그리스도이십니다. 예수 그리스도가 비밀이신 까닭은 그분의 성육신과 십자가 고난과 죽으심, 부활과 대속의 은혜가 감춰져 있었기 때문입니다. 그러나 하나님께서 때가 되어 이 사실을 계시하시고 성령을 통해 우리 가운데 드러내 보이셨습니다. 또 다른 비밀은 그 비밀이신 예수님이 오늘 내 안에 거하고 계신다는 사실입니다. 이것은 참으로 신비 중의 신비입니다.

그뿐만 아니라 주님의 몸 된 교회가 바로 비밀입니다. 예수를 믿음으로 말미암아 우리가 그리스도로 연합된다는 사실, 우리가 몸을 이루는 각 지체로서 머리이신 그리스도의 지시에 따라 살아간다는 사실. 이것이 비밀이고 신비입니다. 우리는 이 비밀을 깨달아 알게 되었습니다. 이제 저와 여러분은 한 사람도 예외 없이 교회의 머리이신 주와 더불어 하나님 아버지 나라를 약속의 유업으로 받을 상속자가 되었고, 지체가 되었고, 약속에 참여한 자가 되었습니다.

  이 영광스러운 비밀을 깨달은 사람은 아무렇게나 살지 않습니다. 당당하게 살아갑니다. 확신을 가지고 살아갑니다. 이 비밀을 아는 자는 인생이 바뀌고 가치관이 바뀝니다. 이 비밀을 아는 자로서 복을 누리며 살아가길 축복합니다.

하나님의 사람은
삶의 자리에서
열매 맺어 나갑니다.

2부

하나님으로 사는 사람의 자리

영광스러운 비밀을 아는 사람

에베소서 3장 8-13절

⁸ 모든 성도 중에 지극히 작은 자보다 더 작은 나에게 이 은혜를 주신 것은 측량할 수 없는 그리스도의 풍성함을 이방인에게 전하게 하시고 ⁹ 영원부터 만물을 창조하신 하나님 속에 감추어졌던 비밀의 경륜이 어떠한 것을 드러내게 하려 하심이라 ¹⁰ 이는 이제 교회로 말미암아 하늘에 있는 통치자들과 권세들에게 하나님의 각종 지혜를 알게 하려 하심이니 ¹¹ 곧 영원부터 우리 주 그리스도 예수 안에서 예정하신 뜻대로 하신 것이라 ¹² 우리가 그 안에서 그를 믿음으로 말미암아 담대함과 확신을 가지고 하나님께 나아감을 얻느니라 ¹³ 그러므로 너희

에게 구하노니 너희를 위한 나의 여러 환난에 대하여 낙심하지 말라 이는 너희의 영광이니라

지난 시간 우리는 비밀에 관한 말씀을 나누었습니다. 에베소서 3장에는 비밀이라는 말이 세 번 나옵니다.

"곧 계시로 내게 비밀을 알게 하신 것은"_엡 3:3a

"내가 그리스도의 비밀을 깨달은 것을 너희가 알 수 있으리라"_엡 3:4b

"하나님 속에 감추어졌던 비밀의 경륜이 어떠한 것을 드러내게 하려 하심이라"_엡 3:9b

우리 하나님께도 일급비밀이 있으며 그것은 바로 예수님의 구원 사역과 주님의 몸 된 교회라는 것을 배웠습니다.
그렇다면 이 비밀을 누가 알 수 있겠습니까? 만세와 만대로부터 감추어졌던 이 비밀을 누가 알 수 있습니까? 사도 바울은 자신이 어떻게 그 비밀을 알게 되었는지 말하고 있습니다.

> "곧 계시로 내게 비밀을 알게 하신 것은"_엡 3:3a

바울은 계시를 통해서 이 비밀을 알았다고 말합니다. 그렇습니다. 우리는 계시를 통해서만 이 비밀을 알 수가 있습니다. 계시란 무엇입니까? 원문을 보면 계시는 비밀을 열어서 보여 준다는 의미를 지닙니다. 우리가 다 아는 것처럼 계시는 크게 두 가지가 있습니다. 하나는 자연계시이고, 또 하나는 특별계시입니다.

자연계시는 하나님의 창조를 통하여 자신이 어떤 분인지 드러내신 것을 말합니다. 이를 가리켜 일반계시라고도 합니다. 특별계시란 성경 66권을 통해 타락한 인간이 어떻게 구원을 받을 수 있는지 드러내신 것을 말합니다. 이처럼 하나님의 구원 경륜을 담고 있는 것이 신구약 성경 66권이고, 이것이 바로 계시입니다. 따라서 만일 우리에게 특별계시인 성경이 주어지지 않았다면 우리는 구원받을 수가 없었을 것입니다.

타락한 우리 인간은 오직 계시를 통하여서만 하나님을 알 수 있습니다. 눈에 보이지 않으시는 영이신 하나님, 온 하늘과 땅에 충만하시고 말씀으로 우주 만물을 지으신 하나님을 우리 인간이 어떻게 알 수 있겠습니까? 계시를 떠나서는 죽었다 깨어나도 하나님을 알 수 없는 것입니다. 계시는 완전하며 우리는 계시해 주신 만큼만 하나님을 알 수 있습니다.

어떤 분은 성경을 읽는 순간, 말씀을 듣는 순간 그 말씀이 믿어지고 예수님을 영접하기도 합니다. 반면 어떤 분은 아무리 성경을 읽고 말씀을 들어도 믿어지지도 않고 깨달아지지도 않는다고 말합니다. 똑같이 성경을 읽고 똑같이 말씀을 받았는데 어떤 사람은 그 말씀을 통해 하나님을 만나고 새로운 인생을 살아갑니다. 그런데 어떤 사람은 똑같은 성경을 읽고도 마음이 더욱 강퍅하여져서 '성경은 이스라엘 역사책인데 왜 그것을 믿느냐'고, 혹은 '내가 성경을 읽어 보니 사랑의 하나님이 아니라 복수의 하나님이시더라'고 말하며 비판하기도 합니다. 동일한 햇빛 아래에서 밀랍은 녹아내리지만 진흙은 굳는 것입니다. 결국 지혜와 계시의 영이신 성령님이 거하시느냐 아니냐에 따라 이런 차이가 생깁니다.

지혜와 계시의 영

사도 바울은 에베소 교회 성도들에게 편지하면서 하나님 아버지께서 지혜와 계시의 영을 주셔서 하나님을 알게 해 달라고 기도합니다.

"우리 주 예수 그리스도의 하나님, 영광의 아버지께서 지혜와 계시의 영을 너희에게 주사 하나님을 알게 하시고"_엡 1:17

이 말씀을 잘 묵상해 보면, 지혜와 계시의 영이신 성령님이 우리 가운데 임하셔서 깨닫게 해 주셔야만 우리가 말씀과 진리를 받아들일 수 있다는 것을 알 수 있습니다. 성경은 성령의 감동하심을 입은 자들이 기록한 책입니다. 따라서 성령의 감동하심을 받지 않고는 이해되지 않고 믿어지지도 않습니다.

생각해 보십시오. 죽은 인간이 살아나고 보리떡 다섯 개와 물고기 두 마리로 오천 명이 먹고도 열두 광주리가 남았다는 사실이 믿어지겠습니까? 일반적인 상식이라면 이해가 되지 않을 겁니다. 처녀가 아들을 낳았다는 동정녀 탄생이 일반적인 지식에 근거하면 믿어집니까? 물 위를 걷고 사람에게서 귀신이 떠나가고 한 사람의 몸에서 나온 귀신의 떼로 말미암아 2천 마리의 돼지 떼가 몰살당했다는 사실이 믿어집니까? 정상적인 사람이라면 이해가 안 되고 믿어지지 않는 것이 당연합니다. 그런데 지혜와 계시의 영이 임하면 믿어집니다.

예수님이 이 땅에 오심으로 비밀이 드러났고 말씀을 통하여 비밀이 드러났지만 지혜와 계시의 영이 임하지 않으면 사람들은 깨닫지 못합니다. 예수님이 친히 인간의 몸을 입고 이 땅에 오셨지만 믿어질 수가 없습니다. 그러니 우리가 예수 그리스도를 알고 믿고 영접하게 되는 것은 우리의 의지 혹은 노력의 산물이 아니며 지혜와 계시의 영이신 성령님이 우리에게 임하셨기 때문에 어느 순간 그 사실이 믿어지고 받아들여지고 예수님을 주로 영접하게 된 것입니다.

그래서 사도 바울은 이렇게 말씀합니다.

"성령으로 아니하고는 누구든지 예수를 주시라 할 수 없느니라"
_고전 12:3b

성령의 역사가 없이는 누구도 예수를 주라 시인할 수가 없다는 것입니다. 생각해 보십시오. 아담이 죄를 지었는데 어떻게 21세기를 살아가는 내가 죄인이 될 수 있단 말입니까? 2천 년 전에 예수님이 어떻게 내 죄를 미리 알고 내 죄를 담당하여 죽으실 수 있단 말입니까? 그리고 어떻게 죽은 지 사흘 만에 예수님이 사망 권세를 이기시고 다시 부활할 수가 있단 말입니까? 이것 역시 일반 상식을 가진 사람의 입장에서는 이해가 안 되는 말입니다.

우리는 어떻습니까? 과거에는 도저히 이해가 안 되고 받아들일 수 없는 말씀이었는데, 성령님이 우리 안에 일하심으로 어느 순간 우리는 말이 안 되는 그 사실이 믿어진 것입니다. 지혜와 계시의 영이신 성령님이 우리 가운데 일하셔서 숨겨진 복음의 비밀을 깨달은 것입니다. 그러므로 우리 인생 속 최고의 기적은 바로 내가 오늘 예수를 믿고 있다는 사실입니다.

은혜 주신 이유

성도 여러분! 오늘 저와 여러분이 이 영광스러운 하나님의 비밀을 깨닫게 된 것은 여러분이 똑똑해서가 아닙니다. 여러분의 지혜가 다른 사람보다 탁월해서도 아닙니다. 믿음의 가정에서 태어났기 때문도 아닙니다. 모태 신앙으로 태어났음에도 불신자로 사는 사람들도 있습니다. 우리가 다른 사람보다 더 의롭고 많은 선을 행해서가 아닙니다. 지혜와 계시의 영이 우리 가운데 임했기 때문입니다. 하나님을 아는 영광스러운 복음의 광채가 우리 마음 가운데 비추어졌기 때문입니다. 그로 말미암아 내가 본래 죄인이었다는 사실이 믿어지고, 예수 그리스도가 나의 구주라는 사실이 믿어지는 것입니다. 성경은 이것을 은혜라고 말합니다. 오늘 본문에서 바울도 고백했습니다.

"모든 성도 중에 지극히 작은 자보다 더 작은 나에게 이 은혜를 주신 것은"_엡 3:8

이 은혜가 무엇입니까? 바로 복음의 비밀이신 예수 그리스도를 깨닫게 된 것입니다. 이것이 바로 은혜입니다. 영광스러운 복음의 비밀을 깨닫게 된 것이 바로 은혜입니다.

그렇다면 오늘 저와 여러분에게 이 복음의 비밀을 깨달은 감격이 있어야 하지 않겠습니까? 저는 오늘 이 시간 지혜와 계시의 영이 우리 각 사람에게 임해서 인간의 이성으로는 죽었다 깨어나도 알 수 없는 복음의 비밀을 깨달을 수 있기를 소원합니다. 그래서 이 비밀을 깨달은 감동과 전율을 가지고 이 세상을 살아가기를 소원합니다. 우리 인생에 얼마나 시간이 남았는지는 모르지만 하나님께서 나에게 이 복음의 비밀을 깨닫게 해주신 그 감격, 그 전율을 가지고 살아가길 축복합니다.

이 지혜와 계시의 영으로 말미암아 비밀을 깨달은 자는 절대로 아무렇게나 살지 않는다는 사실을 기억해야 합니다. 이것이 기독교 역사 속에 무수히 드러난 성도의 발자취입니다. 복음의 비밀을 깨달은 믿음의 성도들은 마음대로 살지 않았습니다. 하나님께서 우리에게 이 영광스러운 복음과 교회의 비밀을 깨닫게 해 주신 데에는 분명한 목적이 있습니다.

이 비밀을 아는 사람은 어떻게 살아야 합니까?

첫째, 측량할 수 없는 그리스도의 풍성함을 전하면서 살아야 합니다.

측량할 수 없는 그리스도의 풍성함을 전하기 위해서 하나님이 우리에게 이 복음을 깨달아 알게 하여 주셨습니다. 바울은 에베소서 3장 8절을 통해 이렇게 고백합니다.

"모든 성도 중에 지극히 작은 자보다 더 작은 나에게 이 은혜를 주신 것은 측량할 수 없는 그리스도의 풍성함을 이방인에게 전하게 하시고"_엡 3:8

바울은 자신이 은혜받은 이유를 깨달았습니다. 측량할 수 없는 그리스도의 풍성함을 이방인에게 전하게 하시려고 이 비밀을 깨닫게 하셨다는 것입니다. 이방인은 예수를 모르는 자들을 가리킵니다. 그렇다면 예수 그리스도를 모르는 자들에게 전하여야 할 그리스도의 풍성함은 무엇을 의미합니까? 바로 죄인을 구원하기에 충분한 그리스도의 복음입니다.

복음은 우리 인간의 죄를 사하고 구원하는 데에 부족함이 없습니다. 우리 예수님이 십자가에서 흘리신 그 보혈은 죄인의 죄를 씻고 또 씻어도 부족함이 없습니다. 우리가 얼마나 많이 넘어집니까? 넘어질 때마다 주님의 보혈을 의지하고 회개하며 은혜를 구합니다. 그럴 때마다 죄인을 사하시고 일으키시는 예수님, 그분 안에 있는 부활의 생명은 죽은 자를 살리고 또 살려도 다함이 없다는 것입니다. 그리스도의 풍성함은 퍼내고 퍼내도 결코 마르지 않는 샘물과 같습니다. 이것이 주님의 보혈의 풍성함입니다. 그래서 예수님은 수가성 여인에게 "내가 주는 물을 마시는 자는 다시 목마르지 아니할 것"이라고 말씀하셨습니다.

하나님께서 지혜와 계시의 영을 통하여 우리에게 이 영광스러운 비밀을 깨닫게 하신 것은 단순히 나를 구원하시고 나 혼자만 그 비밀의 영광을 누리도록 하기 위해서가 결코 아닙니다. 그 측량 할 수 없는 그리스도의 풍성함을 주님 모르는 죄인들에게 전하도록 하기 위함인 것입니다.

그러므로 이제 우리는 그리스도의 측량할 수 없는 그 풍성함을 전해야 됩니다. 이 비밀을 깨달은 우리가 세상에 줄 수 있는 최고의 선물은 측량할 수 없는 그리스도의 풍성함을 전하는 것입니다. 우리의 가족들에게 줄 수 있는 최고의 선물은 바로 이 그리스도를 전하는 것입니다. 물론 우리는 의료봉사도 해야 하고, 소년소녀 가장도 도와야 하고 독거노인도 돌봐야하고, 미혼모와 알코올 중독자와 마약 중독자도 돌보고 섬겨야 합니다. 이 모든 봉사가 다 중요하지만 궁극적으로 이 모든 일은 측량할 수 없는 그리스도의 풍성함을 전하기 위함임을 기억해야 합니다. 우리가 봉사하는 것, 선행 하는 것 역시 그리스도의 풍성함을 전하기 위함입니다.

문제는 오늘 내 안에는 그리스도의 풍성함보다 이 세상 탐욕, 정욕의 풍성함이 더 충만하다는 것입니다. 세상의 풍성함이 많으면 많을수록 그리스도의 풍성함은 사라질 수밖에 없습니다. 반대로 말하면, 우리 안에 그리스도의 풍성함이 많으면 많을수록 세상의 풍성함은 점점 사라질 수밖에 없다는 것입니다. 세상의 풍성함과 그리스도의 풍성함은 공존할 수는 없습니다. 우리가 이 비밀을 깨달은 자로서 그리스도의 풍성함을 전하며 살아가려면 오늘 우리 안에 그리스도의 풍성함이 넘쳐 나야 한다는 것을 기억해야 합니다. 내 안에 세상의 풍성함이 아니라 주님이 주시는 풍성함이 넘쳐 나야 합니다. 세상의 풍성함을 사라지게 만들고 그리스도의 풍성함을 채우는 일에 우리가 쓰임받기를 원합니다.

오늘 당신 안에 그리스도의 풍성함이 있습니까? 예수님은 자신이 이 땅에 오신 목적을 이렇게 말씀하셨습니다.

"내가 온 것은 양으로 생명을 얻게 하고 더 풍성히 얻게 하려는 것이라"_요 10:10b

예수님이 이 땅에 오신 목적은 그분의 생명을 우리에게 주시기 위함이지만 그뿐만이 아닙니다. 예수 그리스도 안에서 그 생명을 더 풍성히 얻도록 하기 위함이라고 말씀하십니다. 주님이 원하는 것은 단순히 예수를 믿고 구원을 얻는 데에만 있지 않습니다. 생명을 얻을 뿐 아니라 그 생명의 풍성함을 누리며 살게 하시는 것입니다.

그렇다면 오늘 내 안에 예수님으로 인한 풍성함이 있는지 점검이 필요합니다. 나에게는 용서의 풍성함이 있는지 생각해 봐야 합니다. 누군가는 용서하고 누군가는 미워하는 것이 아닌지 돌아봐야 합니다. 생명의 풍성함이 있는지 살펴야 합니다. 세상이 강조하는 무언가에 얽매이지 않고 자유의 풍성함이 있는 일상인지 생각해야 합니다. 우리가 가진 정서의 어두운 그늘이 기도와 말씀 가운데 사라지는, 치유의 풍성함, 회복의 풍성함이 있는지 생각해 봐야 합니다. 나에게 주님의 통치, 다스림의 풍성함이 일상마다 있는지 돌아봐야 합니다.

사도행전 3장을 보면 베드로와 요한은 물질적으로는 가진 것이 없었지만 그들에게는 예수 그리스도의 이름의 풍성함이 있었습니다. 그래서 성전 미문에 앉아 구걸하던, 나면서부터 앉은뱅이 된 자에게 이렇게 말합니다.

"은과 금은 내게 없거니와 내게 있는 이것을 네게 주노니 나사렛 예수 그리스도의 이름으로 일어나 걸으라"_행 3:6

베드로와 요한에게 세상의 풍성함, 물질의 풍성함은 없었습니다. 그렇지만 그들에게는 예수 그리스도의 풍성함이 있었습니다. 그래서 나면서부터 앉은뱅이 된 자에게 그리스도의 풍성함을 주었습니다. 주님이 우리에게 이 영광스러운 비밀을 지혜와 계시의 영을 통하여 깨닫게 하신 목적은 바로 이 측량할 수 없는 그리스도의 풍성함을 주를 알지 못하는 자들에게 전하게 하려

하신 것입니다.

둘째, 비밀을 아는 자는 담대함과 확신을 가지고 하나님께 나아갑니다.

"우리가 그 안에서 그를 믿음으로 말미암아 담대함과 확신을 가지고 하나님께 나아감을 얻느니라"_엡 3:12

여기 '그를 믿음으로'에서 '그'는 바로 복음의 비밀인 예수 그리스도를 말합니다. 예수를 믿고 영접한 사람, 그 비밀을 깨달은 사람은 담대함과 확신을 가지고 하나님 앞에 나아갈 수 있다는 의미입니다.

본래 거룩하신 하나님 앞에는 아무나 나아갈 수 없습니다. 이사야서를 보면 하나님은 죄 없는 천사도 자신의 발과 얼굴을 날개로 가리고 "거룩하다 거룩하다 거룩하다" 찬양할 수밖에 없을 만큼 거룩하십니다. 그런데 범죄한 인간 중 누가 감히 이 거룩하신 하나님 앞에 나아갈 수 있겠습니까? 어느 누구도 설 수 없습니다. 죄인이 하나님의 거룩함 앞에 나아가면 죽게 됩니다.

그래서 구약을 보면 하나님의 임재가 있는 지성소에는 아무도 들어가지 못하고 일 년에 한 차례 대속죄일에 대제사장만이 들어갈 수 있었습니다. 그냥 들어가지 않고 정결하게 몸을 씻은 뒤

정결한 짐승의 피를 가지고 방울 달린 옷을 입은 채 줄을 달고 들어갔습니다. 만일 부정한 짐승의 피를 가졌다거나 부정한 몸으로 들어가면 그 자리에서 죽었습니다. 그렇다고 해서 누군가 그 제사장의 시신을 꺼내기 위해 들어가면 그 사람도 죽습니다. 그래서 방울 소리가 들리지 않으면 휘장 밖에 있는 사람들이 줄을 가지고 죽은 대제사장의 시신을 끌어내었습니다. 이것은 범죄한 인간 중 어느 누구도 하나님 앞에 나아갈 수 없음을 의미합니다.

그런데 예수님이 십자가에 달려 죽으실 때 어떤 일이 일어났습니까? 성소의 휘장이 위에서부터 아래로 찢어져 둘이 되었습니다.

"이에 성소 휘장이 위로부터 아래까지 찢어져 둘이 되고 땅이 진동하며 바위가 터지고"_마 27:51

예수님이 십자가에 달려 죽으심으로 우리의 죗값이 지불되자 드디어 하나님의 보좌 앞으로 나아갈 수 있는 길이 열린 것입니다. 그래서 히브리서 기자는 그 길을 "새로운 살길"이라고 말했습니다.

"그 길은 우리를 위하여 휘장 가운데로 열어 놓으신 새로운 살길이
요 휘장은 곧 그의 육체니라"_히 10:20

누구든지 예수 그리스도의 보혈을 의지하기만 하면, 그 복음의 비밀을 아는 사람은 거룩하신 하나님의 보좌를 향하여 나아갈 수 있는 새로운 살길이 열렸습니다. 이 비밀을 깨달은 자는 오늘도 때를 따라 돕는 은혜를 얻기 위하여 담대함과 확신을 가지고 하나님의 보좌 앞에 나아갈 수 있게 된 것이고 일상 가운데 함께 모여 하나님께 경배와 찬양을 드리는 것입니다.

우리는 오늘도 연약하여 허물이 많지만, 그럼에도 담대히 주님을 예배할 수 있는 까닭은 하나님께서 그 복음의 비밀을 우리에게 주시고 깨닫게 하셨기 때문입니다. 슬프게도 이 복음의 비밀을 깨닫지 못하는 사람은 예배의 자리에 나오기를 힘들어합니다. 그래서 히브리서 기자는 이렇게 말합니다.

"그러므로 우리는 긍휼하심을 받고 때를 따라 돕는 은혜를 얻기 위
하여 은혜의 보좌 앞에 담대히 나아갈 것이니라"_히 4:16

우리에게는 때를 따라 돕는 하나님의 은혜가 필요합니다. 하나님은 저와 여러분이 예수님께서 열어 놓으신 새로운 살길을 따라서 은혜의 보좌 앞에 담대함과 확신을 가지고 나아올 수 있

기를 원하십니다. 하나님은 이 비밀을 깨달은 저와 여러분이 당돌한 자가 아니라 당당한 자로 담대함과 확신을 가지고 살아가기를 원하십니다.

셋째, 이 비밀을 깨달은 사람은 환난을 당해도 낙심하지 않습니다.

"그러므로 너희에게 구하노니 너희를 위한 나의 여러 환난에 대하여 낙심하지 말라 이는 너희의 영광이니라"_엡 3:13

바울은 에베소 교인들에게 편지하면서 자신이 당하는 여러 가지 환난에 대해 '낙심하지 말고 오히려 영광으로 여기라'고 합니다. 이것을 보면 에베소교회에 바울이 로마의 감옥에 갇혔다는 사실로 근심하고 걱정하는 이들이 있었다는 것을 알 수 있습니다. 하지만 바울은 자신이 갇힌 그 사실에 대해, 자기가 겪는 환난에 대해 낙심하지 않았습니다. 불평하지 않았습니다. 혹은 세상 사람들처럼 "불굴의 정신으로 이 고통을 헤쳐나가겠다"고 말하지도 않았습니다. 불굴의 정신으로 이겨 내는 것은 극기이지 신앙이 아닙니다. 극기와 신앙을 혼동해서도 안 됩니다. 신앙은 극기의 차원이 아니기 때문입니다.

바울은 자신의 잘못이 아닌 복음 때문에 당하는 여러 환난에 대하여 부끄러워하지 않았습니다. 이것은 성령의 도우심으로 환난이 쉬워졌기 때문이 아닙니다. 성령님이 함께하신다고 십자가가 가벼워지지 않습니다. 모든 환난이 그렇듯이 그리스도인이 겪는 환난 역시 똑같이 힘들고 고통스럽고 괴롭습니다. 하지만 바울이 여러 환난에 대하여 낙심하지 않았던 것은 그것이 도리어 영광이라는 사실을 깨달았기 때문입니다.

> "형제들아 내가 당한 일이 도리어 복음 전파에 진전이 된 줄을 너희가 알기를 원하노라"_빌 1:12

바울이 전하는 이 복음 때문에 얼마나 많은 사람이 은혜의 풍성함을 누리게 되었습니까? 바울은 이를 알았던 것입니다. 그래서 환란과 고통 중에도 낙심이 아닌 감사와 기쁨의 고백이 가능했습니다. 사도 바울은 지금 자신이 당하는 갇힘과 모든 고난에 대해 에베소 교회 성도들이 자기와 같은 관점을 가지기를 원했습니다. 비록 고난은 힘들지만 복음으로 인한 고난은 반드시 복음 전파의 유익을 가져다주며 마침내 영광의 상급으로 다가올 것을 믿었기 때문입니다.

이 영광스러운 비밀을 깨달아 아는 자는 고난을 당하고 환난을 당하나 낙심하지 않습니다. 이 비밀을 모르는 자는 고난으로 인해 낙심합니다. 고난의 무게가 중요한 것이 아니라 비밀을 아느냐 모르느냐가 관건입니다.

사랑하는 성도 여러분!

우리는 지혜와 계시의 영으로 말미암아 영광스러운 비밀을 깨달은 사람입니다. 이 복음의 비밀, 만세와 만대로부터 감춰졌던 비밀, 하늘의 천사와 모든 권세도 알 수 없던 이 놀라운 비밀을 지혜와 계시의 영이신 성령을 통하여 알게 되었습니다. 이보다 더 큰 은혜는 없습니다. 이보다 더 큰 축복은 없습니다.

그러므로 이제 우리는 이 비밀을 깨달은 자로서 측량할 수 없는 그리스도의 풍성함을 다른 사람에게 전하는 자로 살아야 하겠습니다. 날마다 담대함과 확신을 가지고 하나님의 보좌 앞에 나아가 때를 따라 돕는 은혜를 구할 수 있기를 바랍니다. 그리고 여러 환난을 당할지라도 낙심하지 않는 삶을 살아갈 수 있기를 바랍니다.

12

여호와를 기뻐하는 사람

시편 37편 3-6절

³ 여호와를 의뢰하고 선을 행하라 땅에 머무는 동안 그의 성실을 먹을거리로 삼을지어다 ⁴ 또 여호와를 기뻐하라 그가 네 마음의 소원을 네게 이루어 주시리로다 ⁵ 네 길을 여호와께 맡기라 그를 의지하면 그가 이루시고 ⁶ 네 의를 빛 같이 나타내시며 네 공의를 정오의 빛같이 하시리로다

오늘 본문 1절에서 '악을 행하는 자들 때문에 불평하지 말며 불의를 행하는 자들을 시기하지 말'라는 이 부분을 새번역 성경

은 이렇게 표현합니다.

"속상해 하지 말며, … 시새워하지 말아라."

우리말성경은 이렇게 번역하고 있습니다.

"초조해하지 말며 … 부러워하지 마십시오."

시편 73편의 저자인 아삽도 악인의 형통을 보고 넘어질 뻔하고 미끄러질 뻔했다고 합니다(시 73:2-3).

아삽이 말하는 악인의 형통은 이런 것입니다. 나는 하나님 말씀대로 살려고 몸부림쳐도 재난과 징벌을 당하고 있는데, 하나님을 믿지 않고 존재를 부정하는 악인은 고난도, 재앙도 없을 뿐 아니라 원하는 것보다 더 많은 소득을 얻는다는 것입니다. 재물은 날로 늘어만 가고, 죽을 때까지 아프지도 않고 고통 없이 죽는 것이 악인의 형통입니다. 그래서 악인은 교만할 대로 교만해져서 폭언과 폭력을 일삼고 심지어는 하나님을 대적하는 말도 서슴지 않게 됩니다. "하나님이 어디 있는데? 나를 봐. 하나님 안 믿어도 잘되잖아! 그런데 하나님 믿는 너는 왜 그래?" 그러나 하나님은 말씀하십니다. 악인의 형통함을 보고 불평하거나 부러워하거나 속상해 하지 말고 시기하지도 말라고 하십니다. 그 까닭은 무엇일까요? 악인의 형통이 영원하지 않기 때문입니다.

"그들은 풀과 같이 속히 베임을 당할 것이며 푸른 채소 같이 쇠잔할 것임이로다"_시 37:2

비록 지금 사람의 눈에는 형통해 보이고 모든 게 잘 되는 것처럼 보이지만 풀이 베이고 푸른 채소가 쇠잔해지듯 속히 시들게 될 것이라는 말입니다. 악인의 형통은 길지 않고 영원하지도 않다는 의미입니다.

또 악인은 반드시 심판을 받기에 악인의 형통을 부러워해서는 안 됩니다.

"진실로 악을 행하는 자들은 끊어질 것이나"_시 37:9

"악인들은 멸망하고 여호와의 원수들은 어린 양의 기름 같이 타서 연기가 되어 없어지리로다"_시 37:20

시편 73편을 보게 되면 아삽은 악인의 형통을 보고 실족하고 미끄러질 뻔했지만 "하나님의 성소에 들어갈 때에야 그들의 종말을 내가 깨달았나이다"(시 73:17)라고 고백하게 됩니다. 여기서 종말은 하나님의 심판을 말합니다.

아삽은 현재 눈에 비친 모습만 보고 실족할 뻔했습니다. 우리도 마찬가지입니다. 지금 내 눈앞의 현실만 바라보게 되면 우리도 악인의 형통으로 인해 실족하고 미끄러질 수 있습니다. 그런데 놀라운 일이 일어납니다. 아삽이 하나님의 성소에 들어가 하나님께 예배하며 기도할 때 하나님께서 그의 눈을 열어주신 것입니다. 그래서 아삽은 "그들의 종말을 내가 깨달았나이다"라고 고백할 수 있었습니다. 하나님은 하나님의 전에 나아가 예배드리고 기도하는 이에게 이런 은혜를 주십니다. 이전의 아삽은 부분적으로만 보았습니다. 자기 눈에 비친 것만 보며 살았습니다. 그런데 하나님께서 눈을 열어 주시자, 그는 부분이 아닌 전체를 볼 수 있었습니다. 현실뿐 아니라 저 영원한 것까지, 아주 멀리 보게 하셨다는 것입니다.

기뻐하라

"또 여호와를 기뻐하라"_시 37:4a

시편 37편 1절과 2절에서 악인의 형통을 부러워하지 말라는 권면을 다소 소극적으로 제시했다면 이후 이어지는 본문에서는 보다 적극적으로 표현합니다. 그래서 이렇게 말합니다.

"여호와를 기뻐하라"_시 37:4

성경에는 '기뻐하라'라는 말이 191번 나옵니다. 여호와를 기뻐하라는 말은 내 느낌, 내 감정, 내가 처한 상황과 환경에 상관없이 그것을 뛰어넘어 여호와로 인하여 적극적으로 기뻐하고 즐거워하는 것을 말합니다. 여기에서 정말 중요한 것은 기쁨의 근거가 나 자신이 아니라 여호와 하나님이시라는 사실입니다. 기쁨의 근거를 자기에게 두면 사람은 금방 기쁨을 잃게 됩니다. 그러나 여호와 하나님을 기쁨의 근거로 두면 이 기쁨은 무엇으로도 빼앗길 수 없습니다.

다윗이 바로 그런 삶을 살았습니다. 잘 아시다시피 다윗은 파란만장하게 살아간 사람입니다. 왕으로 기름부음을 받았지만 사울왕이 그를 미워하여 죽이려고 했습니다. 그래서 10년 넘는 세월을 들과 산에 숨어 지내며 쫓겨 다녀야만 했습니다. 한 달만 누군가에게 쫓기며 살아도 괴로운데 10년이 넘는 세월 동안 도망다니는 삶은 오죽하겠습니까? 얼마나 힘들었으면 다윗이 원수의 나라 블레셋으로 숨어들어갈 생각까지 했겠습니까? 그러나 그곳에서도 골리앗을 죽인 사람이라는 사실이 드러나 죽을 지경에 처하게 됩니다. 그러자 다윗은 침을 흘리고 손으로 벽을 긁어대며 미친 사람 행세를 하여 기적적으로 살아 나왔습니다.

또 다윗은 믿었던 아히도벨에게 배신을 당하기도 합니다. 심지어는 아들 압살롬이 쿠데타를 일으켜 자신을 죽이려고 쳐들어와 도망친 적도 있습니다. 게다가 다윗은 우리아의 아내 밧세바와 간음을 행하는 큰 죄를 짓기도 했습니다. 그것을 숨기기 위해 그의 남편을 전선에 보내서 죽게 만드는 죄악을 저질렀습니다. 이것을 보면 다윗은 정말 허물과 약점이 많은 사람입니다.

이처럼 다윗은 끊임없이 배신당하고 죽음의 위협을 경험했던 사람입니다. 다윗의 주변에는 그를 까닭 없이 시기하고 질투하고 죽이려는 자도 많았습니다. 하지만 다윗은 그러한 상황 속에서도 이렇게 외쳤습니다.

"여호와를 기뻐하라!"

인생에 고난이 없어서가 아닙니다. 둘러보면 자신을 죽이려는 자들이 진을 치고 있었고, 악을 행하는 자들이 다윗을 둘러싸고 있었습니다. 그럼에도 불구하고 다윗은 여호와로 인하여 기뻐하고 즐거워했습니다. 이것은 자신이 완전한 삶을 살아서가 아닙니다. 그에게는 약점도 있고 넘어지기도 했습니다. 그렇지만 다윗은 외쳤습니다.

"여호와를 기뻐하라!"

내 인생이 완전해야 기뻐할 수 있을까요? 어느 누구도 그런 기쁨을 유지할 수 없습니다. 허물과 약점으로 넘어지고 수많은 어려운 환경을 맞이한다 해도, 그럼에도 불구하고 여호와를 기뻐할 수 있다면 그것은 기쁨의 근거가 자신이 아니라 여호와 하나님께 있기 때문일 것입니다. 다윗이 여호와를 기뻐할 수 있었던 이유도 바로 하나님 때문이었습니다. 우리 역시 마찬가지입니다. 우리에게 상처도 있고 허물과 약점도 있지만 오직 여호와로 인하여 기뻐하고 즐거워할 수 있습니다.

하나님의 사람들은 자신이 처한 상황과 상관없이 기뻐하고 즐거워했습니다. 하박국 선지자도 그렇습니다. 그는 모든 것을 다 잃어버리고 말로는 표현할 수 없는 힘든 상황이었지만 구원의 하나님으로 인하여 기뻐하며 즐거워하겠다고 증언합니다.

> "비록 무화과나무가 무성하지 못하며 포도나무에 열매가 없으며 감람나무에 소출이 없으며 밭에 먹을 것이 없으며 우리에 양이 없으며 외양간에 소가 없을지라도 나는 여호와로 말미암아 즐거워하며 나의 구원의 하나님으로 말미암아 기뻐하리로다"_합 3:17-18

아무 것도 없어도 구원의 하나님 한 분으로 인하여 기뻐하고 즐거워할 수 있다는 것입니다.

이사야 선지자도 하나님이 기쁨의 근원이심을 고백했습니다.

"내가 여호와로 말미암아 크게 기뻐하며 내 영혼이 나의 하나님으로 말미암아 즐거워하리니 이는 그가 구원의 옷을 내게 입히시며 공의의 겉옷을 내게 더하심이 신랑이 사모를 쓰며 신부가 자기 보석으로 단장함 같게 하셨음이라"_사 61:10

사도 바울도 마찬가지입니다. 그는 감옥에서도 기뻐하고 또 기뻐했습니다. 성도들에게도 기뻐할 것을 권면했습니다.

이들은 자신이 처한 환경과 상황 때문에 기뻐한 것이 아니었습니다. 자신이 남들보다 더 완전했기에 기뻐한 것도 아니었습니다. 그들은 주께서 인생 가운데 베풀어 주신 그 측량할 수 없는 은혜로 인하여 기뻐하고 기뻐했던 것입니다. 그렇습니다. 은혜를 받으면 기뻐할 수밖에 없습니다. 은혜를 받았다고 말할 때 기뻐하지 않는 사람은 없습니다. 은혜를 받았다고 하면서도 기쁨이 없으면 그것은 은혜 받은 사람이 아니라는 것이지요. 은혜와 은사와 감사가 모두 헬라어 '카라'($\chi\alpha\rho\alpha$, 기쁨)라는 단어에서 유래되었기 때문입니다.

카라($\chi\alpha\rho\alpha$, 기쁨)
카리스($\chi\alpha\rho\iota\varsigma$, 은혜)
카리스마($\chi\alpha\rho\iota\sigma\mu\alpha$, 은사)
유카리스테오($\epsilon\upsilon\chi\alpha\rho\iota\sigma\tau\epsilon\omega$, 감사)

헬라어 원어를 보면 은혜는 '카리스'입니다. 기쁨은 '카라'입니다. '카리스'는 '카라'에서 유래한 단어입니다. 또 은사라는 뜻의 '카리스마'는 '카리스'(은혜)에서 나왔습니다. 그리고 감사가 풍성한 상태를 나타내는 '유카리스테오'라는 단어도 '카리스'에서 유래되었습니다. 놀랍게도 기쁨, 은혜, 은사와 감사가 모두 기쁨과 연결된 것입니다. 그러므로 은혜에 기뻐하고 감사하는 것은 무척이나 자연스러운 일입니다.

생각해 보십시오. 하나님이 나같은 죄인을 구원하셨는데 기뻐하지 않을 수 있겠습니까? 사람에게 배신당했다고 그 기쁨을 잃어버릴 수 있을까요? 사업에 부도가 났다고 해서 그 구원의 기쁨을 잊어버린 채 예배에 빠질 수 있을까요? 잘 생각해 봐야 합니다. 하나님이 나같은 죄인을 구원해 주시고 변함없는 사랑으로 지금도 나를 사랑하십니다. 그리고 세상 끝날까지 우리와 함께 하신다 약속하시며 그 약속의 말씀을 이루고 계십니다. 이 은혜 가운데 있는 우리는 기쁨을 빼앗길 어떠한 이유도 찾을 수 없는 것입니다.

그러므로 만약 우리에게 기쁨이 사라지고 슬픔과 외로움이 밀려오면 가장 먼저 하나님이 내게 베풀어 주신 은혜를 기억해 봐야 합니다. 내 인생에 부어 주신 그 하나님의 은혜를 생각해야 합니다.

이런 찬양이 있습니다.

주의 사랑을, 주의 선하심을
주의 은혜를 생각해 보라
하늘보다도 더 높으신
아버지의 사랑 크고 놀랍네
아버지 사랑 크고 놀랍네

내 영혼의 기쁨이 사라지고 어느 순간 슬픔이 몰려온다면, 우리는 가장 먼저 하나님이 내 인생에 베풀어 주신 은혜를 기억해야 합니다. 받은 은혜를 다시 한번 묵상해야 합니다. 우리가 겪는 모든 고난보다 우리에게 주신 하나님의 은혜가 분명 더욱 크기 때문입니다. "여호와를 기뻐하라"는 말은 내 느낌과 감정, 상황과 환경에 상관없이 그것을 뛰어넘어 주님이 내 인생 가운데 베풀어 주신 그 놀라운 은혜를 인하여 기뻐하라는 말입니다.

여호와를 기뻐하는 것은 곧 여호와를 의뢰하고 선을 행하는 것입니다.

"여호와를 의뢰하고 선을 행하라 땅에 머무는 동안 그의 성실을 먹을거리로 삼을지어다"_엡 3:3

여호와를 의뢰한다는 것은 여호와를 신뢰하는 것입니다. 그래서 히브리서 11장 6절에서 "믿음이 없이는 하나님을 기쁘시게 하지 못하나니 하나님께 나아가는 자는 반드시 그가 계신 것과 또한 그가 자기를 찾는 자들에게 상 주시는 이심을 믿어야 할지니라"라고 말하는 것입니다. 어렵고 이해할 수 없는 상황 속에서도 주님을 의지한다고, 하나님을 신뢰한다고 믿음으로 고백할 때 하나님은 기뻐하십니다. 나를 믿고 신뢰하는 사람이 있다면 기분이 좋습니다. 하물며 하나님을 전적으로 신뢰하는 사람을 보시는 하나님은 오죽하시겠습니까? 어떤 상황에도 하나님을 신뢰하며 믿음의 고백을 드릴 때 하나님은 그 믿음을 기뻐하십니다.

"여호와를 의뢰하고 선을 행하라"는 말씀은 하나님을 신뢰하는 자만이 선을 행할 수 있음을 의미합니다. 도덕적 의미의 선을 비롯해 하나님께서 보시기에 아름다운 모든 것을 행하라는 말입니다.

"성실을 먹을거리로 삼을지어다"의 의미는 우리가 매일 음식을 먹어야 사는 것처럼 선을 행하는 일을 멈추지 말고 계속하라는 것입니다. 어디에 있든 하나님의 사람으로서 끝까지 최선을 다하라는 것입니다. 가정과 직장에서 선을 행하다 낙심하지 말고 여호와를 의뢰하며 멈추지 않고 계속해서 선을 행하여야 합니다. 성경의 요셉 역시 최선을 다했습니다. 그는 노예로 팔려 보디발의 집에 왔지만 최선을 다했습니다. 다윗은 어린 목동일 때에도 양 떼를 지키기 위해 최선을 다해 목숨 걸고 곰과 싸웠습니다. 하나님은 이렇게 주어진 일에 최선을 다하는 사람을 부르시고 사용하십니다.

여호와를 기뻐하는 것은 나의 길을 여호와께 맡기는 것입니다.

"네 길을 여호와께 맡기라 그를 의지하면 그가 이루시고"_시 37:5

맡긴다는 것은 곧 의지한다는 것이기 때문에 '맡기다'와 '의지하다'는 동일한 의미를 가집니다. 맡기고 의지하는 것이 바로 믿음입니다. 그래서 성경에는 맡기라는 말씀이 많습니다.

"너희 염려를 다 주께 맡기라 이는 그가 너희를 돌보심이라"_벧전 5:7

"너의 행사를 여호와께 맡기라"_잠 16:3a

우리는 주님께 맡겨드릴 것이 사실 많습니다. 심지어 영혼도 주님께 맡겨야 합니다. 우리 주님도 그렇게 하나님께 영혼을 맡기셨습니다.

"아버지 내 영혼을 아버지 손에 부탁하나이다"_눅 23:46b

자녀도 주님께 맡기는 게 중요합니다. 인생도 맡기는 게 중요합니다. 하지만 사람들은 "인생은 어차피 자기가 알아서 사는 것"이라며 하나님께 맡기지를 않습니다. 근심, 걱정, 두려움 인생의 모든 것을 주님께 맡기지 않고 자기 혼자서 해결하려고 합니다. 이것은 겸손한 모습이 아닙니다. 교만입니다. 하나님은 우리에게 '맡기라'고 말씀하시는데 내 문제를 스스로 해결하려 든다면 참으로 교만한 것입니다. 그러면 하나님께 맡기려면 어떻게 해야 할까요?

기도해야 합니다. 하나님의 사람은 기도를 통해 자신의 길을, 모든 인생을 주님께 맡깁니다. 새벽기도를 드리는 이유는 무엇입니까? 하루의 삶을 맡기고 시작하기 위해서입니다. 우리가 인생을 주님께 맡긴다면 출근하자마자 잠깐이라도 업무 시작하기 전에도 기도하고, 공부하기 전에도 기도해야 합니다. 운전할 때도, 결혼 예배에서도 기도해야 합니다. 그래야 우리 모든 삶을 주님께 진실로 맡길 수 있기 때문입니다. 여호와 하나님께 맡기는 삶은 곧 기도하는 삶입니다.

이렇게 우리가 기도로 나의 길을 맡기고 여호와 하나님을 의지할 때에 하나님께서 무엇을 약속하셨습니까?

"그가 이루시고 네 의를 빛 같이 나타내시며 네 공의를 정오의 빛 같이 하시리로다"_시 37:5b-6

하나님께 맡기면 하나님이 이루십니다. 정오의 빛같이 빛나게 하십니다. 존경받는 인물이 되어 선한 영향력 있는 사람으로 세워주신다는 약속이기도 합니다. 그러므로 자녀들에게 돈 버는 법, 출세하는 법을 가르치지 말고 어떤 상황에 있든지 하나님을 끝까지 믿고 의지하는 법을 가르쳐야 합니다. 기도를 통해서 모든 염려를 하나님께 맡기는 법을 가르쳐야 합니다. 이것이 성공의 비결입니다.

약속된 복

여호와를 기뻐하는 자에게는 약속된 복이 있습니다.

"또 여호와를 기뻐하라 그가 네 마음의 소원을 네게 이루어 주시리로다"_시 37:4

여호와를 기뻐하는 이유는 우리가 완전해서도 아니고 고난이 없어서도 아닙니다. 우리는 여전히 연약하지만 하나님께서 우리에게 베풀어 주신 은혜로 인해 기뻐하고 즐거워한다 했습니다. 그렇게 하나님을 기뻐하면 하나님께서 그 마음의 소원을 이루어 주신다는 것입니다. 여기서 중요한 것은 순서입니다. 마음의 소원이 먼저가 아니라 여호와를 기뻐하는 것이 먼저입니다. 하지만 우리는 순서를 바꿔 생각합니다. 하나님이 내 마음의 소원을 들어주시고 내 소원이 응답 되면 그때 기뻐하겠다고 하는 것이지요. 이것은 잘못되었습니다. 이 정도는 하나님을 믿지 않는 사람들도 다 할 수 있습니다. 무엇보다 먼저 여호와를 기뻐하는 것은 아무나 할 수 없습니다. 실패와 배신과 슬픔이 찾아오는 와중에 기뻐하는 것은 아무나 할 수 없습니다. 은혜를 받은 자만이 할 수 있습니다. 하나님을 의지하고 신뢰하는 자만이 할 수 있습니다. 인생의 모든 염려를 기도를 통해 맡기는 자만이 할 수 있습니다. 그러므로 여호와를 기뻐하는 일이 먼저입니다. 마음의 소원이 먼저가 아니라 여호와를 기뻐하는 것이 먼저입니다.

하나님은 어째서 여호와를 기뻐하는 자에게 마음의 소원을 이루어 주시겠다 약속하셨을까요? 그것이 하나님께서 일하시는 방식이기 때문입니다. 하나님은 우리 안에 소원을 두고 일을 행하십니다. 그래서 다윗은 "네 마음의 소원대로 허락하시고 네 모든 계획을 이루어 주시기를 원하노라"(시 20:4)라고 고백했습니다. 바울도 "너희 안에서 행하시는 이는 하나님이시니 자기의 기쁘신 뜻을 위하여 너희에게 소원을 두고 행하게 하시나니"(빌 2:13)라고 말했습니다.

하나님은 우리 밖에서부터 일을 시작하시는 게 아니라 우리의 내면, 우리의 생각으로부터 일을 시작하십니다. 그래서 먼저 하나님 그분의 기쁘신 뜻을 이루기 위해 우리 안에 소원을 두고 행하십니다. 그러나 우리는 일단 당장 우리가 처한 상황과 환경이 바뀌기를 기도합니다. 내가 기도하면 당장 어떤 상황이 바뀌리라 기대합니다. 이것은 오해입니다. 하나님은 우리의 주변과 울타리에서 일을 시작하시는 분이 아니라 먼저 우리의 내면, 우리 안에서부터 일을 시작하시는 분입니다. 우리의 마음 가운데 일하셔서 생각을 변화시키십니다. 그러므로 하나님이 주시는 마음의 소원을 가지는 것이 중요합니다.

그러면 내 마음의 소원이 하나님이 주시는 것인지 내 소원인지 어떻게 구별할 수 있을까요? 빌립보서 2장 13절은 이렇게 기록합니다.

"자기의 기쁘신 뜻을 위하여 너희에게 소원을 두고 행하게 하시나니"_빌 2:13b

내 안의 소원이 하나님께서 기뻐하시는 것인지 아닌지 점검해 보면 알게 됩니다. 아무리 내 마음의 소원이 불타올라도 그것을 하나님이 기뻐하실지 물어보십시오. 단번에 분명해집니다. 말씀에 비추어 봤을 때 하나님이 기뻐하시지 않는 소원이라면 그것은 내 소원이지 하나님이 주시는 것이 아닙니다. 그러므로 '마음의 소원을 이루어' 주신다는 것은 모든 욕구와 욕망을 충족시켜 주신다는 뜻이 아닙니다.

하나님의 손에 붙들린 바 되어 쓰임받았던 사람들을 보십시오. 그들에게는 하나님이 기뻐하시는 마음의 소원이 있었습니다. 엘리사에게는 선지자 엘리야가 가졌던 그 성령의 역사가 갑절로 있기를 원하는 마음의 소원이 있었습니다. 또 갈렙에게는 "이 산지를 내게 주소서"라는 마음의 소원이 있었습니다. 여리고 성의 소경은 "주여 내가 보기를 원하나이다"라는 마음의 소원이 있었습니다. 사도 바울에게는 로마에 가서 복음 전하기를 원하는 마음의 소원이 있었습니다. 오늘 본문의 다윗에게도 악을 행하는 자들에게 공의로우신 하나님의 심판이 이루어지기 원하는 마음의 소원이 있었습니다.

하나님께서 우리 안에 소원을 두고 행하신다는 말은 하나님께서 우리 한 사람, 한 사람을 통해 일하기 원하시는 계획이 있다는 것을 의미합니다. 하나님은 어떤 일을 이루시고자 하실 때 사람의 마음속에 소원을 주십니다. 그러므로 하나님을 기뻐하는 우리들의 마음에는 불타오르는 소원이 있어야 합니다. 오늘 우리의 마음의 소원은 무엇입니까? 로또에 당첨되어 인생의 역전을 경험하는 것입니까? 혹 아파트 평수를 늘리는 것입니까? 이런 것은 참된 마음의 소원이 될 수 없습니다. 하나님의 하나님 되심을 드러내는 것이 우리 마음의 소원이어야 합니다. 하나님의 나라가 확장되는 것이 마음의 소원이어야 합니다.

하나님의 사람은 여호와로 인하여 기뻐하는 사람입니다. 내 느낌, 내 감정과는 상관없이, 내가 처한 상황과 환경을 뛰어넘어 주님이 내게 베풀어 주신 그 놀라운 은혜와 사랑으로 인해 기뻐하고 또 기뻐하는 이가 하나님의 사람입니다.

"여호와를 기뻐하는 것이 너희의 힘이니라"_느 8:10b

여호와로 인해 기뻐하는 것은 우리의 간구와 기도를 뛰어넘는 가장 강력한 영적인 무기입니다. 우리 모두 여호와를 기뻐하므로 하나님이 주신 마음의 소원이 이루어지기를 원합니다.

13

생각을 지키는 사람

고린도후서 10장 5절

하나님 아는 것을 대적하여 높아진 것을 다 무너뜨리고 모든 생각을 사로잡아 그리스도에게 복종하게 하니

사람이 짐승과 다른 점은 바로 생각하는 존재라는 것입니다. 짐승은 본능을 따라 살아갑니다. 그래서 우리는 본능을 따라 사는 사람을 짐승같은 사람이라고 말합니다. 그러나 대부분의 인간은 생각을 하고, 그 생각에 따라 말하고, 그 생각을 따라 결정을 내리고 행동합니다.

그리스의 철학자 아리스토텔레스는 사람을 '생각하는 동물'이라고 정의했습니다. 프랑스의 문학가이자 철학자, 과학자였던 파스칼은 그의 저서 '팡세'에서 "인간은 생각하는 갈대"라고 했습니다. 인간은 자연 세계에서 가장 약한 존재이지만 생각할 수 있는 능력 때문에 가장 존엄한 존재가 된다는 것입니다.

철학자 데카르트 역시 "나는 생각한다, 그러므로 나는 존재한다"라는 유명한 말을 남겼습니다. 그렇습니다. 우리 인간은 생각함으로 존재합니다. 그러므로 죽은 자는 말이 없습니다. 저희 어머님이 돌아가셨을 때 아무리 붙잡고 소리치며 울어도 어머니는 말씀이 없었습니다. 왜 죽은 자는 말이 없을까요? 생각이 없기 때문입니다. 그러므로 오늘 내가 살아 있다는 것은 내 안에 많은 생각이 있음을 의미합니다.

우리의 생각에는 좋은 생각, 믿음의 생각, 아름다운 생각만 있지 않습니다. 더러운 생각, 음란한 생각, 부정적인 생각, 열등의식도 우리 안에 있습니다. 고뇌에 찬 생각도 있습니다. 오귀스트 로댕(Auguste Rodin)의 작품 '생각하는 사람'을 보면 한 사람이 벗은 채로 바위에 엉덩이를 걸치고 턱을 오른팔에 괴고 있고 그 오른팔은 왼쪽 다리에 팔꿈치를 얹고 있습니다. 이 조각상은 단테의 '신곡'에 나오는 지옥문 위쪽 중앙에 배치되어 있습니다. 조각상 아래 지옥문에는 지옥에서 고통받는 200여 인물상이 조각되어 있습니다. 이것을 보면 이 작품이 말하려고 하는 바를 알 수 있습니다. 로댕은 이 작품을 통해 지옥에 떨어지기 전에 고뇌하며 고통받는 인간의 모습이 어떠한지, 지옥에 떨어져 고통받는 사람들을 바라보는 자의 마음이 어떠한지 표현하고 있습니다. 그러니까 지옥의 고통 속에 있는 이들을 바라보는 고뇌를 이 작품으로 표현한 것입니다.

우리 삶에 생각이 얼마나 중요한지 모릅니다. '생각은 말을 낳고, 말은 행동을 낳고, 행동은 습관을 낳고, 습관은 인격을 낳는다'는 말이 있습니다. 우리의 말과 행동은 생각과 절대적으로 밀접한 관련이 있습니다. 예수님은 바리새인들에게 "마음에 가득한 것을 입으로 말함이라"(마 12:34b)고 책망하셨습니다. 우리의 말과 행동, 습관과 좋은 인격은 생각과 깊은 관련이 있다는 것을 알 수 있습니다.

그러므로 말을 바꾸려고 하기 전에 먼저 생각을 바꾸어야 합니다. 어떤 생각을 하느냐에 따라 말이 달라지고, 말이 달라지면 행동이 달라지고, 행동이 달라지면 습관이 바뀌고 마침내 그 습관이 우리의 인격이 되기 때문입니다.

건강 역시 생각과 깊은 관련이 있습니다. 일본의 작가 하루야마 시게오(春山茂雄)가 쓴 『뇌내혁명』이라는 책은 즐거운 감정만이 노화를 방지하고 기억력을 좋게 하는 뇌내 모르핀을 생성시킨다고 주장합니다. 반면 불쾌한 감정은 뇌에서 부신 아드레날린 호르몬을 분비해 고혈압, 심장병, 골다공증, 정신병을 유발한다고 합니다.

생각의 중요성

인간은 생각의 결정체이기 때문에 생각이 중요합니다.

"땅이여 들으라 내가 이 백성에게 재앙을 내리리니 이것이 그들의 생각의 결과라"_렘 6:19a

이스라엘 백성이 하나님으로부터 재앙을 당한 것은 그들의 생각의 결과라는 것입니다. 많은 경우 우리가 당하는 어려움도 생각의 결과일 수 있습니다. 오늘의 나는 사실 어제 한 생각의 결과입니다. 어제의 내 생각이 오늘의 나를 결정한 것입니다.

하나님의 사람이던 욥이 왜 말로 표현할 수 없는 고난을 당했습니까? 전체적인 맥락에서보면 "어찌 까닭 없이 하나님을 경외하리이까"라는 사탄의 참소 때문입니다. 그런데 욥의 고난을 자세히 들여다보면 욥의 평소 생각을 알 수 있습니다. 욥은 고난당할 때 이렇게 말합니다.

"내가 두려워하는 그것이 내게 임하고 내가 무서워하는 그것이 내 몸에 미쳤구나"_욥 3:25

욥은 하나님께서 인정하고 칭찬할 만큼 순전하고 정직한 사람이었습니다. 하나님을 경외하며 악에서 떠난 사람이었습니다. 그러나 그는 이런 생각을 했던 것입니다. 하나님이 내게 주신 이 많은 재산이 하루아침에 사라져 버리면 어찌할까? 저렇게 사랑하는 자녀들이 나보다 먼저 세상을 떠나면 어떻게 하나? 지금은 내가 이렇게 건강하지만 나의 몸이 병들면? 아내가 이런 나의 모습을 보고 혹시 나를 욕하고 배반하지는 않을까?

이처럼 자신이 두려워하고 무서워하던 그것이 그대로 인생과 육신에 미쳤다는 것입니다. 욥은 행복한 순간에도 불행을 생각하고 연출했습니다. 그리고 자기가 생각한 그대로 이루어졌습니다.

사람의 행복과 불행도 생각에 의해 결정됩니다. 삶의 만족과 불만도 따지고 보면 생각에 따라 달라집니다. 사람은 생각에 따라서 행복할 수 있고 생각에 따라서 불행해질 수도 있습니다. 사람의 소유가 그의 행복을 결정하지 않습니다. 옥탑방에 살면서도 행복한 사람이 있는가 하면 100억 넘는 고급 빌라에 살면서도 불행한 사람이 있습니다. 한 달 생활비 30만 원을 가지고도 자족하는 사람이 있는가 하면, 3천만 원을 가지고도 만족하지 못한 사람이 있습니다. 문제는 생각입니다. 생각이 열쇠입니다.

하나님의 사람 바울을 보십시오. 그는 아무것도 가진 게 없었지만 "모든 것을 가진 자로다"(고후 6:10b)라고 했습니다. 무엇도 갖지 못했으나 보배이신 예수 그리스도를 소유했기에 바울은 스스로가 모든 것을 가진 자라고 생각한 것입니다.

모든 생각을 그리스도에게 복종시키라

주님을 닮은 제자로서 살아갈 때에도 생각이 중요합니다. 특히 영적 전쟁에서 생각이 얼마나 중요한지 모릅니다.

> "하나님 아는 것을 대적하여 높아진 것을 다 무너뜨리고 모든 생각을 사로잡아 그리스도에게 복종하게 하니"_고후 10:5

사도 바울은 자신을 비난하고 대적하는 자들과의 영적 전쟁을 말하면서 "모든 생각을 사로잡아 그리스도에게 복종하게" 하라고 말합니다.

사람들은 자기 마음대로 살아가는 것을 자유라고 생각합니다. 무엇으로부터 벗어나는 것이 자유라고 생각합니다. 그러나 성경은 하나님으로부터 벗어나는 것은 진정한 자유가 아니라고, 도리어 하나님께 향하는 것이 자유라고 선언합니다. 성경은 타락한 죄성으로 가득 찬 내 생각의 견고한 요새를 무너뜨리고 생각을 사로잡아 주님의 말씀과 권위 아래 복종시킬 때 참으로 자유하게 될 것이라 말합니다. 그래서 예수님은 "진리를 알지니 진리가 너희를 자유롭게 하리라"(요 8:32)고 선포하셨으며 "아들이 너희를 자유롭게 하면 너희가 참으로 자유로우리라"(요 8:36)라고 말씀하셨습니다. 그러므로 이 영적인 전쟁에서 승리하려면 나의 모든 생각을 사로잡아 그리스도께 복종시켜야 합니다.

우리는 왜 모든 생각을 사로잡아 그리스도에게 복종시켜야 합니까? 생각은 원수 마귀가 침입하는 통로가 되기 때문입니다. 우리 삶에서 가장 치열한 영적 전쟁이 일어나는 곳이 어디입니까? 바로 생각입니다. 사탄은 생각이 그 사람의 인격과 삶과 행동을 지배한다는 것을 너무나 잘 알고 있습니다. 좋은 생각을 하면 좋은 행동이 나오고 더러운 생각을 하면 더러운 말과 행동이 나온다는 것을 너무나 잘 알고 있습니다. 그래서 인간의 생각을 늘 지배하기 위해 제일 먼저 우리 마음과 생각을 공격합니다.

아담과 하와를 보십시오. 마귀가 어떻게 공격했습니까? 네가 이것을 먹으면 눈이 밝아 하나님과 같이 될 수 있다는 '생각'을 심었습니다. 이전까지는 아무리 선악과를 보아도 먹고 싶지 않았는데 어느 날 갑자기 그의 마음에 다른 생각이 들어옵니다.

> "여자가 그 나무를 본 즉 먹음직도 하고 보암직도 하고 지혜롭게 할 만큼 탐스럽기도 한 나무인지라"_창 3:6a

하와는 이런 생각이 들어왔을 때 그 생각을 사로잡아 하나님 말씀에 복종시켜야 했습니다. 하지만 그렇게 하지 않고 마귀가 주는 생각을 그대로 받아들였습니다. 그래서 마침내 그 열매를 따 먹고 남편에게도 주었습니다. 가룟 유다를 보십시오.

> "마귀가 벌써 시몬의 아들 가룟 유다의 마음에 예수를 팔려는 생각을 넣었더라"_요 13:2

가룟 유다는 생각을 사로잡아 그리스도에게 복종시키지 못했습니다.

사단은 이렇게 우리의 생각을 파고듭니다. 나를 넘어뜨리기 위해 내 사고부터 점령합니다. 우리 생각과 판단력을 흐리게 만듭니다. 복음을 받아들이지 못하도록 사람의 마음을 혼미케 합니다. 평범한 일들을 아주 심각하고 복잡하게 생각하도록 합니다. 그래서 실제로 일어나지 않는 문제를 가지고 두려워하고 염려하기도 합니다. 그것을 가지고 밤새도록 고민합니다. 그렇게 밤을 새워 고민한다고 해서 문제가 해결될까요? 사탄은 항상 우리의 생각 속에 역사하여 우리 생각과 마음을 지배하려 합니다.

그래서 성경은 "모든 지킬만한 것 중에 더욱 네 마음을 지키라"(잠 4:23)고 말씀합니다. 우리의 삶 속에서 가장 치열한 영적 전쟁이 벌어지는 곳은 생각입니다. 마음입니다. 생각이 흔들리면 가치관이 흔들립니다. 생각이 흔들리면 어두워지고 짜증이 나기 시작합니다. 어느덧 배우자가 좋아 보이지 않습니다. 그가 하는 일마다 미워집니다.

마귀가 사람의 생각을 지배하게 되면 그의 행동이 달라집니다. 공격적이고 부정적이고 비판적인 사람이 됩니다. 그래서 오늘 주님은 모든 생각을 사로잡아 그리스도에게 복종시키라고 말씀하십니다.

우리가 모든 생각을 사로잡아 그리스도에게 복종시켜야 하는 또 다른 이유는 생명과 평안의 복을 누리기 위함입니다.

"육신의 생각은 사망이요 영의 생각은 생명과 평안이니라"_롬 8:6

육신의 생각과 영의 생각이 있습니다. 육신의 생각은 육신의 소욕을 따라 살고 싶어하는 것을 말하고 영의 생각은 성령의 인도하심을 따라 사는 생각을 말합니다. 이 다음 구절에서는 "육신의 생각은 하나님과 원수가" 된다고 말씀합니다. 그러므로 육신의 생각의 열매는 사망입니다. 근심과 염려입니다. 죄성을 가진 우리는 감정과 욕망의 지배를 따라 살아가면 불행해집니다. 그러나 우리의 생각이 성령의 지배를 받으면 생명과 평안의 축복을 누립니다. 평안이 없는 축복은 진정한 축복이 아닙니다. 아무리 많은 돈을 소유했어도 높은 지위를 가졌을지라도 오늘 내 안에 평안이 없으면 그것은 축복이 아닙니다.

왜 우리가 우리의 생각을 사로잡아 그리스도에게 복종시키는 삶을 살아야 합니까? 육신의 생각을 버리고 영의 생각을 따르면 생명과 평안의 축복이 우리 가운데 임하기 때문입니다.

사도 바울을 보십시오. 그의 생각은 계속해서 아시아에서 복음을 전하는 것입니다. 하나님의 생각은 복음이 아시아가 아니라 유럽으로 건너가는 것이었습니다. 그래서 하나님은 바울이 그분의 생각을 마게도냐 사람의 환상을 통해 깨닫게 하셨습니다. 바울은 자기의 생각을 버리고 성령의 인도하심을 받아 유럽으로 건너와 복음을 전했습니다. 하지만 귀신 들려 점을 치는 여종을 자유롭게 해주었다는 것 때문에 억울하게 누명을 쓰고 얻어맞고 감옥에 들어갔습니다. 그럼에도 바울과 실라의 마음속에 놀라운 평안이 있었습니다. 그래서 그 깊은 밤 쇠사슬에 묶인 채로 하나님을 찬양하기 시작했습니다. 이렇게 모든 생각을 사로잡아 그리스도에게 복종시켜야 영적 전쟁에서 승리할 수 있고 생명과 평안의 축복을 누릴 수 있습니다.

군사적인 단어들

 모든 생각을 사로잡아 그리스도에게 복종시키는 것은 쉬운 일이 아닙니다. 내 안에 끓어오르는 미움, 복수하고 싶은 마음, 음란한 생각이나 게으름의 생각, 죽고 싶은 생각을 받아들이지 않고 물리친다는 것은 정말 어렵습니다. 그래서 모든 생각을 사로잡아 그리스도에게 복종하게 하라는 말씀 안에 군사적인 단어들이 등장합니다.

 "모든 생각을 사로잡아"
 전쟁 중에 적군을 산 채로 사로잡기란 쉬운 일이 아닙니다. 이 말은 전쟁터에 나간 군인들이 적군을 사로잡아 오듯이 우리의 생각에 들어오는 수많은 사탄의 생각들, 나의 영을 대적하며 하나님의 성령을 근심케 하는 생각들, 믿음의 성장을 가로막는 생각들을 적군의 포로를 사로잡듯 잡아와야 된다는 말입니다.
 전쟁터에서 방심하면 적군을 사로잡을 수 없듯이 정신을 바짝 차리고 내게 들어오는 생각들을 살펴야 합니다. 이것이 사탄이 주는 생각인지 생각해 보고 내 영을 대적하는 생각이 들면 과감하게 예수의 이름으로 물리쳐야 합니다.

 "복종하게 하니"

'사로잡아' 다음에 나오는 단어가 바로 '복종'입니다. 복종은 군대에서 가장 많이 사용되는 말입니다. 복종은 싫어도 무조건 해야 합니다. 새가 머리 위로 날아가는 것을 막을 수 없듯이 생각이 우리 안에 들어오는 것 자체를 막을 수는 없습니다. 하지만 그 새가 내 머리 위에 둥지를 틀지 못하게 해야 합니다. 좋지 못한 생각이 내 안에 뿌리내리지 못하게 해야 한다는 말입니다. 욕심은 죄가 아니지만 욕심이 잉태되면 죄가 되는 것입니다. 그러면 욕심을 잉태하게 만드는 것이 뭡니까? 바로 생각입니다. 그러므로 군인이 자기의 생각과 상관없이 복종해야 하는 것처럼 우리 역시 부정적인 생각, 미움의 생각, 복수하고 싶은 생각, 음란한 생각, 죽고 싶은 생각을 사로잡아 그리스도에게 복종시켜야 합니다.

우리 예수님은 겟세마네 동산에서 이렇게 기도하셨습니다.

"내 아버지여 만일 할 만 하시거든 이 잔을 내게서 지나가게 하옵소서 그러나 나의 원대로 마시옵고 아버지의 원대로 하옵소서"

_마 26:39

예수님의 자아는 그 고난의 잔을 마시고 싶지 않았습니다. 그러나 주님은 흘리는 땀방울이 핏방울이 되도록 기도하시면서 자기의 생각을 사로잡아 아버지 앞에 복종시키셨습니다.

아람의 군대장관 나아만 역시 자신의 생각을 사로잡아 말씀에 복종시켰습니다. 나아만이 한센병에 걸려 엘리사를 찾아갔습니다. 그런데 엘리사는 나오지도 않고 그의 종이 나와 이렇게 전하는 것입니다.

"너는 가서 요단강에 몸을 일곱 번 씻으라 네 살이 회복되어 깨끗하리라"_왕하 5:10

나아만은 화가 났습니다. 당장 돌아가려 했지만 종들의 권유로 다시 생각을 사로잡아 그 말씀에 복종했습니다. 그래서 자신의 지위나 체면을 내려놓고 요단강에 들어가 몸을 일곱 번 씻었습니다. 그 결과, 깨끗이 고침받는 기적을 경험했습니다. 내 생각을 사로잡아 예수 그리스도께 복종하면 놀라운 기적이 일어납니다.

그러기 위해서는 먼저 하나님의 생각이 내 생각이 되게 해야 합니다. 이를 위해 말씀을 많이 읽고 묵상해야 합니다. 왜냐하면 하나님의 말씀은 살아 있고 활력이 있어 좌우에 날선 어떤 검보다 예리하여 혼과 영과 및 관절과 골수를 찔러 쪼개기까지 하며 또 마음의 생각과 뜻을 판단하기 때문입니다(히 4:12).

또 내게 베풀어 주신 그 사랑과 그 선하심과 그 은혜를 생각하며 살아야 합니다. 생각이 중요합니다. 생각을 지키고 모든 생각을 사로잡아 그리스도에게 복종시키는 것이 중요합니다. 그렇게 된다면 사탄의 강력한 진을 파괴할 수 있고 영적 전쟁에서 승리할 것입니다. 생명과 평안의 축복을 누릴 것입니다. 그리고 놀라운 기적을 경험할 것입니다.

14

현미경이 아닌
망원경으로 인생을 보는 사람

시편 37편 1-2절

¹ 악을 행하는 자들 때문에 불평하지 말며 불의를 행하는 자들을 시기하지 말지어다 **²** 그들은 풀과 같이 속히 베임을 당할 것이며 푸른 채소같이 쇠잔할 것임이로다

성경에는 의인과 악인에 대한 말이 참 많이 나옵니다. 그런데 의인과 악인 중 어떤 말이 더 많이 기록되어 있을 것 같습니까? 놀랍게도 악인이 더 많이 기록되어 있습니다. 의인이라는 단어는 189회 사용되지만 악인이라는 단어는 246회나 등장합니다.

시편에도 의인은 44회 표현되지만 악인은 82회나 나옵니다. 당장 시편 1편만 보아도 의인이라는 단어는 2회 사용되지만 악인이라는 단어는 4회 나옵니다.

그렇다면 성경이 말하는 그 '악인'은 누구일까요?

세상에서 말하는 악인은 세상의 윤리나 도덕 규범에 비추어 보았을 때 그 기준에 역행하거나 미치지 못하는 자를 말합니다. 즉 품행이 못된 자로서 남에게 해악을 끼치는 사람, 사회가 금한 것을 어기는 사람, 범법자 등이 이에 속합니다.

하지만 세상이 말하는 악인과 성경 속 악인은 본질상 차이가 있습니다. 성경 속 악인은 히브리어로 라샤(רשע)인데 기본적인 뜻은 '신이 없는', '신을 믿지 않는', '불경건한', '사악한'이라는 뜻을 가지고 있습니다. 그러므로 성경이 말하는 악인은 하나님을 믿지 않고 하나님과 상관없이 살아가는 자를 의미합니다. 따라서 악인은 하나님을 알지 못하고 하나님을 떠나서 자신의 뜻을 따라 생각하고 말하고 행동하는 자입니다.

'권선징악(勸善懲惡)'이라는 사자성어가 있습니다. 착한 것을 권하고, 악한 것을 징벌한다는 의미입니다. 그러니까 권선징악에 의하면 착한 사람은 잘되어야 하고 악을 행하는 자는 벌을 받아야 합니다. 의인은 상을 받아야 하고 악인은 심판을 받아야 합니다. 그래서 다리를 다친 제비를 치료해 준 착한 흥부는 복을 받아 부자가 되었고, 일부러 제비의 다리를 부러뜨린 놀부는 벌을 받았습니다. 이 이야기대로 되는 것이 세상이 말하는 사필귀정, 권선징악입니다.

그런데 우리가 사는 세상은 꼭 그렇지만은 않습니다. 하나님과는 상관없이 악을 행하며 인생을 살아가는 악인이 의인보다 더 복을 받고 더 건강하고 더 오래 살 때도 많다는 것입니다. 주변을 조금만 둘러보고 사회를 살펴보면 정말 그런 일들이 일어납니다. 그래서 많은 사람이 악인의 형통을 보고 불평하는 일이 생깁니다.

> "나는 거의 넘어질 뻔하였고 내 걸음이 미끄러질 뻔하였으니 이는 내가 악인의 형통함을 보고"_시 73:2-3a

시편 73편은 아삽이 쓴 시입니다. 이 사람의 고백을 보면 악인의 형통함을 보고 넘어질 뻔했고, 미끄러질 뻔했다는 것입니다. 의인보다 악인이 복을 받는 그 모습, 선을 행하지 않아도 잘 사는 모습을 보니 너무나 큰 회의가 들었다는 말입니다. 그냥 포기해버리고 싶은 마음이 생겼다는 것입니다. 악인의 형통함을 보았기 때문입니다.

시편 73편 속 아삽은 말씀대로 살려고 몸부림을 치지만 종일 재난을 당하며 아침마다 징벌을 받는 현실을 경험합니다. 그런데 악인은 사람들이 당하는 고난도 없고 재앙도 없는 것입니다. 더 기분 나쁜 것은 악인들이 마음의 소원보다 더 많은 소득과 재물을 얻어서 그들의 부가 날로 늘어만 간다는 것입니다. 그것을 이렇게 아삽은 말합니다.

"이들은 악인들이라도 항상 평안하고 재물은 더욱 불어나도다"
_시 73:12

하나님의 사람인 의인은 죽도록 애를 써도 하는 일마다 잘 안 되는데 악인은 하는 일마다 잘 되어 돈을 많이 번다는 것입니다. 기도로 준비하며 시작했고 아침부터 늦은 시간까지 최선을 다해도 적자를 면치 못하는데, 하나님과 상관없는 저 사람은 재물이 쌓여만 간다는 것입니다.

하는 일마다 잘 되고 건강하고 많은 부와 힘을 갖게 되니까 그 악인의 교만이 하늘을 찌를 듯하여 그들의 목걸이가 될 정도로 교만해졌다고 시인은 말하고 있습니다.

"교만이 그들의 목걸이요 강포가 그들의 옷이며"_시 73:6

교만을 목걸이라고 말한 이유는 당시 목걸이가 가장 돋보이는 장신구였기 때문입니다. 자신을 최고로 과시할 수 있는 것이 바로 목걸이였습니다. 교만이 목걸이라고 하니 그들이 얼마나 교만한지 걷는 모습만 봐도 안다는 것입니다. 또 강포가 옷이었다고 하는 것은 그들에게 폭력은 일상이었다는 의미입니다. 그러니까 악인들은 입만 열면 사람들이 하는 말을 비웃고 자기보다 가난한 사람들에게 욕을 퍼붓고 거만하게 말하고 포악한 말을 한다는 것입니다.

심지어는 악인들이 하나님을 대적하는 말을 서슴지 않았다고 합니다.

"그들의 입은 하늘에 두고 그들의 혀는 땅에 두루 다니도다"_시 73:9

입은 하늘에 두었다는 말은 하나님을 대적하며 비방하는 것을 말합니다. 혀가 땅에 두루 다닌다는 말은 자기가 하고 싶은 말을 거침없이 쏟아낸다는 말입니다. 그들은 이렇게 떠들었다고 합니다.

"하나님이 어찌 알랴 지존자에게 지식이 있으랴 하는도다"_시 73:11

그러니까 "하나님이 다 아신다고? 말 같지 않은 소리하지 마!"라며 막말을 하며 다니는 것입니다. 이렇듯 의인은 고난당하고 악인이 형통하는 것을 보면 사람들은 어떤 마음이 들까요? 불편함을 느낄 것입니다. 심지어 어떤 이들은 악인의 형통함을 부러워하며 실족할 수 있고 넘어질 수도 있습니다.

악인의 형통과 심판

하지만 하나님의 말씀인 성경에서는 악인의 형통을 부러워하지 말라고 계속하여 말씀하고 계십니다.

"너는 악인의 형통함을 부러워하지말며"_잠 24:1a

"너는 행악자들도 말미암아 분을 품지 말며 악인의 형통함을 부러워하지 말라"_잠 24:19

실제로 우리는 악인의 형통을 볼 때 '나는 뭔가?'라는 생각이 듭니다. 내가 얼마나 정결하고 의롭게 살려고 몸부림치는데 나는 왜 이렇게 사는가 생각이 들면서 불평이 쏟아져 나올 수 있습니다. 급기야 믿음이 흔들리고 하나님을 향해 원망을 쏟아낼 수도 있는 겁니다. 그런데 오늘 본문 시편 37편을 보면 하나님께서 다윗을 통해 이렇게 말씀하십니다.

"악을 행하는 자들 때문에 불평하지 말며 불의를 행하는 자들을 시기하지 말지어다"_시 37:1

"여호와 앞에 잠잠하고 참고 기다리라 자기 길이 형통하며 악한 꾀를 이루는 자 때문에 불평하지 말지어다"_시 37:7

하나님은 악인의 형통 때문에 불평하거나 시기하지 말라 하십니다. 억울해하거나 원망하지 말며, 잠잠하고 참고 기다리라고 말씀하십니다. 악인의 형통으로 흔들리지 말라는 것입니다.
악인의 형통을 부러워하지 말아야 할 이유는 무엇일까요?

첫째, 악인의 형통이 영원하지 못합니다. 오늘 본문도 이렇게 말씀하고 있습니다.

"그들은 풀과 같이 속히 베임을 당할 것이며 푸른 채소 같이 쇠잔할 것임이로다"_시 37:2

지금 우리 눈에는 형통하고 잘 되는 것처럼 보이지만 풀이 속히 베임을 당하고 푸른 채소가 쇠잔해지는 것처럼 악인의 형통이 오래가지 못한다는 것입니다. 성경에서 '오래가지 못하는 것', '영원하지 못한 것'을 가리킬 때 자주 쓰는 표현이 있습니다. 바로 풀은 마르고 꽃은 시든다는 말입니다. 이사야서에서는 그 표현이 이렇게 나옵니다.

"모든 육체는 풀이요 그의 모든 아름다움은 들의 꽃과 같으니 풀은 마르고 꽃이 시듦은 여호와의 기운이 그 위에 붊이라 이 백성은 실로 풀이로다"_사 40:6b-7

풀은 마르고 꽃은 시들게 되어 있습니다. 영원하지도 않습니다. 꽃 역시 보통 한 철 이상 가지 않습니다. 금세 피었다가 시들고 맙니다. 그래서 '화무십일홍', 십 일 동안 붉은 꽃은 없다는 말도 있습니다. 잠언은 이렇게 말합니다.

"대저 행악자는 장래가 없겠고 악인의 등불은 꺼지리라"_잠 24:20

지금은 악인의 등불이 환하고 밝은 것처럼 보이지만 머지않아 악인의 등불은 꺼지고 만다는 것입니다. 잠시 후에는 사라질 영화이기 때문입니다.

둘째, 반드시 악인에 대한 하나님의 심판이 있습니다.

"진실로 악을 행하는 자들은 끊어질 것이나"_시 37:9a

"잠시 후에는 악인이 없어지리니"_시 37:10a

"악인들은 멸망하고 여호와의 원수들은 어린 양의 기름 같이 타서 연기가 되어 없어지리로다"_시 37:20

"하나님의 성소에 들어갈 때에야 그들의 종말을 내가 깨달았나이다."_시 73:17

여기서 종말은 단순한 끝을 말하는 것이 아니라 그들 인생의 종말에 대한 하나님의 심판을 말합니다. 그래서 시편 73편에서는 이렇게 선언합니다.

"주께서 참으로 그들을 미끄러운 곳에 두시며 파멸에 던지시니"
_시 73:18

종말에 악인들에게 임할 하나님의 심판이 예상할 수 없는 날 갑자기 임할 것이라 합니다. 시편 73편 19절을 보면 "그들이 어찌하여 그리 갑자기 황폐되었는가"라고 합니다. 정말 급작스럽게 임하는 심판이라는 겁니다. 나아가 20절에서는 잠과 꿈을 통하여 악인의 비참한 운명을 실감나게 표현합니다.

"주여 사람이 깬 후에는 꿈을 무시함같이 주께서 깨신 후에는 그들의 형상을 멸시하리이다"_시 73:20

잠과 꿈의 가장 큰 특징은 일시적이라는 것입니다. 꿈은 영원하지 않습니다. 아무리 긴 꿈도 잠에서 깨면 사라지는 말 그대로 꿈에 불과합니다. 우리가 밤에 꾼 꿈을 지나치는 까닭은 실체가 없기 때문입니다. 꿈속에서 아무리 종일토록 많이 먹었다고 해도 일어나 배부르다고 생각하는 사람은 없습니다. 이처럼 악인의 형통함은 결국 실체가 없는 꿈과 같이 허망한 것이라는 것입니다.

때로는 악인의 형통 앞에서 하나님이 꼭 주무시는 것처럼 보이지만 잠자는 사람이 언젠가는 반드시 일어나는 것처럼, 하나님께서 언젠가는 마침내 반드시 악인을 심판하십니다.

이렇듯 성경은 마지막 날에 그들에게 임할 하나님의 무서운 심판이 기다리고 있기 때문에 이 땅에서 악인의 형통을 부러워하지 말라고 말씀하고 있습니다. 그 심판이 있기에 하나님은 지금 악인의 잠깐의 흥함을 내버려 두시는 것입니다. 반면 하나님께 속한 의인은 하나님의 자녀이기 때문에 잠시 곁길로 나가면 하나님이 곧바로 징계하기도 하십니다. 우리로 하여금 사랑의 울타리를 쳐서 인도하시기 위함입니다.

하나님의 성소에 들어갈 때

아삽은 언제 악인의 종말을 깨달았을까요?

"하나님의 성소에 들어갈 때에야 그들의 종말을 내가 깨달았나이다"_시 73:17

아삽은 하나님의 성소에 들어갈 때에 해답을 찾았습니다. 하나님의 성소는 하나님의 임재를 상징하는 언약궤가 있는 곳입니다. 오늘날로 말하면 하나님의 보좌 앞에 나아가서 하나님을 예배하다가, 하나님의 얼굴을 구하며 간절히 기도하다가 깨달았다는 것입니다. 의인이 왜 이렇게 고난을 받는지, 왜 악인은 이렇게 형통한지, 하나님께서 왜 교만한 악인을 즉시로 심판하지 않고 내버려 두시는지 깨달아 알게 되었다는 것입니다. 이전에는 이해가 되지 않았는데 하나님의 성소에서 하나님을 예배하며 기도하던 중 하나님의 말씀을 통해 알게 되었습니다.

인생이 이해되지 않을 때 우리는 어떻게 해야 합니까? 하나님의 성소로 들어가야 합니다. 그럴 때일수록 우리는 예수님의 보혈을 의지하여 은혜의 보좌 앞으로 담대히 나아가야 합니다. 그런데 우리는 주님께 나아가기보다 불평을 먼저 하곤 합니다. 왜 내게만 그러시냐고, 왜 이런 아픔을 주시냐고, 믿지 않는 자들은 저렇게 잘 풀리고 형통한데 왜 나는 고난을 받는 거냐고, 왜 아픈 거냐고, 하나님과 상관없이 사는 가정은 자녀가 공부도 잘하고 원하는 직장에 들어가고 결혼도 해서 잘 사는데, 왜 나의 자녀들은 그렇지 못한 거냐고 비교하고 원망합니다. 그러다 나중에는 하나님과 멀어지고 예배의 자리에서도 점점 멀어져 갑니다.

본문 시편 37편을 보면 다윗도 불평을 했습니다. 그래서 하나님이 불평하지 말라 말씀하신 겁니다. 시편 73편을 보면 아삽도 미끄러질 뻔했다고 기록합니다. 그런데 아삽은 성소에 들어가서 하나님을 만나면서 그 해답을 찾았습니다. '악인이 잘 된다고 해서 영원히 잘 되는 것이 아니구나! 의인이 고난을 당한다고 해서 그 고난이 영원한 것이 아니구나! 그러므로 악인의 형통을 부러워하면 안 되겠구나!' 이것을 깨닫고 보았던 것입니다.

하나님의 말씀 가운데 영적인 안목이 열려 인생의 마지막까지 알게 된 아삽은 고백합니다.

"그들의 종말을 내가 깨달았나이다"_시 73:17b

부분만을 보았던 아삽이 이제는 전체를, 영원을 보게 되었습니다. 유진 피터슨 목사님이 번역한 메시지 성경에서는 이 말씀을 이렇게 표현했습니다. "Then I saw the whole picture." '그때 내가 그림 전체를 보게 되었다'라는 의미입니다. 내 눈앞의 현실만 보던 사람이 하나님의 전에 들어가 예배드리고 기도하면서 인생의 처음과 나중을 보게 되었다는 것입니다. 하나님은 악인의 종말과 의인의 종말이 어떠할지를 일깨워 주셨습니다.

인생을 멀리 보라

인생은 100m를 달리는 단거리가 아닙니다. 42.195km를 달리는 마라톤에 가깝습니다. 그러므로 긴 호흡이 필요합니다. 또 인생을 멀리 바라볼 수 있는 안목이 필요합니다.

슬피 울며 예수님을 따랐던 여인들을 보십시오. 주님이 십자가를 지시고 골고다 언덕길을 오르실 때 슬피 울며 예수님을 따랐던 여인들이 있었습니다. 이 여인들은 정말 주님의 고난과 아픔에 동참했던 여인들입니다. 제자들은 배신하고 떠나갔지만 이 여인들은 끝까지 주님을 따랐습니다. 그럼에도 불구하고 주님은 이 여인들에게 나를 위하여 울지 말고 너희와 너희 자녀를 위하여 울라고 하셨습니다. 왜냐하면 여인들은 지금 예수님이 받으시는 고난과 아픔만을 보았기 때문입니다. 이후에 십자가의 고난과 죽으심을 통해 영생이라는 축복을 주실 것은 보지 못했던 것입니다. 이것이 사람의 단편적인 시각입니다.

욥의 친구들을 보십시오. 욥이 재산과 종과 자녀들을 모두 잃었습니다. 몸도 병들었고 아내마저 욥에게 하나님을 욕하고 죽으라고 저주했습니다. 욥의 친구들도 찾아와 네가 지은 죄 때문에 이런 고난을 당한 것이라며 욥을 정죄했습니다. 그들은 욥의 현재만 볼 뿐, 하나님이 마침내 욥을 연단하시고 새롭게 하시며 귀로만 들었던 하나님을 눈으로 볼 수 있게 하실 것은 보지 못했습니다. 친구들은 하나님이 말년에 욥의 곤경을 돌이키시고 이전의 모든 소유보다 갑절이나 더 많은 복을 받게 하셨음을 이해하지 못했습니다. 현재만 보면서 욥을 가장 비참한 인생이라 여긴 것입니다.

안타깝게도 우리 역시 가족과 이웃, 또 스스로를 보면서도 당면한 현실만 보려 합니다. 내가 받는 고난만 생각합니다. 바로 그럴 때 하나님의 은혜의 보좌 앞에 나아가야 합니다. 지금은 하나님의 성소에 들어가 그 임재 속에 머무를 때입니다. 내가 원한다고 눈이 열리는 건 아닙니다. 하나님이 열어 주셔야 믿음을 가지고 인생의 처음과 나중을 이해할 수 있습니다. 하나님이 믿음의 눈을 주셔야 현실만이 아닌 인생 전체를 향한 하나님의 뜻을 바라볼 수 있게 됩니다.

악인에 대한 결국, 곧 하나님의 심판을 깨닫고 나니 시인은 자신이 얼마나 우매 무지한 존재인지 깨달았다고 노래합니다.

"내 마음이 산란하며 내 양심이 찔렸나이다"_시 73:21

예전에는 악인의 형통을 보고 마음이 너무나 쓰리고 심장이 가시에 찔린 것처럼 아팠었는데, 이제는 믿음의 안목을 가지고 악인의 결국을 깨닫고 나니 다른 통증을 느끼는 것입니다. 하나님의 경륜과 섭리 가운데 자신의 연약함이 너무나 부끄러웠던 시인은 마음이 쓰라리고 찌르는 통증을 느꼈다고 합니다.

"내가 이같이 우매무지함으로 주 앞에 짐승이오나"_시 73:22

이 시인은 처음에는 악인의 형통을 보고 "자신이 진실되게 사는 것이 헛되도다" 생각하고 실족할 뻔했습니다. 그러나 깨닫고 나니까 자신이 얼마나 우둔한 존재이며 주님 앞에서 짐승과 같은 미련한 존재인지를 깨달아 알게 된 것입니다. 우리가 똑똑하면 얼마나 똑똑하겠습니까? 우리가 지식이 있으면 얼마나 있겠습니까? 하나님 앞에서 사람은 얼마나 무지한 존재입니까? 하나님께서 눈을 열어 믿음을 갖게 하지 않으시면 우매 무지한 짐승 같은 우리가 어떻게 삶의 전체를 바라보며 하나님의 섭리와 경륜을 이해할 수 있겠습니까?

그래서 하나님은 폭풍 가운데서 욥에게 이렇게 말씀하십니다.

> "무지한 말로 생각을 어둡게 하는 자가 누구냐 너는 대장부처럼 허리를 묶고 내 네게 묻는 것을 대답할지니라 내가 땅의 기초를 놓을 때에 네가 어디 있었느냐 네가 깨달아 알았거든 말할지니라"
>
> _욥 38:2-4

　피조물인 우리는 전체를 보지 못합니다. 우리는 부분적으로만 보고 부분적으로만 압니다. 인생의 전체를 알지 못하고 하나님의 섭리와 경륜을 깨닫지 못하는 우리는 정말 짐승처럼 우매 무지한 존재입니다. 이런 우리가 끊임없이 자신의 이성과 상식으로만 누군가를 판단하려 한다면 그것처럼 어리석은 일이 어디 있겠습니까?

　지금 내가 맞이한 고난과 아픔을 현미경으로 관찰하다 보면 그 고통이 너무나 커 보입니다. 한없이 불행하다고 느낍니다. 이 세상에 가장 불쌍한 사람이 나인 것 같고, 내가 받은 상처는 너무나 크게 다가오는 겁니다. 그러므로 우리는 현미경이 아닌 망원경으로 내 인생을 보아야 합니다. 지금 처한 문제와 상황만 보지 말고 이 일을 통해 하나님이 행하실 일을 믿음의 눈으로 볼 수 있어야 합니다. 내가 맞이한 고난에 함몰되지 말고 이 고난을 통해 나를 연단하시는 하나님, 고난 이후 축복하실 하나님을 믿음의 눈으로 볼 수 있어야 한다는 것입니다.

나의 배우자 역시 현미경으로 보면 안 됩니다. 현미경으로는 배우자의 허물만 커 보입니다. 배우자로 인해 내가 받은 상처도 너무 커 보입니다. 배우자를 잘못 만난 것 같아 스스로를 가장 불행한 사람으로 여길 것입니다. 자녀를 현미경으로 들여다본다면 내 자녀의 연약함이 너무나 커 보이고 소망이 없는 것처럼 보일 수 있습니다. 자녀를 양육할 때는 당장 현실만 보지 말고 멀리 보는 마음이 필요합니다. 그래야 당장 중요해 보이는 것에 조급해지지 않고 자녀를 올바른 방향으로 지도할 안목이 생기기 때문입니다. 하지만 안타깝게도 우리는 늘 현미경으로만 보려 합니다. 당면한 현실만을 보려 합니다. 내가 받는 고난만 생각합니다. 그러나 이제는 현미경이 아닌 망원경으로 내 인생을 볼 수 있어야 합니다. 그래야 멀리 볼 수 있습니다. 믿지 않는 영혼을 바라볼 때도 지금 그가 잘사는 것만 보지 않고 언젠가 반드시 찾아올 하나님의 심판과 지옥의 영벌을 생각하고 바라본다면 그를 향한 기도 제목이 바뀔 수밖에 없을 것입니다.

그러므로 인생의 고난이 이해되지 않아도 불평하지 말고 실족하지 말아야 합니다. 악인의 형통을 부러워할 이유가 없습니다. 다만 성소로 들어가길 원합니다. 하나님, 나의 눈을 열어서 주를 보게 해주십시오. 내 눈을 열어 인생의 전체를 보게 해주십시오. 잠깐의 현재에 함몰되지 않게 하시고 인생을 향한 하나님의 일하심을 보게 하여 주십시오. 이렇게 기도하기 바랍니다. 다시는 악인의 형통을 부러워하지 않으며 항상 감사하고 평안한 인생이 될 것입니다.

15

믿음의 명문 가정을 이루는 사람

시편 118편 14-17절

¹⁴ 여호와는 나의 능력과 찬송이시요 또 나의 구원이 되셨도다 ¹⁵ 의인들의 장막에는 기쁜 소리, 구원의 소리가 있음이여 여호와의 오른손이 권능을 베푸시며 ¹⁶ 여호와의 오른손이 높이 들렸으며 여호와의 오른손이 권능을 베푸시는도다 ¹⁷ 내가 죽지 않고 살아서 여호와께서 하시는 일을 선포하리로다

성경에서 하나님이 친히 세우신 기관이 둘 있는데 하나는 가정이고 하나는 교회입니다. 하나님은 그분의 형상을 따라 남자

와 여자를 지으시고 둘이 한 몸이 되는 혼인제도 안에서 가정을 이루게 하셨습니다. 그리고 십자가에서 흘리신 그 피로 주님의 몸 된 교회를 세우셨습니다.

가정은 하나님이 최초로 세우신 제도이자 기관입니다. 하나님은 가정이라는 공동체 안에서 작은 에덴동산을 경험하며 살 수 있도록 하셨습니다. 하나님은 우리의 가정에서 사랑과 평화와 안식을 경험하며 작은 천국을 누릴 수 있도록 하셨습니다.

우리 사회를 이루는 기본 단위인 가정이 건강하면 개인도, 사회도, 국가도 건강합니다. 그러나 가정이 무너지면 전부 무너집니다. 그래서 사탄은 끊임없이 가정을 공격합니다. 사탄의 공격 목표는 언제나 가정과 교회였습니다. 로마가 멸망한 이유는 돈이 없어서도 아니고 힘이 없어서도 아니었습니다. 로마의 가정이 무너졌기 때문입니다. 공산주의가 무너진 이유 역시 가정을 무시했기 때문입니다. 칼 마르크스(Karl Marx)는 『공산당선언』에서 "자본주의 사회를 지탱하는 가정을 폐지해야 한다"라고 주장하기까지 했습니다.

지금 이 시대에도 우리의 가정이 신음하며 중병을 앓고 있습니다. 가정이 해체되고 무너지는 소리들이 곳곳에서 들려오고 있습니다.

통계를 보면 지금 가정이 얼마나 빠른 속도록 해체되고 무너지고 있는지를 알 수 있습니다. 통계청 자료에 의하면 하루 평균 840쌍이 결혼하고 398쌍이 이혼을 합니다. 그러니까 하루 두 쌍이 결혼하면 한 쌍이 이혼을 한다는 것입니다. 이것을 보면 굉장히 빠른 속도로 가정이 해체되고 있습니다.

그뿐만 아니라 우리나라는 자살공화국이라 불릴 만큼 많은 사람이 스스로 자신의 목숨을 끊고 있습니다. 2022년 통계를 보면, 한 해 동안 12,906명이 자살로 세상을 떠났습니다. 하루 평균 35.4명이 스스로 자신의 목숨을 끊고 있습니다.

출산율은 0.72%로 OECD 국가 평균인 1.59명의 절반도 되지 않습니다. 출산율 0.7명은 국가가 붕괴될 때 나타나는 현상이라고 합니다. 전쟁 중인 우크라이나의 출산율이 1.02명이라고 하니 지금 한국은 전쟁 중인 나라보다 아이를 낳지 않는 것입니다.

또한 영화와 드라마 같은 매체를 통해 세상의 잘못된 문화와 가치관이 침투해 가정을 위협하고 있습니다. 가정을 소중하게 생각하지 않는 사람들에 의해 가정이 점점 파괴되고 있습니다. 그래서 현대인에게는 '집은 있지만 가정은 없다'는 말이 있습니다. 정말 그런 것 같습니다. 들어가 잠을 자고 먹는 것을 해결하는 집은 있지만 사랑과 평화와 안식과 위로가 있는 가정은 별로 없는 것 같습니다.

진 폴 게티(Jean Paul Getty)라는 미국의 대재벌이 있었습니다. 1966년 기네스북에 세계 최고 부자로 기록될 정도로 돈이 많은 사람이었습니다. 그는 엄청난 부자였으나 다섯 번이나 이혼했고, 자녀와의 관계는 참으로 불행했습니다. 그의 가문의 구성원들은 마약 중독이나 자살과 같은 비극으로 인생의 끝을 맞이했습니다. 심지어 진 폴 게티의 임종 때는 그의 가족 중 어느 누구도 그 곁을 지키지 않았습니다.

자신의 성공을 위해 가정을 무시하고 희생시키는 사람들이 있습니다. 그러나 성공보다 가정이 중요합니다. 가정이 무너지면 세상의 성공도 아무 의미가 없기 때문입니다. 돈으로 많은 것을 소유할 수는 있어도 참된 가정과 행복은 살 수 없습니다. 그러므로 결혼만 중요한 게 아니라 행복한 가정을 만들고 그 가정을 지키는 것이 더욱 중요합니다.

기쁜 소리, 구원의 소리

어떻게 하면 행복한 가정이 될 수 있을까요? 사탄의 공격으로부터 우리 가정을 지키고 믿음의 명문가로 세우려면 어떻게 해야 할까요? 우리의 장막, 즉 우리의 가정에 기쁜 소리, 구원의 소리가 있도록 해야 합니다.

"의인들의 장막에는 기쁜 소리, 구원의 소리가 있음이여"_시 118:15a

여기 나오는 의인들은 하나님과의 바른 관계에 있는 자들을 말합니다. 예수님을 믿음으로 하나님의 자녀가 되어 하나님을 아빠 아버지라 부를 수 있는 자들입니다. 그러므로 의인들의 장막이란 하나님의 사람들이 거하는 거처, 가정을 말합니다. 그러면 기쁜 소리, 구원의 소리는 무엇일까요? 바로 구원을 베푸신 하나님, 승리를 주신 하나님께 드리는 찬양을 말합니다.

그래서 14절에서는 이렇게 하나님을 노래하고 있습니다.

"여호와는 나의 능력과 찬송이시요 또 나의 구원이 되셨도다"
_시 118:14절

이 말씀은 홍해의 기적을 체험한 이스라엘 백성들이 부른 승리의 노래입니다. 앞에는 넘실대는 홍해가 있고 뒤로는 애굽 군대가 추격해 오는 상황에서 이스라엘 백성들은 아무것도 할 수 없었습니다. 그때 모세는 두려워 떠는 이스라엘 백성들에게 이렇게 말했습니다.

"너희는 두려워하지 말고 가만히 서서 여호와께서 오늘 너희를 위하여 행하시는 구원을 보라"_출 14:13a

모세가 지팡이를 들고 손을 바다 위로 내밀 때 큰 동풍이 불어와 홍해가 갈라지기 시작했습니다. 홍해가 갈라져 벽이 되고 이스라엘 백성들은 홍해를 마른 땅처럼 무사히 건너게 되었습니다. 뒤따라오던 애굽 군대는 홍해에 수장되었습니다. 구원의 기적을 경험한 이스라엘 백성들은 벅찬 감격으로 "하나님은 나의 능력이시며 나의 찬송이시요"라며 하나님을 찬양하기 시작했습니다.

의인들의 장막에서 울려퍼지는 기쁜 소리, 구원의 소리는 구원의 은총을 경험한 자가 하나님을 예배하면서 드리는 찬양을 말합니다. 그렇습니다. 의인들의 장막에는 기쁜 소리, 구원의 소리가 들려야 합니다. 구원받은 자들의 가정에는 하나님을 향한 찬양의 소리, 구원의 은총을 노래하는 기쁜 소리, 구원의 소리가 울려퍼져야 합니다.

오늘 당신의 가정에는 어떤 소리가 흘러나옵니까? 고함치는 소리, 욕하는 소리, 한숨과 탄식의 소리, 후회와 절망의 소리, 물건 던지는 소리, 인격을 모독하고 저주하는 소리가 들려오지는 않습니까? 너는 왜 그 모양이냐고, 대체 잘하는 게 뭐가 있냐고, 누굴 닮아 이러는 거냐는 이런 들어서는 안 될 소리를 우리 자녀들이 듣고 있지는 않습니까? 어떻게 하면 우리의 장막에 기쁜 소리, 구원의 소리가 흘러넘치게 할 수 있을까요?

가정에서 예배하십시오. 구원의 은총을 경험한 하나님의 자녀들이 의인의 장막에서 한자리에 모여 하나님을 예배할 때 기쁜 소리, 구원의 소리가 울려퍼질 것입니다. 찬송 중에 거하시는 하나님께서 그 가정 가운데 임재하시고 의인의 장막은 세상과 구별되는 가정이 되는 것입니다. 우리의 가정이 무엇으로 세상의 가정과 구별될 수 있겠습니까? 돈입니까? 대문에 붙어 있는 교패입니까? 집 안에 가득한 성화와 십자가입니까? 아닙니다. 하나님의 임재입니다. 아무리 교패가 붙어 있고 성경 말씀의 액자가 걸려 있어도 하나님의 임재가 없다면 그 가정은 세상의 가정과 구별될 수 없습니다.

사랑하는 성도 여러분!

가정예배의 회복 없이는 사탄의 공격으로부터 우리 가정을 지킬 수 없습니다. 가정예배의 회복 없이는 가정이 축복의 통로가 될 수 없습니다. 그러므로 의인의 장막인 우리의 가정에 예배가 회복되어야 합니다.

믿음의 명문 가문

우리 가정이 믿음의 명문 가문이 되려면 반드시 가정예배가 회복되어야 합니다. 믿음의 명문 가문은 구호를 외친다고 되는 것이 아닙니다. 마음의 소원을 품고 기도만 한다고 해서 되는 것이 아닙니다. 반드시 가정에 예배가 있어야 합니다. 가정에 구원의 소리, 기쁨의 소리가 울려 퍼져야 합니다. 우리의 가정이 왜 세상 사람들의 가정과 별반 다를 바가 없을까요? 왜 오늘 우리의 가문에 믿음의 계승이 이루어지지 않고 있을까요? 그것은 예배가 무너졌기 때문입니다. 가정에서 구원의 소리, 기쁜 소리가 들려오지 않으면 그 가정은 절대로 믿음의 명문 가문이 될 수 없습니다.

저는 장로의 아들로 자라나며 밤마다 가정예배를 드렸습니다. 사실 너무 귀찮고 힘이 들었습니다. 그래서 믿지 않는 가정의 자녀들이 부럽기까지 했습니다. 특히 우리 아버지의 기도는 너무나 길어 몰래 눈을 뜨면 형과 누나들 역시 다 눈을 뜨고 있었습니다. 하지만 돌이켜 보면 밤마다 드렸던 그 가정예배가 오늘의 저를 있게 했습니다.

예나 지금이나 가정예배는 축복의 통로입니다. 왜냐하면 가정예배를 드릴 때 아버지는 가정의 제사장으로서 영적 권위를 갖게 되고 가족들 간에는 영적인 소통이 이루어집니다. 온 가족이 함께 둘러앉아 함께 찬송을 부르며 함께 기도의 제목을 나눌 때 서로의 마음을 이해하고 공감하게 되는 것입니다. 가정예배를 드리면 자녀는 아빠가 지금 어떤 어려움을 겪고 있는지를 알게 되고 부모 역시 내 사랑하는 자녀의 고민이 무엇이고 지금 그 마음이 지금 어떤 상태에 있는지를 알게 됩니다.

빌리 그레이엄(Billy Graham) 목사님은 붕괴되어 가는 현대 가정을 치료하는 열 가지 방법을 제안했는데 그중 첫 번째 처방이 바로 '가정예배'라고 말했습니다. 청교도들은 날마다 드리는 가정예배를 통해 자녀들을 말씀 안에서 양육하고, 말씀으로 시대를 바라보는 눈을 갖게 하고, 하나님을 기쁘시게 하는 삶이 무엇인지 교육했습니다. 그런데 우리는 너무 바쁘고 분주하다는 이유로 가정예배를 드리지 않고 있습니다. 주일에 한 번 교회에 나가 예배드리고 자녀를 주일학교에 보내는 것으로 신앙생활의 소임을 다한다고 착각하고 있습니다. 그러나 그것만으로는 우리의 가정을 향한 사단의 공격을 물리칠 수 없습니다. 사탄으로부터 내 가정을 지키고 자손 대대로 하나님을 경외하는 믿음의 명문 가문이 되게 하려면 반드시 가정예배를 드려야 합니다.

우리 교회에 장석현 집사님이란 분이 계십니다. 그런데 이 집사님의 가정은 일 년 365일 한 번도 빠지지 않고 가정예배를 드립니다. 심지어 금요기도회를 마치고 집에 들어가서도 온 가족이 다시 가정예배를 드립니다. 그런데 이보다 더한 분이 계십니다. 2023년 11월 9일 다니엘 기도회 강사로 오셨던 이재순 선교사님입니다. 이 선교사님 부부는 생육하고 번성하라는 명령에 순종하여 열 남매를 낳았습니다. 결혼하고 33년 동안 빠짐없이 아침과 저녁으로 매일 두 번 가정예배를 드렸다는 것입니다. 자녀들이 성장하면서 각자 다른 시간대의 일정이 생기면서는 오히려 1부, 2부, 3부로 나누고 심지어 일대일로도 가정예배를 드렸다고 합니다.

물론 가정예배가 말처럼 쉽지 않습니다. 우리는 너무나 바쁘고 분주해졌습니다. 농경사회에서는 가족들이 함께 앉아 예배를 드릴 수 있는 시간적 여유가 있었지만 지금은 가족 모두가 할 일이 무척 많습니다. 힘들고 어려운 상황들도 가정예배를 가로막습니다.

하지만 시편의 저자는 원수들에게 겹겹이 둘러싸인 그 상황 속에서도 하나님을 찬양하며 경배했습니다. 사실 그는 도저히 빠져나올 수 없을 정도로 겹겹이 에워싼 자들에게 벌떼처럼 공격을 받는 상황이었습니다.

"그들이 나를 에워싸고 에워쌌으니"_시 118:11a

"그들이 벌들처럼 나를 에워쌌으나"_시 118:12a

13절에서는 원수들이 "나를 밀쳐 넘어뜨리려 하였으나"라고 말합니다. 역사적으로 보면 사울왕은 무려 13년 이상 모든 군대를 동원해 다윗을 잡아 죽이려고 했습니다. 그럼에도 불구하고 다윗은 주 하나님을 찬양했습니다.

"여호와는 나의 능력과 찬송이시요 또 나의 구원이 되셨도다"
_시 118:14

다윗은 자신이 머물러 있는 그 현장에서 기쁜 소리, 구원의 소리가 울려 퍼지게 했습니다. 하나님의 사람은 어렵고 힘들수록 하나님을 찬양하며 예배를 드려야 합니다. 하나님의 사람은 사방으로 에워싸임을 당하면 당할수록 온 가족이 함께 기쁜 소리, 구원의 소리를 장막 가운데 울려퍼지게 해야 합니다.

가정예배의 축복

가정에서 기쁜 소리, 구원의 소리가 있게 할 때에 어떤 일이 일어날까요?

먼저, 여호와의 오른손이 권능을 베푸십니다.

"의인들의 장막에는 기쁜 소리, 구원의 소리가 있음이여 여호와의 오른손이 권능을 베푸시며"_시 118:15b

> "여호와의 오른손이 높이 들렸으며 여호와의 오른손이 권능을 베푸시는도다"_시 118:16

하나님을 찬양하는 기쁜 소리, 구원의 소리가 울려퍼질 때 하나님께서 당신의 오른손을 펴사 그 권능을 베푸십니다. 오른손이 총 세 번 나오는데, 성경을 보면 오른손이란 언제나 강한 손, 권능의 손을 뜻합니다.

> "여호와여 주의 오른손이 권능으로 영광을 나타내시니이다 여호와여 주의 오른손이 원수를 부수시니이다"_출 15:6

그러니까 온 가족이 함께 둘러 앉아 기쁜 소리, 구원의 소리로 하나님을 찬양할 때 하나님께서 그 강한 오른손으로 병든 자를 고치시고, 넘어진 자를 일으켜 세워주고, 원수를 부숴 주시며 당신의 권능을 나타내십니다.

다음으로, 여호와께서 하시는 일을 선포하게 됩니다.

> "내가 죽지 않고 살아서 여호와께서 하시는 일을 선포하리로다"_시 118:17

이 말씀을 보면 죽음의 문턱에 놓인 절박한 상황에서 쓰였다는 것을 알 수 있습니다. 내가 지금 죽음의 문턱에 와 있지만 내가 죽지 않고 살아야 할 이유가 있다는 것입니다. 그것은 여호와께서 하시는 일을 선포하는 것입니다. 내가 지금 원수들에 의해 겹겹이 둘러싸여 있지만 그럼에도 불구하고, 죽지 않고 살아서 하나님께서 내 인생에 행하시는 그 일을 선포하겠다는 것입니다.

저와 여러분이 고난 가운데서도 죽지 않고 살아야 할 이유가 있습니다. 하루하루 사는 것이 너무 힘들고 어렵지만 그럼에도 불구하고 좌절하거나 포기하지 않고 살아야 할 이유가 있습니다. 그것은 하나님께서 행하시는 일을 선포하는 것입니다. 그래서 이렇게 고백할 수 있어야 합니다.

"이 모든 일을 하나님께서 하셨습니다."

"하나님께서 나를 기가 막힐 웅덩이와 수렁에서 건져 내 주셨습니다."

"하나님께서 겹겹이 둘러 싸고 있던 나의 원수들을 물리쳐 주셨습니다."

"하나님께서 여기까지 인도하셨고 하나님께서 이기게 하셨습니다."

"하나님께서 나를 고치셨습니다."

이러한 고백을 드리기 위해 우리는 죽지 않고 살아야 합니다. 단순히 사업에 성공하기 위해서도 아니고, 부자가 되거나 병에서 고침받기 위해서도 아닙니다. 여호와의 행사를 선포하기 위해서입니다.

해산의 고통이 있어야 새로운 생명이 태어나듯 우리는 고난과 역경을 통해 하나님을 만나고 하나님께서 행하시는 일을 선포할 수 있을 것입니다.

내가 죽지 않고 살아서 하나님께서 행하시는 일을 선포하려면 먼저 하나님께서 그 강한 오른손으로 권능 베푸시는 것을 보아야 합니다. 하나님께서 행하시는 일을 보지 않고 어떻게 그 일들을 선포할 수 있겠습니까?

그러면 하나님께서 그 강한 오른손으로 권능을 베푸시는 일을 보려면 어떻게 해야 합니까?

의인의 장막에서 기쁜 소리, 구원의 소리가 있게 해야 합니다. 여러분의 가정에서 하나님을 예배하는 찬양의 소리, 감격과 기쁨의 소리가 울려퍼지도록 해야 합니다. 무너진 가정예배를 회복해야 합니다. 가정의 예배가 회복되어 기쁨의 소리, 구원의 소리가 울려 퍼질 때에 우리의 가정을 넘어뜨리려는 마귀의 간계는 수포로 돌아가게 될 것입니다. 그리고 하나님께서 그 강한 오른손으로 권능을 행하시는 것을 보게 될 것입니다. 그리고 우리는 고난 가운데서도 죽지 않고 지금 하나님께서 내 인생과 우리의 가정에 행하시는 일들을 많은 사람에게 선포하게 될 것입니다.

16

주님을 속히 영접하는 사람

누가복음 19장 1-10절

1 예수께서 여리고로 들어가 지나가시더라 **2** 삭개오라 이름하는 자가 있으니 세리장이요 또한 부자라 **3** 그가 예수께서 어떠한 사람인가 하여 보고자 하되 키가 작고 사람이 많아 할 수 없어 **4** 앞으로 달려가서 보기 위하여 돌무화과나무에 올라가니 이는 예수께서 그리로 지나가시게 됨이러라 **5** 예수께서 그 곳에 이르사 쳐다보시고 이르시되 삭개오야 속히 내려오라 내가 오늘 네 집에 유하여야 하겠다 하시니 **6** 급히 내려와 즐거워하며 영접하거늘 **7** 뭇 사람이 보고 수군거려 이르되 저가 죄인의 집에 유하러 들어갔도다 하더라 **8** 삭개오가 서서 주께 여

> 짜오되 주여 보시옵소서 내 소유의 절반을 가난한 자들에게 주겠사오며 만일 누구의 것을 속여 빼앗은 일이 있으면 네 갑절이나 갚겠나이다 **9** 예수께서 이르시되 오늘 구원이 이 집에 이르렀으니 이 사람도 아브라함의 자손임이로다 **10** 인자가 온 것은 잃어버린 자를 찾아 구원하려 함이니라

유명한 철학자 마르틴 부버(Martin Buber)는 『나와 너』라는 책에서 '인생은 만남'이라고 정의했습니다. 독일의 시인이자 의사였고 소설가였던 한스 카로사(Hans Carossa) 역시 '인생은 너와 나의 만남'이라고 말했습니다. 인생은 만남의 연속입니다. 만남에서 모든 것이 시작됩니다. 태중에서 어머니를 만나는 것으로부터 시작하여 죽을 때까지 우리는 수없이 많은 사람을 만나게 됩니다.

성경에는 수많은 만남 이야기가 가득합니다. 하나님과 아브라함의 만남, 하나님과 모세와의 만남, 하나님과 이스라엘 백성들과의 만남, 다메섹 도상에서의 부활하신 주님과 사도 바울의 만남, 수가성 우물가에서 이루어진 주님과 사마리아 여인의 만남 등 성경에는 하나님을 만난 사람들의 이야기가 많이 기록되어 있습니다. 또한 성경에는 다윗과 요나단과 같은 아름다운 우정의 만남, 에서와 야곱의 만남, 다윗과 골리앗의 만남 등 사람과

사람과의 많은 만남도 기록되어 있습니다. 그런 의미에서 성경은 만남의 책이라 할 수 있습니다.

'누구를 만나는가.' 이것이 너무나 중요합니다. 왜냐하면 그 만남이 삶의 질과 성장과 성숙, 그리고 인생의 방향뿐 아니라 나의 행복과 불행을 결정하기 때문입니다. 그래서 잠언 13장 20절을 보면 "지혜로운 자와 동행하면 지혜를 얻고 미련한 자와 사귀면 해를 받느니라"라고 했습니다.

하나님은 언제나 사람을 통해 일하십니다. 기도의 응답도 사람을 통해 받게 하실 때도 있고, 복을 주실 때에도 사람을 통하여 주십니다. 그러므로 내가 누구를 만나느냐, 이 만남의 축복이 참 중요합니다. 주변을 보면 만나서는 안 될 어리석은 사람을 만나서 인생의 쓴맛을 경험하고 불행하게 사는 사람들이 많이 있습니다. 반면 지혜로운 사람을 만나 인생을 행복하게 사는 사람들도 있습니다. 그러므로 우리는 만남의 축복을 받도록 기도해야 합니다.

자녀를 위해 기도할 때에 특별히 만남의 축복을 위해 기도해야 합니다. 부정적인 사람, 불평하는 사람, 폭력적인 사람, 진실하지 못한 자가 아니라 언제나 감사하고 긍정적인 사람, 그 영혼이 맑은 사람, 믿음의 사람, 비전의 사람을 만날 수 있도록 기도해야 합니다. 좋은 친구와 멘토, 좋은 선생님, 좋은 배우자, 좋은 상사, 믿음이 좋은 장인과 장모, 시부모, 시누이, 또 좋은 교회와 선한 목자를 만날 수 있도록 기도해야 합니다.

저는 많은 사람이 인정할 만큼 만남의 복을 누리며 살아왔고 지금도 그 복 가운데 살고 있습니다. 그래서 어떤 분은 저를 보고 '인복(人福)이 참 많으시네요'라고 말합니다. 지금도 얼마나 많은 성도들이 저를 위하여 기도하고 계신지 모릅니다. 특히 1,600명이 넘는 성도님들이 저의 2기 사역인 DNA 미니스트리를 위해 기도해 주시고 재정적인 후원까지 해주고 계십니다. 또 하나님께서 주신 비전을 펼칠 수 있도록 많은 동역자를 만났습니다. 이런 만남의 축복이 있었기에 오늘의 제가 있고 너무나 행복하게 2기 사역을 감당하고 있는 것입니다. 우리 인생에는 이러한 만남의 축복이 꼭 필요합니다.

가장 중요한 만남

우리 인생에서 가장 중요한 만남이 있습니다. 차원이 다른, 내 인생의 터닝포인트를 결정짓는, 나의 영원한 운명을 결정짓는 가장 중요한 만남이 있습니다. 그것은 바로 주님과의 만남입니다.

내가 아무리 좋은 부모, 좋은 배우자, 훌륭한 스승을 만났다 할지라도 주님과의 만남이 없다면 행복한 인생이 될 수 없습니다.

그러므로 우리는 반드시 길이요 진리요 생명이 되신 주님을 만나야 합니다. 인생의 해답이 되시는 예수님을 만나야 합니다.

오늘 본문은 예수님을 만난 한 사람, 삭개오에 대해 말하고 있습니다.

"삭개오라 이름하는 자가 있으니 세리장이요 또한 부자라"_눅 19:2

삭개오는 사회적인 지위로는 여리고성의 세리장이요, 경제적으로는 아무 어려움이 없는 부자였습니다. 하지만 그는 매국노라 손가락질당하며 창녀와 같은 죄인으로 취급당하고 있었습니다. 왜냐하면 당시 세리는 로마 정부로부터 일정한 세금을 할당받아 그 금액을 정부에 내고 나머지는 자기가 착복했기 때문입니다. 그래서 이스라엘 백성들은 삭개오를 면허증 가진 강도, 자기 민족을 억압하는 로마 정부의 편에 선 매국노로 여겼습니다. 그래서 7절을 보면 나중에 예수님이 삭개오의 집에 유하러 들어갈 때에 많은 사람들이 "저가 죄인의 집에 유하러 들어갔도다"며 수근거렸습니다.

삭개오는 세리장이고 부자였지만 이웃이나 친구도 없이 따돌림당하며 살았습니다. 삭개오가 식당에라도 들어가면 사람들이 기분 나쁘다며 손가락질하고 나가 버렸을 것입니다. 그래서 삭개오는 늘 외롭고 고독하게 살아야만 했습니다. 그뿐만 아니라 항상 동족에 대한 죄의식이 자리 잡고 있었기 때문에 마음 편할 날이 없었습니다.

원래 삭개오라는 이름은 '청결한 사람', '의로운 사람'이라는 뜻입니다. 아마 그 부모는 아들 삭개오가 청결한 삶으로 존경받는 인물이 되기를 원했던 것 같습니다. 하지만 삭개오는 이름에 어울리지 않는 인생을 살아왔습니다.

또 삭개오는 예수님을 보고자 하여도 볼 수 없을 정도로 키가 작다는 신체적인 핸디캡을 가지고 있었습니다.

"예수께서 어떠한 사람인가 하여 보고자 하되 키가 작고 사람이 많아 할 수 없어"_눅 19:3b

어쩌면 삭개오가 사람들로부터 손가락질 받으면서도 세리장이 되어 부자가 된 것도 자신의 핸디캡 때문인지도 모릅니다. 심리학자들에 의하면 핸디캡이 있는 사람은 그것을 보상받기 위해 다른 어떤 것에 몰두하며 최선을 다한다고 합니다. 삭개오가 바로 그런 사람이었습니다. 그래서 속으로 늘 이런 생각을 했을지 모릅니다.

'나는 이렇게 키가 작으니까 누구보다 많은 돈을 가져야 해. 그

래야 사람들이 나를 무시하거나 함부로 대하지 않을 거야.'

그렇게 세리장이 되고 부자가 되었지만 삭개오는 자신의 약점을 극복할 수 없었습니다. 돈 때문에 동족을 배신했다는 죄의식을 떨쳐버릴 수 없었습니다. 그래서 그는 늘 외롭고 고독했고 그 마음에는 어떤 평안이나 기쁨, 행복도 없었습니다.

그러던 어느 날 삭개오는 예수님에 관한 소문을 듣게 되었습니다. 예수라는 사람이 많은 병든 자들을 고치고 귀신들린 자들을 온전케 하고 많은 기적을 행한다는 이야기였습니다. 더구나 자신과 동일한 직종이던 세리 마태가 그분의 제자가 되었다는 소식을 들었을 때는 더더욱 예수님을 만나 보고 싶었습니다. 그 예수님이 지금 여리고로 들어오신다는 소식에 삭개오는 그분을 만나기 위해 거리로 나갔습니다.

하지만 예수님을 만나는 일은 만만치 않았습니다. 수많은 사람이 예수님을 보려고 거리에 나와 인산인해를 이루고 있었기 때문입니다. 삭개오의 문제는 키가 너무 작아 예수님을 볼 수 없다는 것이었습니다.

그렇습니다. 오늘날도 누군가 복음을 듣고 예수님을 만나려고 하면 사탄은 가만히 있지 않습니다. 여러 가지 장애물을 놓아 복음을 듣지 못하게 하고 예수님을 만나지 못하도록 방해합니다. 예를 들면 새생명축제주일에 교회에 나오기로 약속했는데 갑자기 손님이 찾아와서 오지 못한다고 합니다. 갑자기 그날 아침 배탈이 나서 설사를 하기 시작합니다. 때로는 의심을 심기도 하고, 한 집안에 다른 종교를 갖게 되면 우환이 생길 수 있다는 두려움을 가져다 주기도 합니다. 때로는 가장으로서의 체면과 장손으로서의 제사 문제를 들먹이며 예수님을 믿지 못하게 합니다. 또 어떤 사람에게는 지금 믿지 말고 천천히 믿으라는 말로 유혹하여 예수님을 만나지 못하게 합니다. 그래서 사람들을 만나 전도를 해 보면 '지금은 사업이 바쁘니까 한가하면 차차 믿겠습니다', '지금은 젊으니까 차차 늙으면 믿겠습니다'라고 말하는 사람들이 너무 많이 있습니다. 이렇듯 사탄 마귀는 수단과 방법을 가리지 않고 복음을 듣지 못하게 하고 예수님을 만나지 못하도록 방해합니다.

하지만 삭개오는 장애물을 만났다고 그냥 포기하고 집으로 돌아가지 않았습니다. 그는 세리장이라는 체면을 버리고 원숭이처럼 돌무화과나무 위로 올라갔습니다. 우리 중에도 체면 때문에 예수님을 만나지 못하고 체면 때문에 아멘도 못하고 박수도 치지 못하는 분들이 있습니다. 체면을 지키려다 남들이 은혜를 받을 때 자신은 은혜를 받지 못하는 것입니다. 그러나 삭개오는 자신의 체면과 자존심을 버리고 예수님 만나기를 포기하지 않았습니다. 그렇습니다. 체면보다 은혜 받는 일이 더 중요합니다. 체면

보다 주님 만나는 일이 더 중요합니다.

삭개오는 마침내 예수님을 만났습니다. 지나가시던 예수님은 나무 위에 있던 삭개오를 쳐다 보시고 말씀하셨습니다.

"삭개오야 속히 내려오라 내가 오늘 네 집에 유하여야 하겠다"
_눅 19:5

예수님은 이미 삭개오의 이름을 알고 계셨습니다. 만나 본 적도 없고 명함을 준 적도 없는데 예수님이 이름을 알고 계신 것입니다. 그뿐만 아니라 예수님은 지금 삭개오에게 필요한 것이 무엇인지 정확히 알고 계셨습니다. 외롭고 고독하고 죄의식에 사로잡혀 있던 그의 마음을 알고 계셨습니다. 그래서 네 집에 유하여야 하겠다고 말씀하신 것입니다. 그 말씀을 들은 삭개오는 어떻게 했을까요?

"급히 내려와 즐거워하며 영접하거늘"_눅 19:6

삭개오는 머뭇거리지 않았습니다. 급히 내려와 예수님을 자기의 집에 영접했습니다. 그는 예수님을 영접함으로 구원을 받았습니다. 예수님이 이렇게 말씀하셨습니다.

"예수께서 이르시되 오늘 구원이 이 집에 이르렀으니 이 사람도 아브라함의 자손임이로다"_눅 19:9

삭개오는 원래 혈통으로 아브라함의 자손이었으나 세리라는 직업 때문에 아브라함의 자손이라 칭함을 받지 못했습니다. 그럼에도 예수님은 오늘 이 집에 구원이 이르렀다고 하시며 삭개오가 이제 아브라함의 자손이라고 말씀하셨습니다. 예수님은 삭개오가 분명히 구원을 받았음을 선언하셨습니다. 그날 여리고성의 많은 사람이 예수님을 보기 위해 나왔지만 개인적, 인격적, 구체적으로 주님을 만난 사람은 삭개오밖에 없었습니다.

오늘날도 마찬가지입니다. 구경꾼은 많지만 예수님을 인격적으로 만난 사람은 많지 않습니다. 교인은 많고 종교인은 많지만 주님을 개인적, 인격적, 구체적으로 만난 사람은 많지 않습니다.

예수님을 만나면

삭개오가 예수님을 만나고 영접하는 장면을 보면 이보다 시급한 일이 없다는 것을 깨닫게 됩니다. 예수님은 자신을 보기 위해 나무에 올라간 삭개오에게 속히 내려오라고 하셨습니다. 그리고 내일이 아닌 '오늘' 네 집에 유하겠다고 말씀하십니다. 삭개오는 그 말씀에 순종하여 '급히 내려와' 예수님을 영접했습니다. 예수님은 '오늘' 구원이 이 집에 이르렀다고 말씀하셨습니다. 어떤 단어들이 등장했습니까. '속히', '급히'가 한 번씩, '오늘'은 두 번이나 언급됩니다. 내일은 우리의 시간이 아닙니다. 내일 일은 모릅니다.

그러므로 오늘 지금 예수님을 만나야 합니다. 지금 영접하셔야 합니다. 죄를 사함받고 새로운 피조물이 되고 하나님의 자녀가 되는 것은 점진적인 사건이 아닙니다. 영접하는 순간 즉각적으로 죄 사함을 받습니다. 즉각적으로 하나님의 자녀가 됩니다. 주님을 닮아가는 것은 점진적으로 이루어 지지만 신분의 변화는 즉각적으로 이루어지는 것입니다. 그러므로 지난 새생명축제주일에 예수님을 영접하지 못하신 분은 다음으로 미루시면 안 됩니다. 오늘 예수님을 영접하셔야 합니다.

그러면 이제 삭개오가 예수님을 만남으로 얻은 축복과 오늘 우리가 예수님을 만남으로 누리게 된 축복이 무엇인지를 생각해 보도록 하겠습니다.

첫째, 예수님을 만나면 기쁨을 얻습니다.
예수님이 삭개오에게 내려오라고 말씀하셨을 때 삭개오는 급히 내려와 즐거워하며 예수님을 자신의 집으로 영접했습니다.

"급히 내려와 즐거워하며 영접하거늘"_눅 19:6

삭개오는 여리고의 세무장이었고 돈도 많은 부자였지만 이스라엘 백성들에게는 죄인으로 여겨지며 손가락질당했습니다. 그의 마음속에는 자기 민족을 배신했다는 죄책감이 있었습니다. 청결한 사람, 의로운 사람이라는 뜻의 이름에 걸맞지 못하다는 자괴감에도 시달렸습니다. 그뿐만 아니라 극단적인 민족주의자들에 의해 암살을 당할 수도 있다는 두려움도 있었을 것이며 유별나게 작은 키로 인해 심한 열등감에 시달리고 있었습니다. 성경 이외의 다른 역사 문서를 보면 삭개오는 6살에 부모를 여의고 일곱 살에 소아마비에 걸려 충분히 발육되지 않은 사람이었다고 합니다. 가정환경도 어려웠습니다. 이런 삭개오에게 삶의 기쁨이 있었을까요?

하지만 그날 삭개오는 예수님을 만남으로 즐거움을 얻었습니다. 기쁨을 누리게 되었습니다. 이것은 삭개오만의 이야기가 아닙니다. 누구든지 예수님을 만나고 영접하면 외로움과 고독이 사라집니다. 죄와 죽음으로부터 자유함을 얻습니다. 두려움과 죄책감이 사라집니다. 그리고 설명할 수 없는 기쁨이 내 영혼에 파도처럼 밀려옵니다. 예수님을 만나면 우리의 외로움이 환희로 바뀌게 됩니다.

둘째, 예수님을 만나면 사람들의 평가에 흔들리지 않습니다.

삭개오는 사람들의 평가에 흔들리지 않고 예수님을 자신의 집으로 영접했습니다.

"뭇 사람이 보고 수군거려 이르되 저가 죄인의 집에 유하러 들어갔도다 하더라"_눅 19:7

사실 여리고성의 사람들은 그날 예수님께서 삭개오에게 나라를 배신한 매국노라며 엄하게 꾸짖고 심판하고 정죄하기를 바랐을 것입니다. 그런데 예수님이 삭개오의 집에 유하며 교제하는 것을 보고 충격을 받았습니다. 그래서 많은 사람이 수군거렸습니다. 하지만 그럼에도 삭개오는 사람들의 평가에 흔들리지 않았습니다.

요한복음 4장에 보면 과거에 남편을 다섯이나 바꾸었던 사마리아 여인이 나옵니다. 낯을 들고 다니기 창피해서 아무도 물을 길러 오지 않는 정오에 우물로 왔던 여자입니다. 그런데 그녀가 예수님을 만났습니다. 예수님을 만나고 난 후 자기의 물동이를 버려두고 동네로 뛰어 들어가 사람들에게 "와 보라!"라고 외치기 시작했습니다.

예수님을 믿으면 사람들의 평가에 흔들리지 않습니다. 자유함을 누리며 당당하게 살아갑니다. 사람들이 나를 보고 수군거리고 나를 이해해 주지 못해도 흔들리지 않습니다. 사람들의 반응과 평가에 신앙이 흔들리고 구원의 확신이 흔들리고 있다면 아직 예수님을 인격적으로 깊이 만나지 못했기 때문입니다.

셋째, 예수님을 만나면 가치관이 변화됩니다.

"주여 보시옵소서 내 소유의 절반을 가난한 자들에게 주겠사오며 만일 누구의 것을 속여 빼앗은 일이 있으면 네 갑절이나 갚겠나이다"
_눅 19:8b

삭개오는 이제 소유의 절반을 가난한 자들에게 주겠다고 말합니다. 그리고 누구의 것을 속여 빼앗은 일이 있으면 네 배로 갚겠다고 결심합니다. 원래 레위기의 가르침대로 하면 5분의 1을 덧붙여 주면 됩니다. 10만원을 착취했다면 12만 원으로 돌려주면 되는 것이지요. 하지만 삭개오는 10만원을 착취했다면 40만원을 갚겠다고 합니다. 이렇게 하면 이제 수중에 남는 돈은 하나도 없을 것입니다.

삭개오가 어떻게 해서 모은 돈입니까? 수전노, 매국노, 창기와 같은 놈, 로마의 앞잡이, 면허증 가진 강도 등 온갖 수치스러운 조롱을 다 겪으면서도 참고 모은 돈입니다. 눈물로 모은 돈입니다. 그런데 예수님을 만나고 나니까 모든 소유욕에서 해방될 수 있었습니다. 주님을 만남으로 돈이 행복의 요소가 아님을 알았습니다. 주님을 만남으로 인해 돈과 명예와 권력이 인생의 전부가 아님을 알았습니다. 지금까지 그는 오직 돈을 위해 인생을 살아왔습니다. 그러나 이제 가치관이 변화되었습니다. 예수를 믿으면 이런 변화를 경험합니다.

사실 삭개오는 주님을 만남으로 많은 것을 잃었습니다. 세무서장이라는 직장과 직위도, 그 많은 재산도 잃었습니다. 하지만 그는 영생을 얻었습니다. 참된 기쁨을 얻었습니다. 사람들의 평가에 흔들리지 않는 당당한 사람이 되었습니다. 가치관이 변화되어 참된 자유와 행복을 누리게 되었습니다. 그러므로 주님을 만나는 일이 인생의 진정한 성공입니다.

17

하나님이 자랑하고 싶은 사람

욥 1:1-8

1 우스 땅에 욥이라 불리는 사람이 있었는데 그 사람은 온전하고 정직하여 하나님을 경외하며 악에서 떠난 자더라 **2** 그에게 아들 일곱과 딸 셋이 태어나니라 **3** 그의 소유물은 양이 칠천 마리요 낙타가 삼천 마리요 소가 오백 겨리요 암나귀가 오백 마리이며 종도 많이 있었으니 이 사람은 동방 사람 중에 가장 훌륭한 자라 **4** 그의 아들들이 자기 생일에 각각 자기의 집에서 잔치를 베풀고 그의 누이 세 명도 청하여 함께 먹고 마시더라 **5** 그들이 차례대로 잔치를 끝내면 욥이 그들을 불러다가 성결하게 하되 아침에 일어나서 그들의 명수대로 번제를 드렸으니

> 이는 욥이 말하기를 혹시 내 아들들이 죄를 범하여 마음으로 하나님을 욕되게 하였을까 함이라 욥의 행위가 항상 이러하였더라 ⁶ 하루는 하나님의 아들들이 와서 여호와 앞에 섰고 사탄도 그들 가운데에 온지라 ⁷ 여호와께서 사탄에게 이르시되 네가 어디서 왔느냐 사탄이 여호와께 대답하여 이르되 땅을 두루 돌아 여기저기 다녀왔나이다 ⁸ 여호와께서 사탄에게 이르시되 네가 내 종 욥을 주의하여 보았느냐 그와 같이 온전하고 정직하여 하나님을 경외하며 악에서 떠난 자는 세상에 없느니라

사람은 누구나 자랑하고 싶은 마음이 있습니다. 자랑은 인간의 본능입니다. 사람들은 팔불출(八不出)이라는 말을 들으면서까지 자랑을 하려고 합니다. 팔불출이란 문자 그대로 내세워서는 안 되는 여덟 가지를 의미합니다. 그 여덟 가지는 자기 자신, 아내(배우자), 자식, 학벌, 가문, 재산, 형제, 친구입니다. 그러니까 남과 원만하게 지내려면 이 여덟 가지를 남에게 내세우면 안 되는데 교양 없이 그것을 버젓이 드러내는 사람을 팔불출이라고 부릅니다.

이렇게 사람들은 팔불출이라는 말을 들으면서도 끊임없이 자신의 부와 가문과 권력과 학위와 외모를 자랑합니다. 자식과 손

주까지 자랑합니다.

요즘 많은 사람이 SNS에 사진을 올리는 여러 이유 중의 하나가 자기 과시라고 합니다. 그래서 SNS를 보면 고급스러운 식당에서 음식을 먹는 사진이라든지 명품 옷을 입고 명품 가방을 들고 찍은 사진, 여행을 가서 찍은 사진들을 올립니다.

목회자인 제게도 자랑하고 싶은 성도들이 있습니다. 그런데 집회에서 다른 목사님들을 뵈면 그분들 역시 "우리 교인 중에 이런 분이 있는데" 하면서 열심히 그 성도를 자랑하시곤 합니다. 이렇게 사람들에게는 누구나 자랑하고 싶어 하는 마음이 있습니다.

하나님의 자랑

우리 하나님에게도 자랑하고 싶어하는 사람이 있습니다. 하나님이 누구를 자랑하셨습니까? 바로 욥입니다.

"여호와께서 사탄에게 이르시되 네가 내 종 욥을 주의하여 보았느냐 그와 같이 온전하고 정직하여 하나님을 경외하며 악에서 떠난 자는 세상에 없느니라"_욥 1:8

하나님이 누구에게 욥을 자랑하십니까? 사탄입니다. 욥기에는 우리가 이해하기 어려운 천상의 장면이 기록되어 있습니다.

6절을 보면 하루는 하나님의 아들들 곧 천사들이 여호와 앞에 섰고 사탄도 그들 가운데 와 있습니다. 그때 하나님께서 사탄에게 "네가 어디서 왔느냐?"(욥 1:7a)고 물으십니다. 그러자 사탄이 "땅을 두루 돌아 여기저기 다녀왔나이다"(욥1:7b)라고 대답합니다.

사탄이 두루 돌아다닌다는 말은 그가 쉬지 않고 삼킬 자를 찾고 있다는 것을 말합니다. 그래서 베드로도 "근신하라 깨어라 너희 대적 마귀가 우는 사자같이 두루 다니며 삼킬 자를 찾나니"(벧전 5:8)라고 했습니다.

또 땅을 두루 돌아 여기저기 다녀왔다는 말은 사탄 역시 한낱 피조물에 불과한 존재라는 사실을 말해 줍니다. 피조물은 모든 곳에 편재하지 못합니다. 하나님은 온 하늘과 땅에 충만하시고 안 계신 곳이 없지만 사탄은 피조물이기 때문에 편재할 수 없습니다. 여기저기 두루 돌아다닐 수밖에 없는 것입니다. 사탄이 하나님의 명령에 따라 움직이는 것을 보면 우리를 대적하는 사탄도 하나님의 주권 아래 있는 존재임을 알 수 있습니다.

그런데 8절을 보면 하나님께서 사탄에게 "네가 내 종 욥을 주의하여 보았느냐"라고 물으십니다. 이 말은 하나님께서 지금까지 계속해서 욥을 지켜보고 계셨음을 말합니다. 그런 다음 욥에 대해 칭찬하시며 자랑하기 시작하십니다.

"그와 같이 온전하고 정직하여 하나님을 경외하며 악에서 떠난 자는 세상에 없느니라"_욥 1:8b

하나님이 얼마나 자랑을 하고 싶으셨으면 사탄에게까지 자랑을 하셨겠습니까?
그러면 하나님이 자랑하신 욥은 어떤 사람입니까?

첫째, 욥은 부요했지만 신앙의 인격을 갖춘 사람이었습니다.
오늘 본문 2절을 보면 욥에게는 아들 일곱과 딸 셋이 있었습니다. 당시의 기준에서 많은 자녀는 축복의 상징입니다.
3절을 보면 욥은 굉장한 부자였습니다.

"그의 소유물은 양이 칠천 마리요 낙타가 삼천 마리요 소가 오백 겨리요 암나귀가 오백 마리이며 종도 많이 있었으니"_욥 1:3a

욥은 그 시대의 엄청난 부자였습니다. 화폐보다는 가축의 수효에 따라 경제적 능력이 결정되던 족장 시대인 것을 감안하면 욥은 그 동방의 사람들 중에서 가장 많은 재산을 소유한 최고의 부자였음을 알 수 있습니다.

그럼에도 불구하고 욥은 신앙의 인격을 갖춘 사람으로 살았습니다.

"그 사람은 온전하고"_욥 1:1b

"그와 같이 온전하고"_욥 1:8b

욥은 부자였지만 온전한 자로 살았습니다. 여기 온전한 자라는 말은 히브리어로 '탐'(מח)이라는 말인데, 이 말은 죄가 없다는 뜻이 아니라 다른 사람과 비교해 볼 때 남에게 흠이 될만한 것이 없음을 뜻합니다. 사실 욥도 완전무결한 사람이 아닙니다. 사탄에게 시험을 받을 때에 자기의 생일을 저주하는 죄를 짓기도 했습니다. 그러므로 욥이 순전한 자였다는 말은 완전했다는 말이 아니라 흠이 없는 삶을 살았다는 것을 말합니다.

31장을 보면 욥이 자신을 변론하면서 자신의 종들을 불의하게 대하지 않았다고 말합니다.

"만일 남종이나 여종이 나와 더불어 쟁론할 때에 내가 그의 권리를 저버렸다면 하나님이 일어나실 때에 내가 어떻게 하겠느냐 하나님이 심판하실 때에 내가 무엇이라 대답하겠느냐"_욥 31:13-14

그 시대에는 인권의 개념도 없었습니다. 노예와 종들은 짐승처럼 취급받던 시대입니다. 하지만 욥은 자기 종들을 그렇게 대하지 아니하고 인간적으로 대했다는 것입니다.

이어서 욥은 고아와 과부를 잘 돌봐 주었다고 말합니다.

"내가 언제 가난한 자의 소원을 막았거나 과부의 눈으로 하여금 실망하게 하였던가 나만 혼자 내 떡덩이를 먹고 고아에게 그 조각을 먹이지 아니하였던가 실상은 내가 젊었을 때부터 고아 기르기를 그의 아비처럼 하였으며 내가 어렸을 때부터 과부를 인도하였노라"
_욥 31:16-18

이렇게 욥은 순전한 자, 흠이 없는 자로 살았습니다.

그리고 욥은 정직한 자였습니다.

"그 사람은 온전하고 정직하여"_욥 1:1, 8

여기 정직한 자라는 말은 '야샤르'(יָשָׁר)인데, '곧다', '바르다'는 의미를 가지고 있습니다. 욥이 정직한 자였다는 말은 강직한 사람으로 정의를 실천하는 사람이었음을 말합니다. 그래서 31장을 보면 욥은 자기 이익을 위해 거짓말을 하지 않았다고 말합니다.

"만일 내가 허위와 함께 동행하고 내 발이 속임수에 빨랐다면 하나님께서 나를 공평한 저울에 달아보시고 그가 나의 온전함을 아시기를 바라노라"_욥 31:5-6

욥은 자신이 허위와 동행하지 않았다고 말하고 내 발이 속임수에 빠르지 않았다고 말합니다. 이 말은 누군가를 속이며 살지 않았음을 말합니다. 사업을 해 보신 분들은 알겠지만 거짓말하지 않고 사업을 한다는 것이 얼마나 어렵습니까? 그러나 욥은 부유했지만 정직한 자로 살았습니다.

또한 욥은 하나님을 경외하는 자였습니다.

"그 사람은 온전하고 정직하여 하나님을 경외하며"_욥 1:1, 8

하나님이 사탄에게 또 다시 "네가 내 종 욥을 주의하여 보았느냐"고 물으신 다음 이렇게 말씀하십니다.

"그와 같이 온전하고 정직하여 하나님을 경외하며 악에서 떠난 자가 세상에 없느니라"_욥 2:3a

욥은 이런 평가를 받을 정도로 하나님을 경외하는 자였습니다. 경외하다는 말의 히브리어 원어는 '야레(ירא)'입니다. '야레'는 '두려워하다', '존경하다'라는 뜻입니다. 다시 말해, 경외란 공포심이 아닌 존경하는 마음에서 우러나오는 거룩한 두려움을 말합니다.

많은 사람이 하나님을 경외하는 것을 두려움이나 떨림 등과 같은 심리적 상태로 이해하고 있습니다. 그러나 진정한 의미는 그렇게 단순하지 않습니다.

성경을 보면 하나님을 경외하라는 말이 160번 이상 등장합니다. 대부분의 경우 두려움과 떨림과 같은 심리적 상태가 아니라 하나님을 경외하는 자는 어떻게 행동해야 하느냐 하는 삶의 문제, 자세와 연결되어 있습니다.

"너는 귀먹은 자를 저주하지 말며 맹인 앞에 장애물을 놓지 말고 네 하나님을 경외하라 나는 여호와이니라"_레 19:14

"너는 센 머리 앞에서 일어서고 노인의 얼굴을 공경하며 네 하나님을 경외하라 나는 여호와이니라"_레 19:32

"너희 각 사람은 자기 이웃을 속이지 말고 네 하나님을 경외하라"_레 25:17

17. 하나님이 자랑하고 싶은 사람

"너는 그(가난한 형제)에게 이자를 받지 말고 네 하나님을 경외하여 네 형제로 너와 함께 생활하게 할 것인즉"_레 25:36

"너는 그(종)를 엄하게 부리지 말고 네 하나님을 경외하라"_레 25:43

하나님을 경외하는 것은 단순히 하나님이 무서워서 떠는 게 아니라 장애인을 돌보고 어른을 공경하고 정직하게 살며 가난한 형제를 돌보며 자신의 종을 엄하게 부리지 않는 것입니다.

아브라함도 하나님을 경외했기에 독자 이삭을 바치라는 말씀에 순종했고 출애굽기의 히브리 두 산파 역시 하나님을 경외했기에 애굽의 왕 바로의 명령을 어기고 이스라엘의 남자 아이들을 죽이지 않고 살려 주었습니다. 이렇게 하나님을 경외하는 것은 단순한 두려움의 감정의 아닌 우리의 모든 삶의 자세와 직결되어 있습니다.

이와 함께, 욥은 악에서 떠난 자였습니다.

"그 사람은 온전하고 정직하여 하나님을 경외하며 악에서 떠난 자더라"_욥 1:1b, 8b

욥은 하나님을 경외했기에 악에서 떠난 자로 살았습니다. 하나님을 경외하는 자는 악에서 떠날 수밖에 없습니다. 이 둘은 분리될 수 없습니다. 왜냐하면 하나님을 경외하면 언제나 하나님을 의식하며 살아갈 수밖에 없기 때문입니다. 그래서 욥은 여자를 정욕적인 눈으로 바라보지 않았다고 31장에서 말합니다.

"내가 내 눈과 약속하였나니 어찌 처녀에게 주목하랴"_욥 31:1

아내 외의 여자에게 눈길도 안 주었다는 말입니다. 요즘으로 말하면 포르노물을 보지 않았다는 것입니다.

하나님이 욥을 칭찬하시고 자랑하신 이유가 자녀들이 많고 그 시대에 가장 부요한 자였기 때문일까요? 아닙니다. 욥은 하나님을 알지 못하는 자들이 살아가는 동방의 우스라는 땅에서, 그것도 당대 최고의 부자로 살면서도 순전하고 정직하게 하나님을 경외하며 악에서 떠난 자로 살았기 때문입니다.

욥은 부자로서 남부러울 것이 없이 살면서도 경건했습니다. 온전히 하나님을 의지하고, 하나님을 경외하며, 악에서 떠난 자로 살았습니다. 사실 부자로 살면서 믿음을 지키며 하나님을 경외하는 자로 산다는 것은 쉽지 않습니다. 우리 주변을 보면 고난 가운데 넘어지는 사람보다 부요하기 때문에 넘어지는 사람들이 훨씬 많습니다. 그래서 예수님도 "낙타가 바늘귀로 들어가는 것이 부자가 하나님의 나라에 들어가는 것보다 쉬우니라"(마19:24)라고 말씀하셨습니다. 사람들은 출세하고 성공하면 마음이 달라집니다.

그러나 욥은 그러지 않았습니다. 그래서 3절을 보면 "이 사람은 동방 사람 중에 가장 훌륭한 자"(욥 1:3b)라고 했습니다. 여기서 훌륭한 자라는 말은 그 시대 사람들에게 가장 존경받는 명예로운 인물이었다는 것입니다.

욥은 이렇게 사람들과의 수평적 관계에서도 온전하고 정직한 자였고 하나님과의 수직적 관계에서도 하나님을 경외하며 악에서 떠난 자로 살았습니다. 이것을 보면 욥은 신앙의 인격을 균형적으로 잘 갖춘 사람이었습니다. 그래서 하나님은 사탄 앞에서 "그와 같이 온전하고 정직하여 하나님을 경외하며 악에서 떠난 자는 세상에 없느니라"(욥 1:8)라고 말씀하시며 욥을 자랑하셨던 것입니다.

둘째, 욥은 가정의 제사장이었습니다.

욥은 자녀들의 경건을 위해 온 힘을 쏟았던 영적인 아버지였습니다. 4절을 보면 아들 중에 누군가 생일을 맞이하면 열 명의 자녀들이 함께 모여 먹고 마셨습니다. 이것을 보면 형제간에 우애가 있고 화목한 가정이었다는 것을 알 수 있습니다. 대개 재물이 많은 집일수록 자녀들이 우애하지 못하고 다투는 일이 많다는 것을 생각하면 욥이 자녀들을 화목하게 양육했다는 것을 알 수 있습니다.

또한 욥은 자녀들의 생일잔치가 끝나면 아침에 일어나 자녀들의 인원 수대로 번제를 드렸습니다.

> "아침에 일어나서 그들의 명수대로 번제를 드렸으니 이는 욥이 말하기를 혹시 내 아들들이 죄를 범하여 마음으로 하나님을 욕되게 하였을까 함이라"_욥 1:5b

욥이 이렇게 했던 이유는 무엇일까요? 그것은 내 자녀들이 잔치하는 동안 죄를 범하여 마음으로 하나님을 욕되게 않았을까 하는 것 때문이었습니다. 혹시 음식과 술에 취해 부지불식간에 하나님의 이름에 누를 끼치는 말과 행동을 하지 않았을까? 혹시 마음으로 하나님을 배반하지 않았을까? 그래서 자녀들을 위해 번제를 드렸습니다.

순전하고 정직하며 하나님을 경외하며 악에서 떠난 자로 살았던 욥은 자신만 그렇게 살지 않았습니다. 그는 가정의 제사장으로서 내 자녀들이 경건하게 순결하게 살기를 원했습니다. 욥은 자녀들이 많은 재산보다 믿음 안에서 살기를 원했고 서로 화목하며 살기를 원했고 세상에서 권세를 갖기보다 성결한 자녀로 살기를 원했습니다.

이런 아버지를 보신 적 있나요? 내 자녀가 잘 되기를 바라고 성공하기를 바라는 부모는 많지만 이렇게 자식들이 하나님을 경외하며 경건한 자로 살아가기를 바라는 부모는 많지 않습니다. 반면 욥은 가정의 제사장으로서 자녀들의 경건에 항상 관심을 가지고 있었습니다. 그렇다면 이제 우리도 가정의 영적 제사장으로서 내 자녀들에게 신앙의 본을 보여야 합니다. 그리고 내 자녀들의 거룩한 삶을 위하여 기도해야 합니다.

하지만 우리 자녀들의 거룩함과 경건을 위해 기도하지 않는 부모들이 요즘 너무나 많습니다. 부모는 가정의 영적 제사장입니다. 그러므로 내 자녀들이 신앙적으로 하나님 앞에서 바르게 살아가도록 가르치고, 신앙의 본을 보이며 자녀들의 경건을 위해 기도해야 합니다. 가정의 제사장으로서 사명을 잊어버리고 돈 버는 일에 집중하며 자녀들의 성적과 성공에만 올인하는 분들이 있습니다. 그러나 지금 우리 자녀들이 살아가는 이 세상은 어느 때보다 악하고 음란한 세상입니다. 따라서 지금이 바로 자녀를 위해 울며 기도할 때입니다.

예수님도 십자가를 지고 골고다의 언덕길을 오르시면서 울며 따라오는 여인들을 향해 이렇게 말씀하셨습니다.

> "예루살렘의 딸들아 나를 위하여 울지 말고 너희와 너희 자녀를 위하여 울라"_눅 23:28

자녀를 위해 기도하는 것이 얼마나 중요한지 알 수 있는 말씀입니다. 그러므로 이제부터라도 자녀의 잘됨과 성공만을 위해 기도하지 말고 나와 내 자녀의 경건과 순결을 위해, 혹시 마음으로 하나님을 배반하지 않기를 위해 기도해야 할 것입니다.

셋째, 욥은 습관화, 체질화, 인격화된 신앙을 가진 사람이었습니다.

> "욥의 행위가 항상 이러하였더라"_욥 1:5b

욥은 자녀들의 생일잔치가 끝나면 혹시 자녀들이 마음으로 죄를 범하지 않았을까 하여 아침에 일어나 자녀들의 명수대로 번제를 드렸습니다. 항상 그러했습니다. 이 말씀은 욥의 이런 경건 생활이 일생 동안 한결같았음을 말합니다. 욥의 신앙은 한순간 반짝하는 것이 아니라 습관이며 체질이었고, 그에게 인격화되어 있었습니다.

세상은 변합니다. 우리가 사는 세상도 빠르게 변하고 있습니다. 하지만 욥의 신앙은 변하지 않았습니다. 그 이유는 그의 신앙과 경건 생활이 습관화, 체질화되어 있었기 때문입니다. 그러므로 우리의 신앙과 경건 생활 또한 반드시 습관화되어야 합니다. 그래야 인격이 되기 때문입니다. 그래서 저 역시 제2기 사역 DNA 미니스트리를 통해 다니엘의 거룩한 영적 DNA를 이식받아 거룩한 습관을 갖게 하는 21가지 훈련에 집중하고 있습니다.

하나님은 욥을 칭찬하셨고 사탄 앞에서 자랑하셨습니다. 왜 하나님은 이렇게 욥을 자랑하셨습니까? 당대 가장 큰 부자였음에도 믿지 않는 자들과 문화 속에서 순전하고 정직하게 하나님을 경외하며 악에서 떠난 자로 살았기 때문입니다. 가정의 영적 제사장으로서 자녀들의 잘됨과 성공이 아닌 자녀들의 경건을 위해 자녀들의 명수대로 번제를 드렸기 때문입니다. "욥의 행사가 항상 이러하였더라"는 말씀처럼 욥의 신앙이 습관화되었고 체질화, 인격화되어 있었기 때문입니다.

오늘 이 말씀을 듣는 모든 성도가 욥과 같이 하나님이 인정하시고 자랑하고 싶어 하는 사람이 될 수 있기를 바랍니다.

18

울어야 할 때를 아는 사람

누가복음 23장 27-30절

²⁷ 또 백성과 및 그를 위하여 가슴을 치며 슬피 우는 여자의 큰 무리가 따라오는지라 ²⁸ 예수께서 돌이켜 그들을 향하여 이르시되 예루살렘의 딸들아 나를 위하여 울지 말고 너희와 너희 자녀를 위하여 울라 ²⁹ 보라 날이 이르면 사람이 말하기를 잉태하지 못하는 이와 해산하지 못한 배와 먹이지 못한 젖이 복이 있다 하리라 ³⁰ 그 때에 사람이 산들을 대하여 우리 위에 무너지라 하며 작은 산들을 대하여 우리를 덮으라 하리라

오늘은 눈물에 관한 말씀을 전하고자 합니다. 성경은 '눈물의 책'이라 불러도 과언이 아닐 만큼 눈물에 관한 기록이 참 많이 나옵니다.

그런데 우리가 흘리는 눈물이 다 똑같은 눈물이 아닙니다. 나 같은 죄인을 구원해 주시고 사랑해 주심에 감사하며 흘리는 감격의 눈물도 있고, 지은 죄를 애통하며 흘리는 회개의 눈물도 있고, 누군가를 불쌍히 여기는 마음에 흘리는 긍휼의 눈물도 있습니다. 그뿐만 아니라 서러움의 눈물도 있고 탄식의 눈물도 있습니다.

성경을 보면 하나님의 사람들에게는 눈물이 있었습니다. 눈물 없이 사역을 감당했던 사람은 한 사람도 없었습니다. 믿음의 조상 아브라함에게도, 이스라엘의 지도자인 모세에게도, 사도 베드로와 사도 바울에게도 눈물이 있었습니다. 특별히 시대마다 하나님의 마음을 가지고 하나님의 말씀을 선포했던 선지자들에게는 많은 눈물이 있었습니다.

대표적으로 예레미야 선지자는 '눈물의 선지자'로 불릴 만큼 매일 눈물 흘리며, 눈물 속에서 하나님의 말씀을 선포했습니다.

"밤에는 슬피 우니 눈물이 뺨에 흐름이여"_애 1:2a

"내 눈이 눈물에 상하며"_애 2:11a

다윗 역시 눈물의 사람이었습니다. 그래서 죄를 회개할 때에도 눈물로 자신의 침상을 띄우고 자신의 요를 적실 정도로 울면서 기도했습니다(시 6:6). 얼마나 눈물을 많이 흘렸으면 "내 눈물이 주야로 내 음식이 되었도다"(시 42:3), "나의 눈물을 주의 병에 담으소서"(시 56:8)라고 고백했겠습니까?

예수님도 이 땅에 계시는 동안 정말 많은 눈물을 흘리셨습니다. 나사로가 죽었을 때에도 그 죽음의 비참함을 보면서 눈물을 흘리셨습니다. 십자가를 지시기 전에도 멸망당할 예루살렘 성을 바라보면서 눈물을 흘리셨습니다. 십자가의 죽음을 앞두고 겟세마네 동산에서 기도하실 때에도 "심한 통곡과 눈물로"(히 5:7) 기도하셨습니다. 십자가에 달려 죽으시면서도 "엘리 엘리 라마 사박다니"라고 부르짖으시며 통곡하셨습니다. 이렇게 우리 예수님은 이 땅의 죄와 그 죄로 인한 하나님의 심판을 바라보며 눈물을 흘리셨습니다.

눈물에는 많은 유익이 있다고 합니다. 그래서 예수님도 산상수훈에서 "애통하는 자는 복이 있나니 저희가 위로를 받을 것임이요"(마 5:4)라고 말씀하셨습니다. 또 히스기야도 병들어 죽게 되었을 때 눈물의 기도를 드림으로 자신의 병을 고침받았습니다.

눈물의 유익

학자들에 의하면 우리가 눈물을 흘릴 때 베타엔돌핀이 생성이 되어 우리의 감정을 순화시키고 스트레스를 해소시켜 주고 심지어 우리 몸속에 있는 독소들을 제거하는 효과가 있다고 합니다. 영국의 황태자비 다이애나가 1997년 교통사고로 죽었습니다. 그를 사랑했던 많은 사람들이 눈물을 흘렸습니다. 그러자 그해 우울증 환자가 절반 수준으로 떨어졌다는 통계가 나왔습니다.

많은 한국 사람들은 화병(火病) 또는 울화병에 걸린다고 말합니다. 미국정신의학회에 화병(hwa-byung)이 등록될 정도입니다. 지난해 한 취업포털에서 직장인 448명을 대상으로 '직장생활을 하면서 화병을 앓은 적이 있는가'라는 질문에 무려 90.2%가 '있다'고 답했다고 합니다. 왜 화병이 생깁니까? 쌓인 화를 삭이지 못해 생기는 것입니다. 그러니까 화병은 울어야 할 때 울지 못하기 때문에 생기는 것이라고도 볼 수 있습니다.

왜 남자가 여자보다 평균 수명이 짧을까요? 미국의 미네소타 주의 알츠하이머 치료 연구센터에서는 '잘 울지 않기 때문'이라고 했습니다. 이것을 보면 눈물이 우리에게 주는 유익이 얼마나 많은지 모릅니다. 그러므로 눈물은 하나님이 우리에게 주신 선물이요 복인 것입니다.

하지만 우리나라 사람들은 우는 것을 수치스럽고 부끄럽게 생각하는 경향이 있습니다. 그래서인지 고속도로 휴게소에 있는 남자 화장실 소변기 앞에는 이런 글귀가 쓰여 있습니다.

"남자가 흘리지 말아야 할 것은 눈물만이 아닙니다"

또 김소월의 시 '진달래꽃'은 이렇게 끝을 맺습니다.

"나보기가 역겨워 가실 때에는 죽어도 아니 눈물 흘리오리다."

이별이 아무리 슬플지라도 그 앞에서 끝까지 눈물은 보이지 않겠다는 것입니다.

저 역시 설교나 기도 중에 눈물을 보이지 않으려고 할 때가 얼마나 많은지 모릅니다. 그러나 눈물이 나오면 흘리십시오. 슬픔이 밀려오면 소리 내어 우십시오. 영국의 정신과 의사인 헨리 모즐리(Henry Maudsley)는 "사람이 슬플 때 울지 않으면 장기가 운다"라고 했습니다.

우리는 지금 울음을 잃어버린 시대, 눈물이 메마른 시대를 살아가고 있습니다. 예수님도 자신의 말씀에 반응을 보이지 않는 그 시대 사람들을 향하여 말씀하셨습니다.

> "너희를 향하여 피리를 불어도 너희가 춤을 추지 않고 우리가 슬피 울어도 가슴을 치지 아니하였도다"_마 11:17

사람에게는 세 가지 액체가 있습니다. 피와 땀과 눈물입니다. 피는 생명을, 땀은 노동을, 눈물은 사랑을 의미한다고 합니다. 그러므로 눈물이 메말랐다는 것은 그만큼 사랑이 사라져가고 있음을 말합니다. 마음이 강퍅해지고 있음을 말합니다. 그러므로 울어야 할 때 울지 않으면 가정이 메마르고 파괴되고 세상은 차가워집니다. 온갖 범죄가 증가합니다. 그런데 우리의 다음 세대인 청소년들을 보면 공감 능력이 점점 떨어지고 눈물이 메말라가고 있습니다. 눈물 없는 청소년들이 많아지고 있습니다. 그러므로 우리에겐 눈물이 필요합니다. 눈물이 회복되어야 합니다.

슬피 우는 여자들

오늘 본문에서 예수님은 십자가를 지고 골고다의 언덕길을 오르십니다. 이미 전날 밤부터 예수님은 겟세마네 동산에서 땀방울이 핏방울이 되도록 기도하셨습니다. 그리고 제자들로부터 배신을 당하셨습니다. 밤새도록 모진 고문을 받으셨습니다. 그래서 이미 초주검이 되셨습니다. 그 무거운 십자가를 지고 가다 쓰러지고 또 쓰러지곤 했습니다. 전승에 의하면 예수님이 골고다에 이르기까지 무려 14번이나 쓰러지셨다고 합니다. 그럴 때마다 로마의 군병은 쇠붙이가 달린 채찍으로 여지없이 예수님을 내리쳤습니다. 그 채찍질에 살점이 툭툭 떨어져 나가며 온몸이 피로 물들었습니다.

이렇게 주님이 십자가를 지시고 골고다의 언덕길을 오르던 그 때에 주님을 따르던 여인들이 있었습니다.

"또 백성과 및 그를 위하여 가슴을 치며 슬피 우는 여자의 큰 무리가 따라오는지라"_눅 23:27

가슴을 쥐어뜯으면서 흐느껴 울면서 주님을 따르던 여인들이 있었습니다. 이 여인들 가운데 막달라 마리아, 야고보와 요셉의 어머니 마리아, 세베대의 아들들의 어머니도 있었습니다. 예수님의 어머니 마리아와 예루살렘에서 온 여인들도 있었습니다. 이 여인들이 십자가를 지고 골고다로 가시는 예수님을 뒤따르면서 슬피 울고 있었습니다.

그때 예수님은 그들을 향하여 "나를 위해 울지 말라"고 말씀하십니다.

"예수께서 돌이켜 그들을 향하여 이르시되 예루살렘의 딸들아 나를 위하여 울지 말고"_눅 23:28a

내가 힘들어서 울고 있을 때 누군가가 나의 아픔에 공감하며 눈물을 닦아주며 함께 울어 준다면 얼마나 큰 위로가 됩니까? 그런데 주님은 지금 "나를 위해 울지 말라"고 말씀하시는 것입니다.

여인들의 눈에 비친 예수님은 너무나 비참하고 처절한 모습이었습니다. 차마 눈 뜨고 볼 수 없는 참담한 모습이었습니다. 그 무거운 십자가를 지고 몇 걸음을 걷다가 다시 쓰러질 때마다 로마 병정들이 채찍으로 때려 예수님의 온몸은 피로 물들어 있었습니다. 가시 면류관을 쓰신 예수님의 머리에는 피와 땀과 눈물이 함께 흘러내려 예수님의 눈망울까지 피로 젖어 있었습니다. 그 모습에 여인들은 가슴이 미어져 흐느끼지 않을 수 없었습니다. 이들은 구경꾼이 아니라 예수님의 아픔에 동참했던 사람들입니다. 제자들은 배신하고 떠나갔지만 끝까지 주님을 따랐던 사람들입니다. 그런데 예수님은 이 여인들을 향하여 돌이켜 그들을 바라보시며 "나를 위하여 울지 말라"고 하십니다.

그것은 예수님이 지금 받고 계신 이 고난이 인류의 죄를 대속하기 위한 사역임을 그들이 알지 못했기 때문입니다. 이 여인들은 고난을 당하신 예수님을 바라보면서 '얼마나 아프실까? 얼마나 괴로우실까? 얼마나 힘드실까?' 생각하면서 동정과 연민의 눈물을 흘리고 있었습니다. 사실 우리도 그럴 때가 많습니다. 그래서 십자가를 동정과 연민의 눈으로 바라봅니다. 그러나 아닙니다. 주님이 받으신 고난은 동정과 연민을 뛰어넘어, 나를 구원하기 위해 우리 주님이 나를 대신해 받으신 고난이고 수치이고 고통인 것입니다.

뒤이어 주님은 이렇게 말씀하셨습니다.

"나를 위하여 울지 말고 너희와 너희 자녀를 위하여 울라"_눅 23:28b

너희가 정말 흐느끼고 통곡하며 울어야 할 대상은 내가 아니고 바로 너와 너희 자녀들이라는 것입니다. 그렇습니다. 가장 먼저 울어야 할 대상은 다른 사람이 아니라 바로 '나'입니다. 그렇다면 나는 진정 나 자신을 위하여 울어본 적이 있습니까? 나의 완악함과 연약함 때문에 눈이 통통 붓도록 울어보신 적이 있나요? 그렇게도 다짐하면서 너무나 쉽게 무너지는 나 자신을 바라보며 눈물 흘린 적이 있나요? 내가 원하는 바 선은 행치 아니하고 원치 아니하는 바 악을 행하는 스스로를 바라보면서 울어보았나요? 나를 구원하신 주님의 은혜와 사랑 때문에 뜨거운 눈물을 흘리며 시간 가는 줄 모르고 기도하신 적이 있습니까?

속상해서 울고 비교당해서 울고 무시당해서 운 적은 많지만 정작 나 자신의 연약함과 구원의 감격 때문에 운 적은 별로 없습니다. 내가 지은 죄를 회개하며 애통하며 우는 적은 많지 않습니다. 하지만 주님은 오늘 너 자신을 위하여 울라고 말씀하십니다. 왜냐하면 나를 향한 눈물이 있어야 나에 대한 정확한 진단을 내릴 수 있고 또다시 새롭게 부어 주시는 하나님의 은혜를 경험할 수 있기 때문입니다.

사람들이 자식을 위해서는 참 많이 웁니다. 35년 목회를 하면서 자식을 위하여 우는 부모들을 정말 많이 보았습니다. 물론 부모 때문에 우는 자식도 있습니다. 실제로 부모가 남겨준 그 빚 때문에, 과도한 부모의 통제와 간섭과 폭력으로 인하여 우는 자녀들도 있습니다. 그러나 자식 때문에 우는 부모가 훨씬 더 많습니다. 그러면 주님은 어째서 여인들에게 너희와 너희 자녀를 위하여 울라고 말씀하셨을까요?

그것은 머지않아 그들에게 임할 무서운 하나님의 심판 때문입니다. 29절과 30절에 '날'과 '그때'가 나오는데 여기 나오는 날과 그때는 하나님의 심판을 말합니다.

> "보라 날이 이르면 사람이 말하기를 잉태하지 못하는 이와 해산하지 못한 배와 먹이지 못한 젖이 복이 있다 하리라"_눅 23:29

원래 유대인들은 아이를 갖지 못하는 것을 저주로 생각했습니다. 그런데 주님은 그날에는 잉태하지 못한 자와 아이를 낳지 못한 자와 아이에게 젖을 먹여 보지 못한 자는 복이 있다고 말씀하셨습니다. 그 이유는 예루살렘성이 로마에 의해 멸망당하는 날에 젊은 자녀들이 전쟁과 굶주림으로 모두 죽임을 당하게 될 것이기 때문입니다.

"그 때에 사람이 산들을 대하여 우리 위에 무너지라 하며 작은 산들을 대하여 우리를 덮으라 하리라"_눅 23:30

그 심판의 때가 너무 크고 잔인할 것이기 때문에 산들에게 우리 위에 무너지라고, 작은 산들에게 우리를 덮으라고 할 것이라 합니다. 심판으로 인한 고통이 얼마나 비참했으면 차라리 산사태로 땅 속에 묻혀 죽게 해 달라고 하겠습니까?

예수님이 말씀하신 이 심판의 예언은 정확히 40년 뒤에 성취되었습니다. A.D. 70년 로마의 디도 장군이 대군을 이끌고 쳐들어와 예루살렘을 완전히 포위했습니다. 성이 완전히 포위되자 굶주림으로 죽는 사람들이 늘어나기 시작했고 성안의 사람들이 하루에 수백 구씩 그 시체를 성 밖으로 던져 성곽 바로 밑에 시체가 산처럼 쌓였다고 합니다. 역사가 요세푸스의 기록에 의하면 너무 배가 고픈 나머지 어린아이를 잡아먹었던 사례도 있었다고 합니다. 마침내 5개월 후에 성은 완전히 함락되었고 당시 예루살렘에 있던 사람들 가운데 97,000명이 포로로 잡히고 110만 명이나 되는 사람들이 그 성안에서 죽었다고 합니다. 예수님을 잔인하게 죽였던 예루살렘은 이렇게 엄청난 심판을 받은 것입니다.

예수님이 왜 너희와 너희 자녀를 위해 울라고 말씀하셨습니까? 그들에게 임할 엄청난 심판을 아셨기 때문입니다. 예수님은 이 시대를 살아가는 우리에게도 동일하게 "너희와 너희 자녀를 위하여 울라"고 말씀하십니다. 그렇다면 지금 나는 나 자신과 내 자녀를 위해 울고 있습니까? 아니, 나는 왜 울어야 합니까?

지금 나는 왜 울어야 하는가?

첫째, 살아갈 이 세대가 너무 악하기 때문입니다.
디모데후서 3장은 말세에 어떤 일이 일어날 것인지 말씀하고 있습니다.

> "사람들이 자기를 사랑하며 돈을 사랑하며 자랑하며 교만하며 비방하며 부모를 거역하며 감사하지 아니하며 거룩하지 아니하며 … 쾌락을 사랑하기를 하나님 사랑하는 것보다 더하며"_딤후 3:2-4

이 예언의 말씀처럼 우리 자녀들이 살아갈 이 세상은 돈을 더 사랑하고 감사하지도 않고 노골적으로 하나님을 대적하는 세상이 될 것입니다. 또 음란함과 각종 중독, 개인주의와 이기주의, 잔인함과 폭력, 동성애가 일반화될 것입니다. 우리가 지금 울어야 할 이유가 이 시대 속에 너무나 분명합니다.

요즘 뉴스를 보면 청소년들의 절도와 집단 성폭행, 교사 폭행, 마약, 심지어는 살인까지 상상을 초월한 청소년 범죄가 날로 급증하고 있습니다. 지금 우리 자녀들은 상상할 수 없는 악한 시대에 살고 있습니다. 사람을 죽이는 게임과 음란물에 노출되어 있습니다. 그리고 학교에서는 무신론에 입각한 교육을 받고 있습니다. 그래서인지 예전에는 '대학 들어가면 교회를 떠난다'고 했는데 이제는 '중학교 가면 교회를 떠난다'고 합니다. 이런 시대를 살아가는 당신의 자녀를 위해 울어 본 적이 있습니까?

기독교 역사 가운데 대학자이며 목회자인 어거스틴(Augustine)이란 분이 있습니다. 그의 어머니 모니카는 방탕한 아들을 위해 16년 동안 울면서 기도했습니다. 모니카가 방탕한 아들 때문에 기도하다 지쳐 실망하고 있을 때 암브로시우스(Ambrosius) 목사님이 해 준 말이 있습니다.

"기도하는 부모가 있는 자식은 결코 망하지 않는다!"

그 말대로 어거스틴은 33세에 돌아와 하나님의 자녀가 되었습니다.

자녀를 위한 부모의 눈물의 기도는 결코 헛되지 않습니다. 여러분이 정말 자녀를 사랑한다면 오늘 이 세상을 살아가는 자녀를 위해 눈물로 기도하십시오. 돈으로 자식 사랑을 때우지 말고 기도로 자식 사랑을 실천하십시오.

둘째, 하나님의 심판 때문입니다.

성경은 예수를 믿지 않음으로 생명책에 기록되지 못한 자들이 받을 심판에 대하여 여러 곳에서 말씀하고 있습니다.

"누구든지 생명책에 기록되지 못한 자는 불못에 던져지더라"
_계 20:15

그런데 그 심판은 한순간의 것이 아닙니다.

"세세토록 밤낮 괴로움을 받으리라"_계 20:10b

불꽃 가운데서의 괴로움은 상상을 초월합니다. 그래서 예수님은 지옥의 고통과 괴로움을 이렇게 말씀하셨습니다.

"거기에서는 구더기도 죽지 않고 불도 꺼지지 아니하느니라 사람마다 불로써 소금 치듯 함을 받으리라"_막 9:48-49

만일 당신의 자녀가 이 영원한 지옥의 불 못에 던져진다고 생각해 보십시오. 그곳에서 당신을 증오하며 슬피 울며 이를 간다고 생각해 보십시오. 그래도 내 자녀가 이 세상에서 잘되고 성공하기만을 위해 기도하겠습니까?

자녀를 위해 기도할 때 미국인은 행복한 사람이 되길 기도하고, 이탈리아인은 착한 사람이 되길 기도하고, 한국인은 성공한 사람이 되길 기도한다고 합니다. 그러나 여러분의 자녀가 이 세상에서 아무리 착한 사람이 되고 성공한 사람이 되었을지라도 오늘 예수님을 믿음으로 구원받지 못했다면 그 성공이 무슨 의미가 있겠습니까?

리차드 백스터(Richard Baxter) 목사님은 자신의 『회심』이라는 저서에서 이렇게 말했습니다.

"회심하지 못한 사람의 영혼을 위해 울지 못하는 사람은 회심하지 못한 사람보다 더 불쌍한 사람이다."

부모에게 주신 가장 큰 사명은 자녀들의 영혼을 구원하는 일입니다. 그러므로 우리는 내 자녀의 영혼 구원을 위해 하나님 앞에서 울어야 합니다. 울면서 기도해야 합니다.

지금 당신의 자녀는 어디에 있습니까? 지금 당신의 자녀는 거듭났습니까? 기도 없는 사랑은 진정한 자식 사랑이 아닙니다. 동서고금을 막론하고 자식에 대한 최고의 사랑은 눈물의 기도입니다. 기도하는 부모가 있는 자식은 결코 망하지 않습니다. 하나님께서 부모에게 주신 최고의 사명은 자녀에게 십자가의 피 묻은 복음을 전하여 그 영혼을 구원하는 것입니다.

19

진리 안에서 자신을 아는 사람

> **시편 8편 4-6절**
>
> **4** 사람이 무엇이기에 주께서 그를 생각하시며 인자가 무엇이기에 주께서 그를 돌보시나이까 **5** 그를 하나님보다 조금 못하게 하시고 영화와 존귀로 관을 씌우셨나이다 **6** 주의 손으로 만드신 것을 다스리게 하시고 만물을 그의 발 아래 두셨으니

우리가 부르는 찬송가 가운데 하나님의 창조를 찬양하는 '참 아름다워라'라는 곡이 있습니다.

참 아름다워라 주님의 세계는
저 솔로몬의 옷보다 더 고운 백합화
주 찬송하는 듯 저 맑은 새소리
내 아버지의 지으신 그 솜씨 깊도다

참 아름다워라 주님의 세계는
저 아침 해와 저녁놀 밤하늘 빛난 별
망망한 바다와 늘 푸른 봉우리
다 주 하나님 영광을 잘 드러내도다

이 찬송은 말트비 데이빈폰트 밥콕(Maltbie D. Babcock) 목사가 1901년에 지은 시입니다. 어느 날 밥콕 목사님이 온타리오 호수 주변의 경치를 감상하던 중에 영감을 받아 이 찬송시를 지었다고 하는데, 그는 산책을 나설 때마다 아내인 케서린 여사에게 이렇게 말을 하면서 집을 나섰다고 합니다.

"난 나의 아버지가 지으신 세계를 보러 나갈래요."

그래서 이 찬송시의 원제는 'This my Father's world'입니다. 찬송의 모든 첫 구절은 '이것이 내 아버지의 세계로구나'로 시작됩니다.

다윗이 하늘을 보다

성경을 보면 하나님이 창조하신 세상을 보며 감격하며 노래했던 사람이 있습니다. 바로 다윗입니다. 다윗은 밤하늘에 빛나는 별들을 보며 그 아름다움만 보지 않고 하나님의 손길과 영광을 보았습니다.

하나님이 지으신 산과 바다와 하늘을 보며 감격하고 노래하는 것도 예배입니다. 길가에 피어 있는 꽃 한 송이를 보며 하나님의 영광을 노래할 수 있다면 그것 역시 하나님을 예배하는 모습일 것입니다.

다윗은 이제 눈을 돌려 사람이 누구인가를 생각했습니다.

"사람이 무엇이기에 주께서 그를 생각하시며 인자가 무엇이기에 주께서 그를 돌보시나이까"_시 8:4

"사람이 무엇이기에"라는 말은 인간은 누구인가를 묻는 말입니다. 그래서 영어 성경에는 "what is man"이라고 되어있습니다.

다윗은 하나님이 창조하신 세계를 바라보면서 사람은 무엇인가, 나는 누구인가를 생각했습니다. 우리가 짐승이 아닌 사람이라면 이 세상을 살아가면서 반드시 해야 할 질문이 있습니다.

"나는 누구인가?"

"왜 살아야 하는가?"

"나는 누구인가"가 정체성에 관한 물음이라면 "왜 살아야 하는가"는 사명과 관련된 물음입니다. 사도 바울도 다메섹 도상에서 부활하신 주님을 만났을 때 두 가지 물음을 던졌습니다.

주여 누구시니이까_행 9:5a

주님 무엇을 하리이까_행 22:10a

왜 바울은 나는 누구냐는 질문을 하지 않고 '주여 누구시니이까?'라고 물었을까요? 그것은 하나님을 알아야 내가 누구인지를 알 수 있기 때문입니다. 그러므로 이 질문 역시 '나는 누구인가'의 질문인 것입니다.

우리는 반드시 이 두 가지 질문을 해야 합니다. 하지만 사람들은 당장 취업, 진급, 결혼 등 해야 할 일이 너무 많아서 이렇게 질문하지 않습니다. 그러나 우리는 이 두 가지 질문을 끊임없이 던져야 합니다. 왜냐하면 내가 누구인지를 알아야 자신의 정체성이 분명해지고 삶의 이유를 알 수 있기 때문입니다.

왜 오늘날 많은 사람이 방황합니까? 왜 쉽게 자신의 목숨을 끊어 버립니까? 내가 누구인지, 왜 나는 이 땅에 지금 존재하고 있는지 모르기 때문입니다.

내가 누구인지 알려면 나를 지으신 하나님, 나를 이 세상에서 부르신 하나님을 알아야 합니다. 그래서 파스칼은 그의 책 『팡세』에서 이런 말을 남겼습니다.

"하나님을 알지 않고는 내가 누구인지를 알 수 없고 내가 누구인지를 알지 못한 자는 필연적으로 불안하고 허무할 수밖에 없다."

다윗은 광활한 우주, 지구의 130배나 되는 해, 밤하늘을 수놓은 빛나는 저 달과 별들의 아름다움을 바라보면서 나는 누구인가를 생각해 보았습니다. 그리고 해와 달과 빛나는 저 별들의 아름다움과 자신을 비교해 보았습니다. 자신이 너무나 초라해 보였습니다. 너무나 작아 보였습니다.

그래서 다윗은 이렇게 표현했습니다.

"사람이 무엇이기에"

"인자가 무엇이기에"

비교해 보니 자신이 초라하고 작고 형편없어 보인다는 말입니다. 그런데 다윗은 여기서 끝나지 않고 참으로 놀라운 사실을 발견했습니다. 자신이 누구인가를 깨달은 것입니다.

나는 누구인가

첫째, 나는 하나님의 사랑의 대상입니다.

"사람이 무엇이기에 주께서 그를 생각하시며 인자가 무엇이기에 주께서 그를 돌보시나이까"_시 8:4

다윗은 자신이 하나님의 애정의 대상임을 발견했습니다. 여기서 '사람'과 '인자'라는 말은 똑같은 의미입니다. 히브리어로 '사람'은 '에노쉬'(אֱנוֹשׁ)인 깨지기 쉬운 존재, 부패하기 쉬운 존재, 낡아 떨어지기 쉬운 존재라는 뜻입니다. 쉽게 더럽혀지고 깨어지고 부서지고 깨질 수 있는 존재가 바로 인간이라는 것입니다.

그 다음 언급된 '인자'라는 말은 히브리어로 '벤 아담'(בֶּן־אָדָם)이라는 말인데 그 뜻은 '흙의 아들'이라는 뜻입니다. 인간이 누구입니까? 흙으로 지음을 받았기에 흙으로 돌아갈 수밖에 없는 연약한 존재입니다.

그런데 하나님이 이렇게 깨어지고 더럽혀지고 연약한 인간을 어떻게 하신다고 했습니까?

"주께서 그를 생각하시며"_8:4b

여기서 생각하신다는 말은 '마음속 깊이 기억한다'는 뜻입니다. 내가 보기에 사람이 우주에 비해 너무 작고 보잘것없으며 볼품도 없고 내놓을 만한 것이 없이 보여도 하나님은 저 크고 아름다운 우주보다 나를 더 마음속 깊이 기억하고 계신다는 것입니다.

'주께서 그를 돌보시나이까'에서 돌보신다는 말은 우리를 보살피며 관심을 가지고 아낀다는 뜻입니다. 앞서 언급한 마음속 깊이 기억한다는 말이나 돌보신다는 표현은 우리를 향한 하나님의 사랑을 의미합니다.

욥도 다윗과 동일한 고백을 했습니다.

"사람이 무엇이기에 주께서 그를 크게 만드사 그에게 마음을 두시고 아침마다 권징하시며 순간마다 단련하시나이까"_욥 7:17-18

사실 이 말씀은 '사람이 무엇이기에 왜 끊임없이 저를 간섭하십니까?', '제발 좀 나를 내버려 두시면 안 되겠습니까?' 같은 어조였습니다. 사실 우리도 '이제 좀 나한테 관심을 끄시고 내버려 두세요' 같은 투정을 부릴 때가 있습니다.

그러나 성경에 의하면 하나님의 가장 큰 징계는 그냥 내버려 두는 것입니다. 어떤 간섭도 하지 않고 내버려 두는 것입니다. 그래서 로마서 1장을 보면 불의를 행하는 자들에 대하여 "내버려 두셨다"라고 반복하여 말씀하십니다.

"정욕대로 더러움에 내버려 두사"_롬 1:24b

"부끄러운 욕심에 내버려 두셨으니"_롬 1:26b

"그 상실한 마음대로 내버려 두사"_롬 1:28b

하나님의 가장 큰 징계는 유기, 내버려 두는 것입니다.

하나님은 오늘 그분의 자녀들을 내버려 두지 않으시고 끊임없이 시험하시며 간섭하십니다. 자녀들은 보통 부모의 간섭을 싫어하지만 그래도 부모는 사랑하기 때문에 자녀에게 간섭합니다. 우리 하나님 역시 끊임없이 간섭하십니다. 사랑하기 때문이지요.

그러므로 욥은 '인간이 뭐 그리 중요하다고 저를 간섭하십니까? 저를 좀 내버려두시면 안 됩니까?' 투정을 하고 있지만, 사실 마음속에는 '나는 하나님의 피조물로서 끊을 수 없는 하나님의 사랑 속에 있는 자이군요. 나는 주님을 떠나서는 살 수 없군요' 고백하는 것입니다.

하나님은 왜 우리를 그분의 형상을 따라 지으셨을까요? 사랑의 대상으로서 사랑의 하나님과 교제하기 위해서입니다. 오늘도 하나님의 관심은 하나님 그분의 형상대로 지으신 우리 인간에게 있습니다. 창조의 중심은 인간입니다. 그래서 제일 마지막에 인간을 지으셨습니다.

하나님은 내가 깨지기 쉬운 질그릇 같고 너무나 쉽게 넘어지고 부패하기 쉬운 존재일지라도, 흙으로 돌아갈 수밖에 없는 연약한 인생임에도 불구하고 나를 생각하시며 마음속 깊이 기억하시며 돌보고 계십니다. 이 우주가 아무리 광활하고 아름다워도, 하늘을 나는 새와 꽃들이 아무리 아름다워도 하나님의 관심은 오직 나에게 있습니다. 하늘과 땅에 인격적으로 하나님과 사랑의 교제를 나눌 수 있는 존재는 우리 인간밖에 없습니다.

그럼에도 사람들은 너무나 쉽게 인생을 포기하려고 합니다. 자기의 마음을 알아주는 사람이 없다고 생각하기 때문입니다. 자기 힘으로는 이 역경을 극복할 수 없다고, 아무리 돌아보아도 스스로가 별 볼 일 없는 존재라고 생각하기 때문입니다.

그러나 그렇지 않습니다. 당신은 저 해와 달보다도 위대합니다. 밤하늘에 빛나는 수많은 별들보다도 아니 오로라보다도 더 위대하고 아름답고 존귀한 자입니다. 저와 여러분은 하나님께 해와 달과 수많은 별들보다 더 아름답고 존귀합니다. 그래서 주님은 무엇을 먹을까 입을까 마실까 염려하는 자들에게 이렇게 말씀하셨습니다.

"공중의 새를 보라 심지도 않고 거두지도 않고 창고에 모아들이지도 아니하되 너희 하늘 아버지께서 기르시나니 너희는 이것들보다 귀하지 아니하냐"_마 6:26

둘째, 나는 하나님을 닮은 영화롭고 존귀한 자입니다.

"그를 하나님보다 조금 못하게 하시고 영화와 존귀로 관을 씌우셨나이다"_시 8:5

하나님은 우리를 하나님보다 조금 못한 존재로 지으셨습니다. 온 우주를 창조하신 하나님, 우주보다 크신 하나님, 그 하나님이 나를 하나님보다 조금 못하게 창조하셨습니다. 그래서 영화와 존귀로 관을 씌우셨습니다. 여기서 영화와 존귀는 하나님께만 사용될 수 있는 단어인데 우리 인간에게 사용되었습니다. 그러니까 하나님은 영화롭고 존귀하신 하나님을 닮은 존재로 인간을 지으셨다는 말입니다. 그러므로 인간만이 하나님을 바라보고 하나님을 닮아갈 수 있고 하나님과 사랑을 나눌 수 있는 대상이 된 것입니다.

하지만 우리 인간은 하나님이 아닙니다. 착각하지 말아야 합니다. 그래서 하나님은 에덴동산 중앙에 있는 생명나무의 실과를 먹지 말라고 말씀하신 것입니다. 매일 동산 중앙의 그 실과를 보면서 '나는 조물주가 아니고 피조물이야. 그러므로 나는 하나님의 도우심이 없이는 살 수 없어!' 인식하고 살라는 것입니다.

하지만 하나님은 저와 여러분을 영화와 존귀한 자로 지으셨습니다. 얼마나 우리가 귀하고 아름다우면 영화와 존귀의 관을 씌워 주셨겠습니까. 그러므로 우리는 별 볼 일 없는 존재가 아닙니다.

모든 피조물이 하나님이 우리의 머리에 씌워 주신 영화와 존귀의 관을 볼 수 있던 때가 있었습니다. 인간들의 다스림에 순종하고 그 권위 앞에 고개를 숙였습니다. 그래서 아담과 하와가 짐승들의 이름을 지어주었을 때 자기 이름에 불만을 품고 대들거나 도전하지 않았습니다.

사랑하는 성도 여러분!

저와 여러분은 하나님을 닮은 영화롭고 존귀한 자입니다. 이 세상의 어떤 피조물과도 비교할 수 없는 너무나 존귀하고 아름다운 존재입니다.

지금 당신은 영화와 존귀의 관을 쓴 자답게 살아가고 있습니까? 하지만 많은 성도가 먹고살기가 너무 힘들다고 고난이 너무 크고 해결해야 할 문제가 너무 크다며 영화와 존귀의 관이 아닌 벙거지를 쓰고 비참하게 구걸하며 살아갑니다.

그러나 하나님은 우리를 하나님보다 조금 못하게 지으셨습니다다. 하나님을 닮은 영화롭고 존귀한 자로 지으셨습니다. 그러므로 우리는 아무리 가난하고 문제가 커도 영화와 존귀의 관을 쓴 자로 하나님의 자존심으로 이 땅을 당당하게 살아야 합니다.

셋째, 나는 정복하고 다스리는 자입니다.

"주의 손으로 만드신 것을 다스리게 하시고 만물을 그의 발 아래 두셨으니"_시 8:6

하나님은 저와 여러분을 다스리는 자로 지으셨습니다. 무엇을 다스리게 하셨습니까? 주의 손으로 만드신 것, 즉 하나님이 창조하신 모든 것을 다스리는 것입니다. 그러니까 저와 여러분은 하나님이 창조하신 이 세상을 하나님을 대신하여 정복하고 다스리는 하나님의 대리통치자입니다.

"하나님이 그들에게 복을 주시며 하나님이 그들에게 이르시되 생육하고 번성하여 땅에 충만하라, 땅을 정복하라, 바다의 물고기와 하늘의 새와 땅에 움직이는 모든 생물을 다스리라 하시니라"_창 1:28

그러므로 우리는 하나님의 대리통치자로서 땅을 정복하고 모든 생물을 다스려야 합니다. 이것이 바로 인간에게 주신 사명입니다. 하나님은 정복하고 다스리는 사명을 천사에게 맡기지 않으셨습니다. 똑똑한 짐승들에게 맡기지 않으셨습니다. 짐승들은 아무리 똑똑해도 본능대로 살게 하셨습니다.

하나님은 오직 당신의 형상대로 지음 받은 인간들에게만 사명을 주셨습니다. 그러므로 우리는 본능대로 사는 자들이 아니라 사명을 따라 사는 자들이 되어야 합니다. 사명을 잊어버리고 본능대로만 살게 되면 짐승보다 못한 수준으로 살게 되는 것입니다. 그래서 시편 기자는 "존귀하나 깨닫지 못하는 사람은 멸망하는 짐승 같도다"(시 49:20) 라고 했습니다.

하나님이 창조하신 만물이 아무리 아름답고 크고 위대하여도 그것은 섬김의 대상이 아닙니다. 하나님께서 그 모든 것을 우리의 발아래 두셨습니다. 그러므로 우리는 하나님의 뜻을 따라 이 모든 것을 관리하고 정복하고 다스려야 합니다.

그런데 타락한 인간들은 만물의 영장으로서 권위를 포기하고 오히려 해와 달과 별들과 나무와 짐승들 앞에 절을 하며 복을 달라고 애걸복걸하고 있습니다. 새로운 사업을 시작해도 돼지머리 앞에 놓고 절을 하고, 언젠가부터 새해의 첫날 해돋이를 보면서 소원을 빌기 시작합니다.

그뿐 아니라 지금은 돈이라는 강력한 물질의 지배를 받으며 살고 있습니다. 돈은 우리의 섬김의 대상이 아닙니다. 돈은 하나님께서 우리의 생활을 위한 수단으로 허용하신 것에 불과합니다. 물론 돈은 필요합니다. 돈 자체는 더러운 것이 아닙니다. 그러나 돈의 노예가 되어서는 안 됩니다. 돈이 내 사상과 내 가치관을 지배하게 해서는 안 됩니다. 돈 때문에 당신의 양심을 팔아서는 안 됩니다. 돈 때문에 아부하거나 아첨하지 말아야 합니다. 돈이 있다고 돈으로 모든 문제를 해결하려고 하지 말아야 합니다.

우리 모두 경험하는 일이지만 산다는 것이 그렇게 쉬운 일이 아닙니다. 살다 보면 상대적인 박탈감, 무력감을 느낄 때가 많이 있습니다.

나는 샐러리맨으로 하루하루를 힘들게 살아가는데 어떤 친구는 사업을 해서 수십억 자산가가 되어 떵떵거리며 인생을 살아갑니다. 나는 지금도 직장을 갖지 못해 이력서를 여기저기에 넣고 면접을 보느라 여념이 없는데 내 친구는 신의 직장이라 불리는 곳에 다니며 높은 연봉을 받습니다. 내 자녀는 지방에서 방을 얻어 놓고 학교에 다니는데 어떤 자녀는 소위 S.K.Y. 대학을 다니며 과외를 해서 부모님께 용돈까지 준다고 합니다. 그럴 때마다 우리는 상대적인 박탈감, 무력감을 느낍니다.

이렇게 산다는 것이 쉬운 일이 아닙니다. 살아갈 용기마저 잃어버리고 인생을 포기하고 싶을 때가 많습니까? 하지만 내가 누구인지를 알면 비교하지 않고 당당하게 하나님의 자존심으로 살아갈 수 있습니다.

하나님은 나를 사랑의 대상으로 지으셨습니다. 나로 하여금 하나님이 지으신 모든 만물을 정복하고 다스리게 하시려고 내 머리 위에 영화와 존귀로 관을 씌우셨습니다. 그렇기 때문에 오늘도 주님은 나를 기억하십니다. 나를 사랑하십니다. 나를 돌보십니다. 아무리 힘들고 어려워도, 스스로가 너무 형편없어 보이고 작아 보여도 하나님이 나를 사랑하시고 나를 기억하고 계시기에 나의 인생은 가치가 충분합니다. 나는 이 세상의 어떤 피조물과도 비교할 수 없는 너무나 존귀하고 아름다운 존재입니다.

타락한 나 자신은 스스로가 누구인지 알 수 없습니다. 나를 지으신 하나님을 만나야 나를 알 수 있습니다. 나를 지으시고 나를 구원하신 그 하나님이 말씀하십니다.
"너는 나의 사랑을 받는 자야."
"너는 나를 닮은 영화롭고 존귀한 자야."
"너는 모든 만물을 정복하고 다스리는 자야."
이 사실을 믿으십니까? 그렇다면 하나님이 나를 기억하신다는 것을 잊지 마십시오. 스스로가 작고 보잘것없어 보여도 하나님이 나를 사랑하고 기억하신다는 사실을 잊지 마십시오.

20

까닭 없이
하나님을 경외하는 사람

욥기 1장 9-12절

⁹ 사탄이 여호와께 대답하여 이르되 욥이 어찌 까닭 없이 하나님을 경외하리이까 ¹⁰ 주께서 그와 그의 집과 그의 모든 소유물을 울타리로 두르심 때문이 아니니이까 주께서 그의 손으로 하는 바를 복되게 하사 그의 소유물이 땅에 넘치게 하셨음이니이다 ¹¹ 이제 주의 손을 펴서 그의 모든 소유물을 치소서 그리하시면 틀림없이 주를 향하여 욕하지 않겠나이까 ¹² 여호와께서 사탄에게 이르시되 내가 그의 소유물을 다 네 손에 맡기노라 다만 그의 몸에는 네 손을 대지 말지니라 사탄이 곧 여호와 앞에서 물러가니

하나님이 욥에 대하여 칭찬하고 자랑하시자 시기와 질투심이 많은 사탄이 이렇게 말했습니다.

"사탄이 여호와께 대답하여 이르되 욥이 어찌 까닭 없이 하나님을 경외하리이까"_욥 1:9

욥이 이렇게 온전하고 정직하여 하나님을 경외하며 악에서 떠난 삶을 사는 것은 까닭이 있기 때문이라는 것입니다. 그가 하나님을 경외하는 데는 다 그만한 이유가 있다는 것입니다.

"주께서 그와 그의 집과 그의 모든 소유물을 울타리로 두르심 때문이 아니니이까 주께서 그의 손으로 하는 바를 복되게 하사 그의 소유물이 땅에 넘치게 하셨음이니이다"_욥1:10

사탄은 하나님께서 욥과 그의 집과 그의 모든 소유물을 울타리로 두르심같이 보호해 주셨고 그의 모든 소유물이 넘치게 해 주셨기 때문에 욥이 하나님을 경외하는 것이라고 말했습니다. 욥에게 남다른 복을 주셨기 때문에, 그 가족과 소유물을 지켜 주시고 그가 손으로 하는 모든 것들에 복을 주셨기 때문이라고 합니다. 바로 까닭이 있기 때문이라는 것입니다.

그러므로 욥기를 이해하는 데 있어 가장 중요한 키워드는 바로 '어찌 까닭 없이'라는 말일 것입니다. 왜냐하면 사탄이 그 말로 욥을 참소했고 그 말 때문에 하나님이 욥의 고난을 허용하셨고 그 말 때문에 욥의 고난이 시작되었기 때문입니다. 그러므로 욥기를 이해하려면 '어찌 까닭 없이'에서 시작해야 합니다.

사탄의 확신 대 하나님의 확신

사탄은 만일 하나님께서 욥에게 베풀어 주신 복을 거두시고 그를 치신다면 틀림없이 주를 향하여 욕을 하게 될 것이라고 말합니다.

"이제 주의 손을 펴서 그의 모든 소유물을 치소서 그리하시면 틀림없이 주를 향하여 욕하지 않겠나이까?"_11절

'틀림없이'라는 말을 사용한 것을 보면 사탄에게는 확신이 있었습니다. 만일 하나님께서 욥을 둘러싸고 있는 보살핌의 울타리를 치워 버리신다면, 만일 하나님이 주셔서 누리게 하신 이 모든 복을 거두어 버리신다면 욥은 틀림없이 반드시 주를 향하여 욕을 할 것이라는 확신입니다. 그렇지 않으면 내 손에 장을 지지겠다는 말입니다.

하지만 하나님에게도 욥에 대한 확신이 있었다는 것이 중요합니다. 다른 사람은 몰라도 욥은 결코 자신을 배신하지 않을 것이라는 확신이 있었습니다. 그래서 하나님은 그의 몸에는 손을 대지 말 것을 전제로 사탄의 시험 요구를 허용하셨습니다. 그리하여 욥은 엄청난 시험을 당하게 됩니다.

욥에게 네 가지 시련이 닥쳤습니다.

첫째, 하루아침에 모든 재산과 종들을 잃었습니다.
하루는 욥의 자녀들이 맏형의 집에서 식물을 먹으며 포도주를 마실 때 사자가 나타나 안타까운 소식을 전했습니다.

> "사환이 욥에게 와서 아뢰되 소는 밭을 갈고 나귀는 그 곁에서 풀을 먹는데 스바 사람이 갑자기 이르러 그것들을 빼앗고 칼로 종들을 죽였나이다 나만 홀로 피하였으므로 주인께 아뢰러 왔나이다"
> _욥 1:14-15

스바 사람이 갑자기 나타나 칼로 욥의 소와 나귀를 빼앗고 종들을 죽였습니다.

"그가 아직 말하는 동안에 또 한 사람이 와서 아뢰되 하나님의 불이

하늘에서 떨어져서 양과 종들을 살라 버렸나이다 나만 홀로 피하였으므로 주인께 아뢰러 왔나이다"_욥 1:16

번갯불인지 어떤 불인지는 모르지만 하늘 불이 임하여 칠천 마리나 되는 양들과 양을 치는 종들을 다 살라버렸습니다.

"그가 아직 말하는 동안에 또 한 사람이 와서 아뢰되 갈대아 사람이 세 무리를 지어 갑자기 낙타에게 달려들어 그것을 빼앗으며 칼로 종들을 죽였나이다 나만 홀로 피하였으므로 주인께 아뢰러 왔나이다"_욥 1:17

갈대아 사람들이 갑자기 나타나 가장 소중한 재산인 낙타 3천 마리를 빼앗고 낙타를 지키던 종들이 죽임을 당했습니다.

둘째, 자녀들이 모두 죽임을 당했습니다.

"그가 아직 말하는 동안에 또 한 사람이 와서 아뢰되 주인의 자녀들이 그들의 맏형의 집에서 음식을 먹으며 포도주를 마시는데 거친 들에서 큰 바람이 와서 집 네 모퉁이를 치매 그 청년들 위에 무너지므로 그들이 죽었나이다 나만 홀로 피하였으므로 주인께 아뢰러 왔나이다 한지라"_욥 1:18-19

자녀들이 맏형의 집에 모여 음식을 먹고 있는데 태풍이 불어와 집이 무너지며 자녀들이 다 죽었다는 것입니다. 한 명의 자식만 죽어도 부모는 그 슬픔을 가눌 길이 없는데 열 명의 자녀들이 한꺼번에 모두 죽은 것입니다. 모든 재산을 잃은 것도 충격이었겠지만 모든 자녀를 잃은 충격은 상상을 초월했을 것입니다. 저는 욥이 그 열 명의 자녀들의 장례를 어떻게 치렀을지 상상조차 하고 싶지 않습니다.

셋째, 자신의 몸에 피부병이 생겼습니다.

"사탄이 이에 여호와 앞에서 물러가서 욥을 쳐서 그의 발바닥에서 정수리까지 종기가 나게 한지라 욥이 재 가운데 앉아서 질그릇 조각을 가져다가 몸을 긁고 있더니"_욥 2:7-8

이제 욥에게 남은 것은 건강밖에 없었습니다. 모든 것을 잃었어도 건강한 몸만 있으면 그것을 기반으로 새로 출발해 볼 수 있겠는데 머리에서부터 발바닥까지 온몸에 종기가 생긴 것입니다. 얼마나 가려웠으면 재 가운데 앉아 질그릇 조각으로 자신의 몸을 긁고 있었겠습니까?

넷째, 아내가 저주하며 떠났습니다.

밤낮으로 자지도 못하고 온몸을 벅벅 긁어 대는 남편을 바라보던 아내가 마침내 저주의 말을 쏟아내었습니다.

"그의 아내가 그에게 이르되 당신이 그래도 자기의 온전함을 굳게 지키느냐 하나님을 욕하고 죽으라"_욥 2:9

그래도 하나님을 믿겠느냐는 말입니다. 아니 하나님이 살아 계신다면, 하나님이 당신을 사랑하신다면 어떻게 이런 일이 당신에게 일어날 수 있겠느냐는 것입니다. 그러니 이제 하나님을 향한 그 믿음을 빨리 버리고 하나님을 욕하고 죽으라고 합니다.

욥에게 닥친 고난은 엎친 데 덮친 격, 설상가상이었습니다. 우리에게 고난이 닥칠 때도 꼭 이렇게 한꺼번에 몰려옵니다. 사단의 공격과 시험도 집요하리만큼 연속적으로 다가옵니다. 그래야 더 큰 충격을 받고 쉽게 무너질 수 있기 때문입니다.

욥의 반응

욥이 당한 정도의 고난은 미쳐버리거나 인생을 포기하게 만들 수 있는 수준이었습니다. 정말이지 상상을 초월한 고난이었습니다. 이렇게 이해할 수 없는 고난이 한꺼번에 닥쳐왔을 때,

욥은 사탄이 장담한 대로 믿음을 져버리고 하나님을 떠났습니까? 하나님을 믿고 의지했던 내가 어리석었다며 하나님을 향하여 원망했습니까? 하나님을 향해 욕하며 저주했습니까? 아닙니다. 욥은 이렇게 반응했습니다.

첫째, 욥은 슬펐지만 하나님을 예배했습니다.

"욥이 일어나 겉옷을 찢고 머리털을 밀고 땅에 엎드려 예배하며"
_욥 1:20

당시 사람들은 참담하고 슬픈 일을 당하면 겉옷을 찢고 머리털을 밀었습니다. 그러니까 욥 자신이 엄청난 슬픔 가운데 빠져 있다는 것을 말합니다. 슬픈 일을 당할 때 슬픔을 표현하는 일은 죄가 아닙니다. 성경은 감정의 표현을 정죄하지 않습니다. 우리 예수님도 나사로의 무덤 앞에서 눈물을 흘리셨습니다. 그러므로 슬픈 일이 있으면 눈물을 흘리십시오. 통곡하고 싶으면 통곡하십시오. 그래서 저는 금요기도회 시간에 통곡하는 사람이 있으면 말리지 않습니다. 그러나 거기서 끝나면 안 됩니다.

욥은 땅에 엎드려 경배했습니다. 하나님을 예배했다는 말입니다. 예배의 원래 의미는 엎드려 경배하는 것입니다. 엎드리는 행위는 자신의 피조물 됨을 인정하는 것을 말합니다. 그러니까 예배는 그분의 보좌 앞에 엎드리는 것입니다. 예배는 내가 피조물인 것을 인정하고 창조주이신 하나님을 바라보며 그분의 거룩한 영광 앞에 엎드리는 것입니다. 예배는 엎드림에서 시작됩니다.

사랑하는 성도 여러분!

인생의 고난이 다가왔을 때 불행이 찾아왔을 때 인생의 밤을 만났을 때 슬퍼하십시오. 눈물을 흘리십시오. 통곡도 하십시오. 그러나 거기서 끝나면 아무 의미가 없습니다. 슬픔의 자리에서 예배의 자리로 나아오십시오. 그분의 보좌 앞에 엎드리십시오. 예배를 더 사모하고 가까이 하십시오.

둘째, 욥은 하나님의 주권을 인정하고 찬양했습니다.

"이르되 내가 모태에서 알몸으로 나왔사온즉 또한 알몸이 그리로 돌아가올지라 주신 이도 여호와시요 거두신 이도 여호와시오니 여호와의 이름이 찬송을 받으실지니이다 하고"_욥 1:21

욥은 알몸으로 태어나서 알몸으로 돌아간다는 인생의 원초적 진리를 알고 있었습니다. 우리 중에 금가락지 끼고 이 세상에 태어난 사람이 있습니까? 아무도 없습니다. 우리 모두 알몸으로 태어났습니다. 사는 동안 하나님이 이 많은 것들을 주셨으니 떠날 때에는 이 모든 것을 다 내려놓고 알몸으로 빈손으로 가야 합니다. 그래서 인생을 공수래공수거(空手來空手去)라고 합니다.

욥도 이 사실을 알았기에 그 많은 것을 잃어버려도 억울해하지 않았습니다. 하나님을 원망하지 않았습니다. 도리어 "주신 이도 여호와시요 거두신 이도 여호와시오니 여호와의 이름이 찬송을 받으실지니이다"라며 찬양했습니다.

욥은 하나님의 주권을 인정했습니다. 자신의 노력과 수고로 이 많은 물질과 자녀들을 갖게 되었다고 생각하지 않고 하나님이 이 모든 것을 주셨음을 믿었습니다. 여기서 더 나아가 하나님께서 주신 것이기에 거두어 가시는 이도 하나님이심을 믿었습니다. 그리고 하나님의 주권을 인정하며 여호와의 이름을 찬송하였습니다.

이것을 통해 우리 하나님은 인간이 처한 상황과 무관하게 찬양을 받으시기에 합당하신 분임을 알 수 있습니다. 그래서 욥의 친구 엘리후는 하나님을 "밤에 노래를 주시는 자"(욥 35:10)라고 했습니다. 우리 하나님은 밤에 노래를 주시는 분이라는 것입니다. 인생의 밤에도 노래하게 하시는 하나님이시라는 것입니다. 지구에 낮과 밤이 있듯이 우리 인생에도 낮이 있고 밤이 있습니다. 낮과 밤을 허락하신 하나님은 우리로 하여금 인생의 밤 가운데에서도 노래하게 하십니다.

하나님의 사람들은 인생의 밤에도 노래했습니다. 바울과 실라를 보십시오. 그들은 억울하게 누명을 쓴 채 깊은 감옥에 갇혀 있었고 발은 쇠사슬에 매여 있었지만 한밤중에 하나님을 찬양했습니다.

욥도 인생의 밤중에 하나님을 찬양했습니다. 이해할 수 없는 상황 속에서도 하나님을 찬양하는 사람이 누구입니까? 하나님의 절대적인 주권과 그 섭리를 믿는 자들입니다. 욥은 하나님의 절대적인 주권과 섭리를 믿었기에 하나님을 찬양했습니다.

셋째, 욥은 하나님을 원망하지 않았습니다.

"이 모든 일에 욥이 범죄하지 아니하고 하나님을 향하여 원망하지 아니하니라"_욥 1:22

여기 이 모든 일은 욥이 당한 모든 고난을 말합니다. 아무리 신앙이 좋은 사람도 하나님께서 하시는 모든 일을 다 수긍하고 따르는 것은 쉽지 않습니다. 인간에게는 무언가 토를 달고 따지는 습관이 있습니다.

그러나 욥은 하나님께서 하시는 일에는 실수가 없음을 인정했습니다. 하나님의 신실하신 섭리와 주권을 믿었습니다. 그렇기 때문에 하나님을 원망하지 않았습니다. 욥은 슬픈 와중에서도 입술로 범죄하지 않았습니다. 심지어는 자신의 아내가 "하나님을 욕하며 죽으라"고 저주의 말을 할 때에도 욥은 입술로 범죄하지 않았습니다.

"그가 이르되 그대의 말이 한 어리석은 여자의 말 같도다 우리가 하나님께 복을 받았은 즉 화도 받지 아니하겠느냐 하고 이 모든 일에 욥이 입술로 범죄하지 아니하니라"_욥 2:10

얼마든지 하나님을 원망하고 불평할 수 있는 상황이었지만 욥은 아내의 말에도 흔들리지 않았습니다.

우리가 고난당할 때 제일 먼저 범하기 쉬운 죄는 바로 입술로 짓는 죄입니다. 나도 모르게 입술을 열어 하나님을 원망합니다. 사람들은 어려움이 닥치면 부모를 원망하고, 시대를 원망하고, 서로를 원망하는 습관이 있습니다. 하지만 욥은 인생의 밤을 만났을 때 어리석게 하나님을 원망하지 않았습니다.

욥은 하루아침에 모든 재산과 10명의 자녀를 잃었고 자신의 몸도 병들었으며 아내마저 자신을 저주하는 시련을 맞이했지만 그럼에도 불구하고 슬픔 가운데서 하나님을 예배했습니다. 그럼에도 불구하고 하나님의 주권을 인정하며 하나님을 찬양했습니다. 그럼에도 불구하고 입술로 하나님을 원망하지 않았습니다.

사탄은 욥이 까닭 없이 하나님을 경외하겠느냐며 하나님이 주신 모든 것들을 치시면 틀림없이 주를 향하여 욕할 것이라 장담

했습니다. 하지만 욥은 도리어 하나님을 예배하고 하나님의 주권을 인정하고 하나님을 찬양했습니다. 입술로 하나님을 원망하지 않았습니다.

자기의 온전함을 굳게 지키는 것

하나님은 사탄에게 이렇게 당당하게 말씀하십니다.

"네가 나를 충동하여 까닭 없이 그를 치게 하였어도 그가 여전히 자기의 온전함을 굳게 지켰느니라"_욥 2:3b

자신의 모든 것을 다 잃고서도 욥은 변함없이 여전히 자기의 온전함을 굳게 지켰다는 것입니다. 흔들리지 않았다는 것입니다.
그렇다면 여러분은 어느 날 내 회사가 부도가 나서 망하고, 내가 다니던 직장에서 억울하게 누명을 쓰고 쫓겨나고, 내 자녀가 불의의 사고로 세상을 떠나게 되어도 하나님을 예배하시겠습니까? 갑자기 내가 암에 걸려 의사로부터 3개월을 넘기기 어렵겠다는 말을 들어도, 내가 사랑했던 사람으로부터 배신을 당해도, 전세 사기나 보이스피싱을 당해도 그래도 하나님을 경외하시겠습니까? 그래도 하나님을 원망하지 않으시겠습니까? 때로는 교회의 정책과 비전이 마음에 들지 않고 하나님이 나의 기도에 오랜 시간 침묵하신다 할지라도, 아니 인생의 밤을 만나도 욥과 같이 하나님의 주권을 인정하며 하나님을 찬양할 수 있겠습니까?

그렇다면 여러분은 까닭 없이 온전히 하나님을 믿고 경외하는 사람입니다. 오늘 나의 신앙이 기복신앙인지 아닌지는 고난을 당했을 때 내가 어떻게 반응하는지를 보면 알 수 있습니다.

사탄은 오늘도 이유가 있어야, 까닭이 있어야, 조건이 맞아야 하나님을 경외할 수 있다고 말합니다. 그러나 그것은 신앙이 아니라 거래입니다. 저는 우리 모두 어떤 상황 속에서도 하나님의 신실하심을 믿음으로 까닭 없이 하나님을 경외하는 성도가 되시기를 바랍니다.

그래도 나는 하나님의 사람

초판 1쇄 발행 2024년 11월 1일

지은이　　김은호

발행인　　김은호
편집인　　주경훈
책임 편집　김일용
편집　　　권수민 이민경 문은향
발행처　　도서출판 꿈미
등록　　　제2014-000035호(2014년 7월 18일)
주소　　　서울시 강동구 양재대로81길 39, 2층 2호
전화　　　070-4352-4143, 02-6413-4896
팩스　　　02-470-1397
홈페이지　http://www.coommi.org
쇼핑몰　　http://www.coommimall.com
메일　　　book@coommimall.com
인스타그램　@coommi_books

ISBN 979-11-93465-47-9 03230

* 책값은 뒤표지에 있습니다.
* 이 책은 도서출판 꿈미에서 만든 것으로 저작권법의 보호를 받으며 무단 전재 및 복제를 금합니다.

도서출판 꿈미는 가정과 교회가 연합하여 다음세대를 일으키는 대안적 크리스천 교육기관인 사단법인 꿈이 있는 미래의 사역을 돕기 위해 월간지와 교재, 각종 도서를 출간합니다.